企业家与公司法

新公司法对企业家的影响与实务应用

秦绪荣 ◎ 著

中国法制出版社

序　言

随着市场经济的蓬勃发展，公司作为现代商业社会的重要组织形式，扮演着举足轻重的角色。而公司法作为规范公司组织与行为的基本法律，其重要性不言而喻。然而，对众多企业家而言，公司法的理解与应用往往成为一道难以逾越的鸿沟。面对复杂多变的商业环境，企业家们急需一本能够深入浅出地解析公司法，并指引其在实际经营中灵活运用的参考书。

正是在这样的背景下，《企业家与公司法》应运而生。本书由拥有多年公司法相关法律服务经验的律师精心撰写，旨在以通俗易懂的方式，向广大企业家普及公司法的知识，帮助他们更好地理解和运用公司法，从而保护自己和公司的权益。

本书主要特点是其案例化的叙述方式。通过一系列生动具体的案例，作者将公司法的各个知识点深入浅出地呈现在读者面前。这些案例不仅涵盖了公司设立、股东权益、公司治理、并购重组、股权转让、股权控制架构设计与节税安排等各个方面，而且紧密结合了当前商业实践中的热点和难点问题。通过案例的剖析，读者能够更直观地理解公司法的原理与规则，从而在实际操作中更加得心应手。本书中的案例，有的是真实案例的改写，有的是为了帮助您理解法条而编写的虚拟案例。

本书还注重对实务操作的指导。作者结合多年的法律服务经验，针对企业家在经营过程中可能遇到的法律问题，提供了切实可行的解决方案和建议。这些建议不仅有助于企业家防范法律风险，还能帮助他们在复杂多变的商业环境中保持敏锐的洞察力和应对能力。

当然，法律是不断发展的，公司法亦是如此。随着市场的变化和新情况的出现，公司法的相关规定也可能会有所调整。因此，本书所提供的知识和建议只是基于当前的法律环境和实践经验。读者在实际运用过程中，还需要结合具体情况进行灵活变通，并随时关注法律的最新动态。

《公司法》于2023年12月29日修改，自2024年7月1日起实施，本书所有内容均以新公司法为主要依据来探讨，另外涉及部分《民法典》、《合伙企业法》、《最高人民法院关于适用〈中华人民共和国民法典〉合同编通则若干问题的解释》（以下简称《民法典合同编司法解释》）、《最高人民法院关于适用〈中华人民共和国民法典〉有关担保制度的解释》（以下简称《民法典担保编司法解释》）、《破产法》等相关法律法规的内容。本书货币单位未特别说明的，均指人民币。

在当前经济全球化和市场竞争日益激烈的背景下，企业家需要具备更加全面和深入的法律素养，以便更好地应对各种挑战和机遇，而本书正是这样一本能够帮助企业家们提升法律素养、增强竞争力的实用参考书。

在此，向广大读者致以诚挚的感谢和美好的祝愿。希望本书能够成为您在公司经营过程中的得力助手，助您在商界中取得更加辉煌的成就。

目录

第一章 掌握新公司法的重要性

第一节　公司股东掌握公司法的重要性 ················· 3
第二节　董事及高级管理人员掌握公司法的重要性 ········· 4
第三节　公司法律顾问掌握公司法的重要性 ·············· 5

第二章 公司注册资本与股东责任

第一节　公司设立时的注册资本与股东责任 ·············· 9
第二节　公司增资与股东责任 ························· 18
第三节　公司减资与股东责任 ························· 20
第四节　股东出资的加速到期 ························· 28
第五节　股东瑕疵出资的纳税责任 ···················· 30

第三章 公司治理结构

第一节　股东会、董事会的共同点 ···················· 35
第二节　监事会 ···································· 36
第三节　董事会 ···································· 42
第四节　股东会 ···································· 52

第四章　董事、监事、高级管理人员责任与风险规避

第一节　董事、监事、高级管理人员的任职资格 …………………… 67
第二节　董事、监事、高级管理人员的责任与勤勉义务 …………… 70
第三节　董事、监事、高级管理人员的职业风险 …………………… 73

第五章　法定代表人

第一节　法定代表人的担任 ……………………………………………… 79
第二节　法定代表人的产生、变更办法 ………………………………… 80
第三节　法定代表人的权利及约束 ……………………………………… 81
第四节　代持法定代表人的风险 ………………………………………… 83
第五节　法定代表人的辞任 ……………………………………………… 88

第六章　越权行为与债权人保护

第一节　法定代表人及董事等的越权行为与善意相对人保护 ………… 93
第二节　法定代表人违反公司法规定对外担保的效力 ………………… 111
第三节　债权人保护 ……………………………………………………… 118

第七章　股东权益与自我保护

第一节　股东权利义务来源及内容 ……………………………………… 131
第二节　股东争议产生的主要原因 ……………………………………… 138
第三节　股东争议解决办法 ……………………………………………… 139
第四节　控股股东、实际控制人的自身保护 …………………………… 140
第五节　小股东的自我保护 ……………………………………………… 142
第六节　一人公司股东的自我保护 ……………………………………… 144
第七节　股东失权 ………………………………………………………… 146

| 第八节 | 公司或股东利益受到损害时的司法救济 | 149 |
| 第九节 | 家庭与企业财产风险隔离 | 153 |

第八章　股东知情权

第一节	有限公司股东的知情权	157
第二节	股份公司股东的知情权	159
第三节	合伙企业投资人的知情权	161

第九章　公司章程与股东投资协议

第一节	公司章程及投资协议的重要性	165
第二节	公司章程的主要内容	165
第三节	投资协议的主要内容	178
第四节	公司章程中未设股东会的争议案例解决方案	182

第十章　公司控制权的设计与节税安排

第一节	公司控制权稳定的意义	189
第二节	股东会与董事会在公司控制权中的意义	191
第三节	合伙企业介绍	193
第四节	婚姻变故对控制权的影响	195
第五节	控制权设计及节税安排	197

第十一章　股权转让与公司融资

第一节	有限公司股权转让程序	205
第二节	有限公司未实缴出资的股东转让股权的风险及规避	208
第三节	受让瑕疵出资的有限公司股东补足出资连带责任的规避	214
第四节	有限公司受让股权的股东何时可以行使股东权利	217

第五节 股份公司股份转让程序 …………………………………… 219

第十二章 收购公司和股权投资关注的重点事项

第一节 收购公司或股权投资前的尽职调查 …………………………… 225
第二节 未经调查即投资后带来巨大风险的案例 ……………………… 229
第三节 公司融资时对赌协议中的股权回购与担保 …………………… 231

第十三章 公司利润分配与亏损弥补

第一节 公司利润分配 …………………………………………………… 237
第二节 公司亏损弥补及转增注册资本 ………………………………… 241

第十四章 公司合并与分立

第一节 公司合并 ………………………………………………………… 247
第二节 公司分立 ………………………………………………………… 250
第三节 公司合并与分立时税务的特殊处理 …………………………… 252

第十五章 公司首次公开发行股票的财务条件

第一节 上海证券交易所 ………………………………………………… 255
第二节 深圳证券交易所 ………………………………………………… 260
第三节 北京证券交易所 ………………………………………………… 263

第十六章 公司破产程序

第一节 企业具备破产原因及条件 ……………………………………… 267
第二节 企业破产申请与受理 …………………………………………… 268
第三节 债权申报及诉讼案件处理 ……………………………………… 268

第四节　破产企业（债务人）的财产 ·················· 269
第五节　破产前债务清偿等规定 ······················ 271
第六节　财产处分、变价与分配 ······················ 273
第七节　破产程序的终结 ···························· 275

第十七章　公司解散与清算

第一节　公司解散条件 ······························ 279
第二节　公司解散时的清算义务人 ···················· 281
第三节　公司解散时的债权申报及债务清偿 ············ 283
第四节　公司清算后注销 ···························· 286
后　记 ·· 288

·第一章·
掌握新公司法的重要性

第一节 公司股东掌握公司法的重要性

在现代商业社会中，公司作为重要的经济实体，其运营和发展离不开股东的支持与参与。而股东作为公司的出资者，其权益的保障与公司的长久发展密切相关。因此，公司股东了解公司法的重要性不容忽视。

首先，了解公司法有助于减少股东之间的纠纷。股东之间因为权益分配、经营决策等问题产生纠纷的情况屡见不鲜。这些纠纷不仅会影响公司的正常运营，还可能对股东之间的关系造成不可逆转的损害。而公司法作为规范公司行为的基础法律，为股东之间的权利分配和决策机制提供了明确的法律依据。股东了解公司法，可以更加清晰地了解自己的权利和义务，避免因为误解或误判而产生纠纷。同时，在纠纷发生时，股东可以运用公司法知识，通过合法途径解决争议，减少不必要的损失。

其次，了解公司法有助于维护公司及股东的利益。公司的利益与股东的利益是紧密相连的。股东作为公司的出资者，其投资的目的之一在于获得利润。而公司法通过规范公司的运营和管理，为股东的利益提供了有力的保障。股东了解公司法，可以更好地监督公司的运营行为，确保公司的决策符合法律法规的要求，避免公司因违法违规行为而遭受损失。同时，股东也可以利用公司法知识，参与公司的决策过程，为公司的发展提供有益的建议和意见，促进公司的健康发展。

最后，了解公司法有助于保障公司的长久发展。公司的长久发展离不开稳定的内部环境和良好的外部形象。股东了解公司法，可以帮助公司建立完善的治理结构和决策机制，确保公司内部权力的平衡和稳定，这有助于提高公司的决策效率和执行力，为公司的发展提供坚实的基础。同时，股东了解公司法，也可以帮助公司遵守法律法规，树立良好的社会形象，增强公司的市场竞争力。这些都有利于公司的长久发展，为股东带来更大的回报。

在现代商业环境中，公司面临着日益复杂的法律挑战和风险。股东作为公司的核心利益相关者，必须具备足够的法律意识和知识，以应对这些挑战和风险。了解公司法不仅可以帮助股东维护自身权益，还可以促进公司的健康发展，实现股东与公司的共赢。

综上所述，公司股东了解公司法的重要性体现在减少股东纠纷、维护公司及股东利益、保障公司长久发展等多个方面。因此，建议股东积极学习和掌握公司法知识，提高自身的法律素养和决策能力。只有这样，才能更好地保护自己的权益，推动公司的稳定发展，实现股东价值的最大化。

第二节 董事及高级管理人员掌握公司法的重要性

在现代公司治理结构中，董事和高级管理人员作为公司的核心管理层，承担着引领公司发展、维护股东利益的重要职责。他们的行为直接关系到公司的运营状况、经济效益以及社会声誉。因此，掌握公司法对于董事和高级管理人员履行忠实和勤勉义务具有至关重要的意义。

第一，掌握公司法有助于董事和高级管理人员明确自己的权利和义务。公司法作为规范公司组织和行为的基本法律，为公司管理层提供了明确的行为准则和道德标准。通过学习公司法，他们可以清晰地了解到自己在公司运营中的权利与义务，包括决策权、对公司和股东的忠实义务等。这有助于他们在日常工作中做到心中有法、行事有据，确保自己的行为符合法律法规的要求。

第二，掌握公司法有助于董事和高级管理人员更好地履行忠实义务。忠实义务是指管理层在履行职责时，必须以公司的利益为重，不得利用职务之便谋取个人私利或损害公司利益。通过学习公司法，他们可以更好地理解忠实义务的内涵和要求，从而在决策和行动中始终维护公司的利益。例如，在面临重大投资决策时，他们可以运用公司法知识，权衡利弊，确保决策符合公司的长远利益。

第三，掌握公司法有助于董事和高级管理人员履行勤勉义务。勤勉义务是指管理层在履行职责时，必须勤勉尽责，以高度的责任心和敬业精神投入工作中。公司法要求管理层对公司的经营状况和财务状况保持充分了解，及时发现并解决潜在问题。通过学习和掌握公司法，他们可以更好地了解公司的运营状况和风险点，制定有效的管理策略和风险控制措施，确保公司的稳健发展。

第四,掌握公司法可以帮助董事和高级管理人员更好地应对这些风险和挑战。随着市场竞争的加剧和法律环境的不断变化,公司面临的风险和挑战也日益增多。他们可以利用公司法知识,制定合规的经营策略,避免公司陷入法律纠纷;同时,他们也可以运用公司法赋予的权利,维护公司的合法权益,应对外部的威胁和挑战。

第五,掌握公司法还有助于提升董事和高级管理人员的职业素养和形象。在现代社会,具备专业知识和技能的人才更具竞争力。通过学习和掌握公司法,他们可以提升自己的专业素养和综合能力,增强在公司内部和外部的影响力。这不仅有助于他们在职业发展中取得更好的成绩,也有助于提升整个公司的治理水平和社会形象。

综上所述,建议董事和高级管理人员积极学习和掌握公司法知识,不断提升自己的法律素养和履职能力,为公司的健康发展贡献自己的力量。同时,公司也应当加强对管理层的法律培训和教育,为他们提供良好的学习和成长环境。

第三节 公司法律顾问掌握公司法的重要性

在现代社会的商业活动中,公司作为重要的市场主体,其运营、管理、发展都与法律息息相关。而公司法是规范公司行为、保障各方权益的基础法律,作为公司法律顾问的律师,其对公司法的掌握程度不仅关系到个人职业能力的提升,对于其为客户提供优质法律服务、促进商业环境的健康发展也具有重大意义。

首先,律师掌握公司法是为客户提供专业法律服务的基础。作为法律从业者,律师的主要职责是为客户提供合法、合规的法律解决方案。而公司法作为规范公司行为的基础法律,涵盖了公司设立、运营、变更、解散等各个环节的法律规定。律师只有深入理解和掌握公司法,才能准确判断公司行为的合法性,为客户提供合法合规的建议和方案。无论是公司内部的治理结构调整、股东权益保护,还是公司外部的并购重组、合同谈判,律师都需要运用公司法知识,确保客户的权益得到充分保障。

其次，律师掌握公司法有助于预防和化解公司纠纷。在商业活动中，公司之间、公司与股东之间、公司与员工之间难免会出现各种纠纷。这些纠纷如果处理不当，不仅会影响公司的正常运营，还可能给公司带来重大的经济损失。律师通过掌握公司法，可以预见和评估潜在的法律风险，帮助公司制定防范措施，减少纠纷的发生。同时，在纠纷发生后，律师还可以运用公司法知识，通过协商、调解、诉讼等方式，为公司争取最大的合法权益。

再次，律师掌握公司法有助于推动商业环境的健康发展。作为市场经济的主体，公司的健康发展对于整个商业环境的稳定与繁荣具有重要意义。律师通过运用公司法知识，为公司提供合规经营的建议，有助于规范公司的行为，维护市场秩序。同时，律师还可以通过参与公司法律事务，推动公司法的不断完善和发展，为商业环境的持续优化提供法律保障。

最后，律师掌握公司法还有助于提升个人职业竞争力。律师通过深入学习和掌握公司法，不仅可以提升自己的专业素养和综合能力，还可以扩大自己的业务范围和客户群体。

综上所述，律师掌握公司法的重要性体现在多个方面，这不仅是为客户提供专业法律服务的基础，也是预防和化解公司法律风险的关键，还是推动公司法不断完善和发展的动力。因此，作为公司法律顾问的律师同行，希望我们共同学习和掌握公司法知识，为公司的健康发展提供有力的法律保障。

· 第二章 ·
公司注册资本与股东责任

第一节　公司设立时的注册资本与股东责任

一、有限公司注册资本

有限公司在设立时注册资本为认缴制、自公司成立之日起 5 年内缴足，法律、行政法规另有规定的除外。具体依据为：

《公司法》第四十七条规定："有限责任公司的注册资本为在公司登记机关登记的全体股东认缴的出资额。全体股东认缴的出资额由股东按照公司章程的规定自公司成立之日起五年内缴足。法律、行政法规以及国务院决定对有限责任公司注册资本实缴、注册资本最低限额、股东出资期限另有规定的，从其规定。"

也就是说，一般情况下，有限公司设立时采用认缴制，自公司成立之日起 5 年内缴足。但也有例外。

有限公司设立时，注册资本需要实缴的部分公司类型如下：

1. 商业银行、外资银行、城市信用合作社、农村信用合作联社、贷款公司等；
2. 信托公司；
3. 保险类公司；
4. 汽车金融公司；
5. 典当行；
6. 劳务派遣公司。

除上述公司外，还包括财务公司、消费金融公司、直销公司、融资担保公司、金融资产管理公司等，在设立相关公司时，可以咨询法律顾问或联系当地市场监督管理局了解具体要求。

法律依据

《中华人民共和国商业银行法》（2015 年修正）

第十三条第一款　设立全国性商业银行的注册资本最低限额为十亿元人

民币。设立城市商业银行的注册资本最低限额为一亿元人民币，设立农村商业银行的注册资本最低限额为五千万元人民币。注册资本应当是实缴资本。

第九十二条 外资商业银行、中外合资商业银行、外国商业银行分行适用本法规定，法律、行政法规另有规定的，依照其规定。

第九十三条 城市信用合作社、农村信用合作社办理存款、贷款和结算等业务，适用本法有关规定。

第九十四条 邮政企业办理商业银行的有关业务，适用本法有关规定。

《信托公司管理办法》

第十条 信托公司注册资本最低限额为3亿元人民币或等值的可自由兑换货币，注册资本为实缴货币资本。

申请经营企业年金基金、证券承销、资产证券化等业务，应当符合相关法律法规规定的最低注册资本要求。

中国银行业监督管理委员会根据信托公司行业发展的需要，可以调整信托公司注册资本最低限额。

《中华人民共和国保险法》（2015年修正）

第六十九条 设立保险公司，其注册资本的最低限额为人民币二亿元。

国务院保险监督管理机构根据保险公司的业务范围、经营规模，可以调整其注册资本的最低限额，但不得低于本条第一款规定的限额。

保险公司的注册资本必须为实缴货币资本。

《汽车金融公司管理办法》

第九条 汽车金融公司注册资本的最低限额为10亿元人民币或等值的可自由兑换货币。注册资本为一次性实缴货币资本。

国家金融监督管理总局可以根据汽车金融业务发展情况及审慎监管需要，调高注册资本的最低限额。

《典当管理办法》

第八条 典当行注册资本最低限额为300万元；从事房地产抵押典当业务的，注册资本最低限额为500万元；从事财产权利质押典当业务的，注册资本最低限额为1000万元。

典当行的注册资本最低限额应当为股东实缴的货币资本，不包括以实物、工业产权、非专利技术、土地使用权作价出资的资本。

《中华人民共和国劳动合同法》（2012年修正）

第五十七条 经营劳务派遣业务应当具备下列条件：

（一）注册资本不得少于人民币二百万元。

……

《劳务派遣行政许可实施办法》

第八条 申请经营劳务派遣业务的，申请人应当向许可机关提交下列材料：

……

（三）公司章程以及验资机构出具的验资报告或者财务审计报告。

……

二、股份公司

股份公司分为发起设立和募集设立两种形式，无论是哪一类，其注册资本均为实缴制。对于发起设立的股份公司，《公司法》第九十七条规定，发起人应当认足章程规定设立时的股份；第九十八条规定，发起人应当在公司成立前全额缴纳股款。因此，发起设立的股份公司注册资本为实缴制。而对于募集设立的股份公司，《公司法》第一百条规定，认股人应当足额缴纳股款；第一百零三条规定，公司设立时发行的股款缴足之日起30日内召开公司成立大会。因此，募集设立的股份公司注册资本同样为实缴制。

法律依据

《中华人民共和国公司法》（2023年修订）

第九十七条第一款 以发起设立方式设立股份有限公司的，发起人应当认足公司章程规定的公司设立时应发行的股份。

第九十八条 发起人应当在公司成立前按照其认购的股份全额缴纳股款。

发起人的出资，适用本法第四十八条、第四十九条第二款关于有限责任公司股东出资的规定。

第一百条 发起人向社会公开募集股份，应当公告招股说明书，并制作认股书。认股书应当载明本法第一百五十四条第二款、第三款所列事项，由认股人填写认购的股份数、金额、住所，并签名或者盖章。认股人应当按照所认购股份足额缴纳股款。

第一百零三条 募集设立股份有限公司的发起人应当自公司设立时应发行股份的股款缴足之日起三十日内召开公司成立大会。发起人应当在成立大会召开十五日前将会议日期通知各认股人或者予以公告。成立大会应当有持有表决权过半数的认股人出席，方可举行。

以发起设立方式设立股份有限公司成立大会的召开和表决程序由公司章程或者发起人协议规定。

三、公司设立时的股东责任及规避

首先我们看一下有限公司设立时股东的责任。

股东以货币、实物、知识产权、股权、债权等出资的，应当按期足额缴纳公司章程规定的各自所认缴的出资额；以非货币财产出资的，应按期办理财产权的转移手续，将财产权转移给公司，如果未按期缴足的，应当对给公司造成的损失承担赔偿责任。

公司设立时的股东，对设立时的其他股东出资不足的部分承担连带责任。

案例1：甲乙共同出资设立公司

H有限公司（以下简称H公司）于2024年7月1日由甲、乙二人共同成立，注册资本为1000万元。其中，甲认缴出资900万元，实缴90万元；乙认缴出资100万元，实缴10万元。甲、乙分别持有H公司90%、10%的股权。

H公司2024年经营中欠丙900万元到期未偿还，2024年11月1日，丙起诉H公司及甲、乙，要求还款。那么，在这场债务纠纷中，甲、乙各自可能需要偿还的最大金额是多少？

问题1：如果甲无力继续出资，乙应当偿还多少钱？

问题2：如果乙无力继续出资，甲应当偿还多少钱？

丙对H公司及甲、乙两位股东提起诉讼后，甲、乙的出资义务将加速到期。作为H公司的设立股东，他们对设立时其他股东出资不足的部分需承担连带责任。因此，无论甲还是乙，一旦一方无力偿还，另一方需要在未出资的范围内承担全部的还款责任。甲承担全部责任后有权向乙追偿应当由乙承担的部分，反之亦然。本案中甲认缴未出资金额为810万元，乙认缴未出资金额为90万元。

对于问题1：假设甲无力继续出资，那么乙需要承担多少还款责任呢？公司法规定，公司设立时的股东对出资不足承担连带责任。因此，在甲无力偿还债务的情况下，乙将需要承担900万元的还款责任。乙承担后，有权向甲追偿其中的810万元。如果甲日后依然无法偿还，那么乙将因此损失810万元。

对于问题2：如果换成乙无力出资，甲又需要承担多少还款责任呢？同样地，根据公司设立股东间的出资连带责任原则，甲将需要承担全部900万元的还款责任。甲承担后，有权向乙追偿其中的90万元。如果乙日后依旧无法偿还，那么甲将因此损失90万元。

看到这样的情况，内心是否会感到一丝困惑？毕竟，有限公司的股东通常是以其出资额为限来承担责任的。然而，为何在公司设立之初，股东们却需要对其他股东的出资承担连带责任呢？这看似矛盾的现象，其实背后有着法律的深意。这就是公司的资本维持原则，以确保公司的正常运营及债权人的利益。

案例2：甲先设立公司，然后将部分股权转让给乙

T有限公司（以下简称T公司）于2024年7月1日由甲认缴出资1000万元，实缴90万元设立，设立时的注册资本为1000万元。2024年9月1日，甲将所持有的T公司10%未出资部分股权转让给乙，乙认缴出资100万元，实缴10万元，持有T公司10%的股权。

T公司2024年经营中欠丙900万元未偿还，2024年11月1日，丙起诉T公司还款，甲、乙各自可能需要偿还的最大金额是多少？

问题1：如果甲无力继续出资，乙应当偿还多少钱？

问题2：如果乙无力继续出资，甲应当偿还多少钱？

在这个案例中，甲是设立时的唯一股东，乙因受让甲的股权成为T公司的股东，不是设立时的股东。当T公司无力偿还丙900万元的债务时，丙起诉到法院，甲、乙出资均加速到期。但因为乙是受让股权加入公司的股东，其仅需要对自己的出资部分承担责任，即对未实缴的90万元承担责任；甲是公司设立时的股东，需要对设立时的出资承担责任。在甲将100万元未出资转让给乙后，如果乙未能按规定缴足出资，甲仍需对100万元未缴足的部分承担责任，因此甲的最大责任是 900 万元。甲承担 900 万元还款责任后，有权向乙追偿 90 万元。

那么，面对这样的规定，我们又该如何防范潜在的风险呢？接下来，我们将通过具体的案例来探讨这一问题。

案例 3：甲先设立公司，然后向乙增发注册资本

K 有限公司（以下简称 K 公司）于 2024 年 7 月 1 日由甲认缴出资 900 万元，实缴 90 万元设立，K 公司设立时的注册资本为 900 万元。2024 年 9 月 1 日，K 公司向乙定向增资 100 万元，乙认缴出资 100 万元，实缴 10 万元；增资后甲、乙分别持有 K 公司 90%、10% 股权，K 公司注册资本为 1000 万元。

K 公司 2024 年经营中欠丙 900 万元未偿还，2024 年 11 月 1 日，丙起诉 K 公司及甲、乙还款，甲、乙各自可能需要偿还的最大金额是多少？

问题 1：如果甲无力继续出资，乙应当偿还多少钱？

问题 2：如果乙无力继续出资，甲应当偿还多少钱？

在这个案例中，甲是设立时的唯一股东，乙是 K 公司增资的股东，不是设立时的股东。因此，当 K 公司无力偿还丙 900 万元的债务时，丙起诉到法院，甲、乙出资义务均加速到期。但因为乙是增资时加入公司的股东，甲不需要对乙出资不足的部分承担责任；同时甲是 K 公司设立时的股东，而乙不是设立时的股东，因此对于甲出资不足的部分，乙也不需要承担责任。所以，当甲无力出资时，乙仅需要补足自己的出资，即 90 万元；当乙无力出资时，甲也仅需要补足自己的出资，即 810 万元。

这个案例明确地给出了避免公司设立时股东间出资连带责任的方案。现实中，像案例 1 中的 H 公司情况的公司注册资本可能远高于 1000 万元。一旦公司经营不善，导致设立时的股东承担连带责任，可能会造成股东破产。因此，这方面需要非常小心。俗话说商场如战场，情势随时可能发生变化，股东出资设立公司时需要把公司风险与家庭财产隔离开来，避免因公司经营不善危及家庭财产的安全。我有一个客户计划投资 1 亿元时，要求确保损失控制在 1 亿元以内。因此，设立公司的顺序尤为重要。在这个案例中，一方先设立公司，然后向另一方增资，从而避免了有限公司设立时股东间出资产生的连带责任。

有限公司的股东认缴出资后，未按期缴足出资的股东对给公司造成的损失承担赔偿责任,无论是设立时的股东,还是增资或受让他人股权的股东,均被包括在内。股东未按期缴足出资会给公司带来哪些损失呢?

公司因股东出资不足可能会向他人借款产生借款费用,股东未缴足出资部分资金对应的借款利息,属于因股东未缴足出资造成的公司损失,这是给公司造成的直接损失。

那股东未缴足出资可能给公司造成哪些间接损失呢?关于股东未缴足出资给公司造成间接损失的赔偿责任,建议股东在投资协议当中予以约定,本书会有专门章节讲述投资协议。对于在投资协议中未约定的间接损失,未来要求未按期缴足出资的股东赔偿时,可能在司法认定的层面无法得到全面的支持。公司为促使股东缴足出资而起诉股东产生的相关费用,包括诉讼费、保全费、律师费等,也属于股东给公司造成的损失。另外,还包括公司经营中因资金不足导致错失商业机会带来的损失,公司因无法偿还到期债务产生的违约金、赔偿金损失等。

作为有限公司的股东,如果预计未来可能因财力的变化导致无法缴足出资,最好在投资协议中明确约定,在认缴出资期限届满前 6 个月内,股东有权请求公司进行减资,从而免除未缴足部分出资的出资义务,这样就可以避免未来可能因出资到期未缴足出资而对公司的损失承担赔偿责任。当然前提是其他股东在投资时同意。如果其他股东不同意,那么最好是减少投资或不投资。股东间的投资协议是一份非常重要的协议,本书会在专门章节中重点讨论。

对于有限公司设立时的股东出资责任,有人认为,在有限公司认缴制下,股东仅对公司设立时实缴的注册资本部分承担连带责任,对认缴但未实缴的部分则不承担连带责任。在过去的司法实践中,对此也存在较大的争议。在 2018 年实施的有限公司认缴制下,很多公司在成立时实缴出资为 0 元,所有出资均为在 30 年或更长时间内认缴。当公司需要资金时,股东会通过借款的方式向公司提供资金。新公司法实施后,有限公司设立时,很多公司章程会规定股东实缴 0 元,全部认缴,5 年内完成出资。如果有限公司设立时的股东仅对设立时注册资本实缴部分承担出资不足的连带责任,而对认缴部分出资不足不承担责任,那么《公司法》第五十条关于公司设立时的股东对其他股东出资不足承担连带责任的规定就会形同虚设。

在过去的司法实践中，对于公司设立时股东出资连带责任，法院会根据公司债务的形成时间来判定已出让股权的股东是否依旧承担出资的连带责任。在新公司法下，出让股权的股东，在受让方未按期缴足出资的情况下，对未缴足的部分依旧需要承担补足出资的责任。在股权转让章节我们会重点讨论这一点。

接下来我们讨论股份公司设立时的股东责任。

《公司法》第四十八条和第四十九条第二款、第三款也适用于股份公司，即股东可以用货币、实物、知识产权、股权、债权等出资。以货币出资的，将货币足额存入公司银行账户；以实物出资的，依法办理财产权的转移手续。由于股份公司的注册资本是实缴制，因此不存在出资加速到期的情形。股东在认购股份后、公司成立前已经实缴了注册资本。那么股份公司设立时的股东还存在出资连带责任吗？答案是肯定的。因为股份公司设立时的股东可能存在认购股份后未按要求缴足出资，或者出资的财产价值远低于其认购的股份（出资瑕疵）的情形。如果出现这种情况，那么其他股东就需要对出资不足的部分承担连带责任。股份公司的股东需要承担未按期缴足出资对公司的赔偿责任吗？是的，《公司法》第一百零七条明确规定股东出资不足对公司的赔偿责任，同样适用于股份公司。虽然股份公司的注册资本是实缴制，但对于非货币出资，有可能存在出资严重不足的情形。因此，当股东出资不足时，仍然需要对公司承担赔偿责任。

法律依据

《中华人民共和国公司法》（2023 年修订）

第四十八条 股东可以用货币出资，也可以用实物、知识产权、土地使用权、股权、债权等可以用货币估价并可以依法转让的非货币财产作价出资；但是，法律、行政法规规定不得作为出资的财产除外。

对作为出资的非货币财产应当评估作价，核实财产，不得高估或者低估作价。法律、行政法规对评估作价有规定的，从其规定。

第四十九条 股东应当按期足额缴纳公司章程规定的各自所认缴的出资额。

股东以货币出资的，应当将货币出资足额存入有限责任公司在银行开设的账户；以非货币财产出资的，应当依法办理其财产权的转移手续。

股东未按期足额缴纳出资的，除应当向公司足额缴纳外，还应当对给公司造成的损失承担赔偿责任。

第五十条 有限责任公司设立时，股东未按照公司章程规定实际缴纳出资，或者实际出资的非货币财产的实际价额显著低于所认缴的出资额的，设立时的其他股东与该股东在出资不足的范围内承担连带责任。

第五十四条 公司不能清偿到期债务的，公司或者已到期债权的债权人有权要求已认缴出资但未届出资期限的股东提前缴纳出资。

第九十八条第一款 发起人应当在公司成立前按照其认购的股份全额缴纳股款。

第九十九条 发起人不按照其认购的股份缴纳股款，或者作为出资的非货币财产的实际价额显著低于所认购的股份的，其他发起人与该发起人在出资不足的范围内承担连带责任。

第一百零一条 向社会公开募集股份的股款缴足后，应当经依法设立的验资机构验资并出具证明。

四、公司未能成功设立时股东的责任

如果公司因各种原因未能成功设立，因公司设立而产生的债务，设立时的股东仍然需要承担连带责任。下面通过案例来说明这一点。

案例：甲、乙两人约定共同设立 A 公司，其中甲持有公司 70% 的股权，乙持有公司 30% 的股权。为了设立 A 公司，他们向 B 公司租赁了办公室，并签订了租赁合同。然而，由于某些原因，A 公司最终未能成功设立。在此情况下，甲、乙两人作为设立时的股东，需要共同承担因租赁合同产生的债务。

如果甲无力偿还债务，乙应当承担多少清偿债务的责任呢？答案是，乙需要承担全部债务的清偿责任。乙承担后，超过其持股比例对应的债务份额部分，有权向甲追偿；反之亦然。

需要注意的是，公司未设立时的股东间债务的连带责任关系与公司设立时的股东间出资的连带责任在某些方面是相似的。然而，这种连带责任并不是无法避免的。在某些情况下，股东可以通过合理的合同约定和法律安排来减轻或避免这种连带责任。但由于这类事件并不常见，且具体情况需要具体分析，因此在此不作过多讨论。

法律依据

《中华人民共和国公司法》（2023 年修订）

第四十四条第二款 公司未成立的，其法律后果由公司设立时的股东承受；设立时的股东为二人以上的，享有连带债权，承担连带债务。

第二节 公司增资与股东责任

公司法对有限公司及股份公司增资的认缴与实缴、有限公司认缴出资的出资期限问题，与公司设立时的要求是一致的。有限公司的增资，对于增加的注册资本，股东可以认缴，并在 5 年内缴足；而股份公司的增资，对于增加的注册资本，认购股份的股东需要实缴。《国务院关于实施〈中华人民共和国公司法〉注册资本登记管理制度的规定（征求意见稿）》对增资的工商登记办理手续作了相应的规定。

有限公司增资产生的股东，因为不是公司设立时的股东，所以公司设立时的股东不需要对其承担出资不足的连带责任。同时，增资的股东也不需要对公司设立时的股东出资不足承担责任。对于这一点，可能有人会产生疑问，既然法律规定有限公司增加注册资本时，股东认缴新增资本是依照公司设立时的出资要求执行，那么为什么公司设立时股东间的出资连带责任在增资时却不存在呢？我们可以从公司法的规定中来理解这一点。根据《公司法》第六十六条第三款的规定，有限公司股东会作出增加注册资本的决议时，应当经代表三分之二以上表决权的股东通过，也就是说并不需要所有股东同意。因此，如果让不同意增资的小股东对增资股东未缴足的出资承担连带责任，显然是不合理的。法律不能将未经小股东同意的增资责任归于小股东来承担。因此，增资产生的股东与公司设立时的股东间并不存在出资不足的连带责任。

有限公司的股东，在增资时，各股东按实缴比例享有优先认购权，除非公司章程另有规定；股份公司在公司增资时，股东不享有优先认购权，除非公司章程另有规定或股东会作出决议决定股东享有优先认购权。

我们通过一个简单的案例来说明一下。

案例：公司增加注册资本时有限公司股东的优先认购权

M 有限公司（以下简称 M 公司）于 2023 年 6 月 1 日设立，公司注册资本为 2000 万元。甲认缴出资 1600 万元，实缴 200 万元，持有 M 公司 80% 的股权；乙认缴出资 400 万元，实缴出资 200 万元，持有 M 公司 20% 的股权；甲、乙剩余出资于 2028 年 12 月 31 日前缴足。M 公司章程对公司增资时股东的优先认购权没有规定。

M 公司自成立以来，业绩非常好，但公司运营资金不足，于是 2023 年 12 月 31 日，经股东会决议增资 1000 万元。

请问 M 公司增资的 1000 万元，甲乙是否有优先认购权？如果有，各自有认购多少金额资本的权利？假设甲、乙都足额认购了增资部分的注册资本，那么认购后甲、乙各自持有 M 公司多少股权？

根据《公司法》第二百二十七条的规定，有限公司增加注册资本时，股东在同等条件下具有优先认购权，优先认购权的比例是按实缴出资比例行使，因此甲、乙均有优先认购权。甲、乙的认购权按实缴比例，即甲实缴 200 万元与乙实缴 200 万元的比例行使，因此各占 50% 的认购比例，为此甲认购 500 万元，乙认购 500 万元。甲、乙行使增资的优先认购权后，甲持有公司的股权是 1600 万元+500 万元、即 2100 万元，占公司总注册资本 3000 万元的比例即 70%，乙持有公司的股权是 400 万元+500 万元即 900 万元，占公司总注册资本 3000 万元的比例即 30%。M 有限公司经过增资后，甲、乙的持股比例发生了变化。

在案例 1 中，假设 M 有限公司章程规定在公司增资时，股东按认缴的出资比例行使优先认购权，则对于增加的 1000 万元注册资本，甲的优先认购权是 800 万元，乙的优先认购权是 200 万元，双方认购后各自持有 M 有限公司的股权比例不发生变化。

法律依据

《中华人民共和国公司法》（2023 年修订）

第二百二十七条 有限责任公司增加注册资本时，股东在同等条件下有权优先按照实缴的出资比例认缴出资。但是，全体股东约定不按照出资比例优先认缴出资的除外。

股份有限公司为增加注册资本发行新股时，股东不享有优先认购权，公司章程另有规定或者股东会决议决定股东享有优先认购权的除外。

第二百二十八条 有限责任公司增加注册资本时，股东认缴新增资本的出资，依照本法设立有限责任公司缴纳出资的有关规定执行。

股份有限公司为增加注册资本发行新股时，股东认购新股，依照本法设立股份有限公司缴纳股款的有关规定执行。

第三节 公司减资与股东责任

有限公司的减资，包括亏损减资、股东未出资部分的注册资本减资、已实缴的注册资本减资、因公司回购自己的股权减资以及因公司收购持有自己公司股权的子公司而减资等多种形式。那么这些减资方式具体有哪些区别呢？接下来，我们将通过以下案例来逐一探讨。

案例1：减少注册资本弥补亏损

A有限公司（以下简称A公司）于2024年7月19日成立，注册资本为1000万元。公司设立时，股东甲认缴出资900万元，实缴450万元，持有A公司90%的股权；股东乙认缴出资100万元，实缴50万元，持有A公司10%的股权。二人认购但未缴足的出资部分于2028年6月30日前缴足。公司运营至2026年12月31日时，亏损合计300万元。为引进新股东丙，因丙要求不承担公司亏损部分的责任，故A公司在丙加入前，经甲乙股东作出减资决议，将注册资本减少至700万元，即减少注册资本300万元。减资后，A公司向丙增发注册资本300万元，丙实缴300万元，持有公司30%的股权，甲持有公司63%的股权，乙持有公司7%的股权，公司注册资本重新调整为1000万元。

2027年，因公司欠丁债务600万元到期未能偿还，债权人丁起诉至法院，要求A公司及甲、乙、丙偿还债务600万元。那么甲、乙、丙需要承担怎样的责任呢？

当公司及甲、乙均无力偿还时，公司股东丙并不需要承担任何责任，因为丙在公司增资时所认缴的注册资本已经全部缴足，且丙并非公司设立时的股东，无须对甲乙未缴足的出资部分承担连带责任。

当公司与甲均无力偿还时，乙需要承担怎样的责任呢？首先，乙最初认缴的出资是 100 万元，实缴 50 万元，剩余 50 万元应于 2028 年 6 月 30 日前缴足。但根据公司法相关规定，当公司无法偿还到期债务时，乙的出资义务加速到期，未缴足的 50 万元出资应当用于偿还丁的债务。您可能会疑惑，因为公司已减资，乙仅占公司 7%的股权，对应的注册资本是 70 万元，已实缴 50 万元，应当还有 20 万元没有缴足，但根据《公司法》第二百二十五条规定，甲、乙当初减资是为了弥补亏损，这并不能免除甲、乙原来的出资义务。弥补亏损减资，其减除的是公司实缴部分的注册资本，并不影响股东未缴足部分的出资责任，甲、乙仍需在原来 1000 万元的总出资下，按各自所认缴的比例承担出资义务。因此，乙仍有 50 万元出资未缴足。同理甲还有 450 万元出资未缴足。乙作为公司设立时的股东，除对自己未缴足的出资承担责任外，还需对甲未缴足的 450 万元出资承担连带责任，合计 500 万元。因此，当丁起诉要求偿还 600 万元债务时，若公司与甲无力偿还，乙需偿还 500 万元，乙偿还后有权向甲追偿 450 万元。

同理，当公司与乙无力偿还时，甲需要偿还 500 万元，甲偿还后有权向乙追偿 50 万元。

这个案例清楚说明，当有限公司为弥补亏损减资时，并不免除原股东的出资义务。股份公司因为是实缴制，所以一般情况下不存在未缴足出资的情形。但当股东因非货币出资导致出资严重不足时，也不会因为公司为弥补亏损减资而免除股东补足出资的义务。

案例 2：减少注册资本弥补亏损后利润分配

我们继续延伸案例 1。假设甲补足出资 450 万元、乙补足出资 50 万元后，公司收到资金并偿还了丁的 600 万元债务。当 A 公司运营至 2028 年 12 月 31 日时，公司净资产达到 1500 万元，其中注册资本为 1000 万元，实缴 1000 万元。300 万元是增资时丙实缴的注册资本，700 万元是甲乙原 1000 万元注册资本实缴并弥补亏损减资后的部分，另外法定盈余公积 50 万元，未分配利润 450 万元。2029 年 6 月 1 日，公司向股东进行利润分配，共计 300 万元，其中甲税前分得 189 万元，乙分得 21 万元，丙分得 90 万元。

2028 年 10 月，公司向小王借款 500 万元，约定于 2029 年 9 月底还清。

但，至 2029 年 10 月，公司欠小王的 500 万元债务无力偿还，小王因此起诉至法院，要求 A 公司及甲、乙、丙偿还债务。那么，当 A 公司无力偿还时，对于这 500 万元的债务，甲、乙、丙各应当承担多少责任呢？

是不是甲、乙、丙都已经实缴出资了，就不需要再承担其他责任了呢？确实，通常情况下，对于已全部实缴出资的股东，是不需要再承担出资以外的其他责任的。但在这个案例中，由于 A 公司存在违反公司法规定的公司弥补亏损减资后的利润分配要求，甲、乙、丙均需要承担部分责任。

根据《公司法》第二百二十五条第三款的规定，公司以减少注册资本弥补亏损后，在法定公积金和任意公积金达到公司注册资本 50% 之前，不得分配利润。A 公司在减少注册资本弥补亏损后的注册资本是 700 万元，其 50% 即为 350 万元。然而，在 2029 年公司净利润 500 万元的情况下，却给股东分红 300 万元，这导致公司法定公积金和任意公积金未能达到法定的 350 万元。即使 A 公司之前净利润的 100% 提出法定公积金及任意公积金，也仍然需要至少 350 万元的净利润才能达到标准。因此，A 公司实际上违反了公司法规定，多分了 150 万元的利润给股东。这部分多分的利润，股东应当返还给公司。

基于上述情况，甲、乙、丙作为股东，需要按照其持股比例承担返还责任。具体来说，甲需要对小王的债务承担 150×63% = 94.5 万元的责任，乙需要承担 150×7% = 10.5 万元的责任，丙需要承担 150×30% = 45 万元的责任。这样，他们才能共同弥补公司因违反公司法规定而给债权人小王造成的损失。

通过案例 1 和案例 2，大家可以更好地理解公司以减少注册资本弥补亏损的重点内容。公司以减少注册资本弥补亏损时，不免除股东的出资义务。同时，公司在法定公积金和任意公积金达到公司注册资本 50% 前不得分配利润。公司通过减少注册资本弥补亏损时不需要通知债权人，公司的债权人也无权要求公司清偿债务或提供担保。

我们继续以案例来说明其他减资的情形。

案例 3：股东未出资的注册资本减资情形一

B 有限公司（以下简称 B 公司）成立于 2023 年 9 月 1 日，注册资本为人民币 800 万元，设立时的股东为甲、乙，其中甲认缴出资 400 万元，实缴出资 400 万元，持有 B 公司 50% 的股权；乙认缴出资 400 万元，实缴出资 100

万元，剩余出资于 2026 年 8 月 30 日前缴足，持有 B 公司 50% 的股权。

2024 年 6 月，乙因家庭变故，预计 2026 年 8 月 30 日前无力缴足剩余的 300 万元出资。甲、乙于 2024 年 6 月 30 日作出股东会决议，决议公司减少注册资本 300 万元。减资后公司注册资本 500 万元，其中甲实缴出资 400 万元，持有 B 公司 80% 的股权，乙实缴出资 100 万元，持有 B 公司 20% 的股权。公司在减资时没有债权人，但依公司法规定进行了减资公告。

2025 年，B 公司因经营不善，欠小李 300 万元无力偿还，于是小李起诉至法院，要求 B 公司及甲、乙偿还 300 万元。

请问当 B 公司无力偿还时，甲、乙是否需要对 B 公司欠小李的 300 万债务承担责任呢？

甲、乙作为 B 公司设立时的股东，对公司设立时其他股东出资不足承担连带责任，但本案例中甲、乙均已全额实缴，不存在出资不足。当 B 公司于 2024 年减少注册资本 300 万元时，减少的是乙未出资的部分。经过减资后，免除了乙 300 万元的出资义务，因此乙的出资全部缴足。公司经营中欠小李的债务，发生在公司减资之后，甲乙均不需要承担责任。

案例 4：股东未出资的注册资本减资情形二

我们将案例 3 改写一下，假设 C 有限公司（以下简称 C 公司）成立于 2023 年 9 月 1 日，注册资本为 800 万元。设立时的股东为甲、乙，其中甲认缴出资 400 万元，实缴出资 400 万元，持有 C 公司 50% 的股权；乙认缴出资 400 万元，实缴出资 100 万元，剩余出资于 2026 年 8 月 30 日前缴足，持有 C 公司 50% 的股权。

公司在 2023 年经营中欠小张 100 万元未偿还。

2024 年 6 月，乙因家庭变故，预计 2026 年 8 月 30 日前无力缴足剩余的 300 万元出资。甲、乙于 2024 年 6 月 30 日作出股东会决议，决议公司减少注册资本 300 万元。减资后公司注册资本为 500 万元，其中甲实缴出资 400 万元，持有公司 80% 的股权，乙实缴出资 100 万元，持有公司 20% 的股权。

乙的出资义务能因减资而免除吗？C 公司在尚未偿还小张债务的情况下，是否可以进行减资从而免除乙的出资义务？

根据公司法的规定，C 公司在减资决议作出后 10 日内通知了债权人小张，小张要求公司偿还 100 万元债务或提供担保。因公司无力偿还，甲的出资已全部实缴,乙无力出资,经协商后乙将所持有 C 公司的股权质押给了小张作为债务的担保,公司才顺利进行了减资。

案例 3 和案例 4 告诉我们,公司减少股东未出资部分的注册资本时,同时免除了股东的出资义务,公司减资时需要公告、通知债权人,债权人有权要求公司清偿债务或提供担保。

案例 5:股东已实缴的注册资本减资

G 有限公司(以下简称 G 公司)成立于 2023 年 9 月 16 日,公司注册资本为 3000 万元。股东甲实缴注册资本 2100 万元,持有 G 公司 70% 的股权;股东乙实缴注册资本 900 万元,持有 G 公司 30% 的股权。公司经营至 2024 年 12 月 31 日,累计未分配利润 1000 万元。

2025 年 5 月 30 日,甲、乙召开股东会决议,决定公司分红 700 万元,甲、乙按持股比例共撤回投资 1000 万元,为此 G 公司减资 1000 万元。G 公司截至 2025 年 5 月 30 日无债权人。

请问,公司分红及减资的结果是什么?

公司虽然没有债权人,但依据公司法的规定,进行了减资公告,公告期满后 G 公司注册资本减至 2000 万元,减少的注册资本 1000 万元按股东持股比例支付给甲 700 万元、乙 300 万元。同时公司将当年分红 700 万元,扣除个税后按持股比例支付给甲、乙。

这个案例中 G 公司是盈利的,并不存在减少注册资本弥补亏损的情形,甲、乙股东均已实缴注册资本。公司减资的 1000 万元,是甲、乙实缴后撤回的投资 1000 万元,应当将该 1000 万元按股东持股比例返还给甲、乙。

案例 6:公司回购自己的股权减资

H 有限公司(以下简称 H 公司)成立于 2023 年 6 月 19 日,公司注册资本为 5000 万元。其中甲认缴出资 3000 万元,实缴出资 1200 万元,持有 H 公司 60% 的股权;乙认缴出资 1500 万元,实缴出资 600 万元,持有 H 公司 30% 的股权;丙认缴出资 500 万元,实缴出资 200 万元,持有 H 公司 10% 的股权。甲、乙、丙剩余出资于 2028 年 6 月 30 日前缴足。

2024 年 9 月 1 日,丙因个人原因,不想再持有 H 公司的股权。在取得甲、乙同意后,公司于 2024 年 9 月 15 日召开股东会,决议公司回购丙持有的 10% 即 500 万元注册资本的股权,并于 2024 年 10 月 1 日支付丙实缴的 200 万元，丙的10%股权经工商部门登记变更给H公司。H公司回购丙的股权后，注册资本仍为5000万元，其中甲持有H公司60%的股权，乙持有H公司30%的股权，H公司持有10%的股权。由于甲、乙未找到其他投资人接受H公司持有的10%股权，于是2025年2月1日，H公司经股东会决议，决定减资500万元。

请问，H公司应当于什么时间进行减资公告？公司的债权人何时有权要求公司偿还债务或提供担保？

在H公司回购丙持有的股权时，由于没有进行减资，因此公司并不需要通知债权人并公告，债权人也无权要求公司偿还债务或提供担保。然而，当H公司于2025年2月1日决定减资500万元时，根据公司法的规定，公司需要在决议作出之日起10日内通知债权人，并在30日内进行减资公告。这时，公司的债权人有权要求公司偿还债务或提供担保。

案例7：公司收购持有自己公司股权的子公司减资

F有限公司（以下简称F公司）注册资本2000万元。其中甲实缴出资1500万元，持有F公司75%的股权；乙实缴出资200万元，持有F公司10%的股权；E有限公司实缴出资300万元，持有F公司15%的股权。E公司注册资本为1000万元，其中股东小王实缴700万元，持有70%股权，小李实缴300万元，持有30%股权。

2023年8月10日，F公司作出股东会决议，决定以1000万元的价格收购E公司，收购后E公司不再存续；E公司同时作出股东会决议，决定小王和小李以1000万元的价格将E公司出让给F公司。2023年8月12日，F公司和E公司分别通知了各自债权人并进行了公告。

2023年10月10日，F公司分别支付给小王700万元、小李300万元后合并了E公司，E公司注销。

请问：F公司和E公司的债权人是否有权要求公司偿还债务或提供担保？F公司应当最晚什么时候进行减资？

根据《公司法》第二百二十条，公司合并时需要通知债权人并进行公告，债权人有权要求公司偿还债务或提供担保。用一个简单例子来说明。假设R公司注册资本为1000万元，未分配利润500万元，净资产1500万元，欠老吴1000万元未到期债务。S公司注册资本1000万元，未分配利润-2500万元，欠银行借款1500万元到期未偿还。R公司并购S公司后，S公司注销，此时R公司的净资产为0元，因原有的1500万元全部用于偿还银行的到期债务，导致R公司的债权人老吴的利益受到严重损害。因此，法律赋予债权人在公司合并时要求公司偿还债务或提供担保的权利。

我们再回到案例7，F公司和E公司的债权人均有权要求公司清偿债务或提供担保。F公司合并E公司多久后，需要注销原来E公司持有的F公司的15%股权呢？公司法明确规定，股份公司在出现上述情形时需要在6个月内转让或注销（注销即需要进行减资），而没有规定有限公司出现上述情形时需要多久进行注销，仅在第八十九条规定了因公司5年盈利不分红、公司到期应解散，后经股东决议后存续时公司收购持反对票的小股东股权后，应当于6个月内转让或注销，但没有规定公司合并、分立和转让主要财产时收购持异议小股东的股权应当何时注销。公司法也没有规定有限公司以合并方式收购持有自己股权的子公司时，对应被收购方持有有限公司的股权应当何时进行注销。

在实务操作中，F公司在合并E公司前，即2023年10月10日前，首先将E公司持有的15%股权收购归F公司自己所有，然后F公司合并E公司。合并后，F公司的注册资本仍为2000万元，其中甲持有75%股权，乙持有10%股权，剩余15%股权由F公司自身持有。

在合并E公司之前，F公司先收购E公司持有的F公司15%的股权，可以简化E公司的注销程序。

法律依据

《中华人民共和国公司法》（2023年修订）

第五十二条 股东未按照公司章程规定的出资日期缴纳出资，公司依照前条第一款规定发出书面催缴书催缴出资的，可以载明缴纳出资的宽限期；宽限期自公司发出催缴书之日起，不得少于六十日。宽限期届满，股东仍未履行出资义务的，公司经董事会决议可以向该股东发出失权通知，通知应当以书面形式发出。自通知发出之日起，该股东丧失其未缴纳出资的股权。

依照前款规定丧失的股权应当依法转让，或者相应减少注册资本并注销该股权；六个月内未转让或者注销的，由公司其他股东按照其出资比例足额缴纳相应出资。

股东对失权有异议的,应当自接到失权通知之日起三十日内,向人民法院提起诉讼。

第六十六条 股东会的议事方式和表决程序,除本法有规定的外,由公司章程规定。

股东会作出决议,应当经代表过半数表决权的股东通过。

股东会作出修改公司章程、增加或者减少注册资本的决议,以及公司合并、分立、解散或者变更公司形式的决议,应当经代表三分之二以上表决权的股东通过。

第八十九条 有下列情形之一的,对股东会该项决议投反对票的股东可以请求公司按照合理的价格收购其股权:

(一)公司连续五年不向股东分配利润,而公司该五年连续盈利,并且符合本法规定的分配利润条件;

(二)公司合并、分立、转让主要财产;

(三)公司章程规定的营业期限届满或者章程规定的其他解散事由出现,股东会通过决议修改章程使公司存续。

自股东会决议作出之日起六十日内,股东与公司不能达成股权收购协议的,股东可以自股东会决议作出之日起九十日内向人民法院提起诉讼。

公司的控股股东滥用股东权利,严重损害公司或者其他股东利益的,其他股东有权请求公司按照合理的价格收购其股权。

公司因本条第一款、第三款规定的情形收购的本公司股权,应当在六个月内依法转让或者注销。

第二百二十条 公司合并,应当由合并各方签订合并协议,并编制资产负债表及财产清单。公司应当自作出合并决议之日起十日内通知债权人,并于三十日内在报纸上或者国家企业信用信息公示系统公告。债权人自接到通知之日起三十日内,未接到通知的自公告之日起四十五日内,可以要求公司清偿债务或提供相应的担保。

第二百二十四条 公司减少注册资本,应当编制资产负债表及财产清单。

公司应当自股东会作出减少注册资本决议之日起十日内通知债权人,并于三十日内在报纸上或者国家企业信用信息公示系统公告。债权人自接到通知之日起三十日内，未接到通知的自公告之日起四十五日内，有权要求公司清偿债务或者提供相应的担保。

公司减少注册资本，应当按照股东出资或者持有股份的比例相应减少出资额或者股份，法律另有规定、有限责任公司全体股东另有约定或者股份有限公司章程另有规定的除外。

第二百二十五条 公司依照本法第二百一十四条第二款的规定弥补亏损后，仍有亏损的，可以减少注册资本弥补亏损。减少注册资本弥补亏损的，公司不得向股东分配，也不得免除股东缴纳出资或者股款的义务。

依照前款规定减少注册资本的，不适用前条第二款的规定，但应当自股东会作出减少注册资本决议之日起三十日内在报纸上或者国家企业信用信息公示系统公告。

公司依照前两款的规定减少注册资本后，在法定公积金和任意公积金累计额达到公司注册资本百分之五十前，不得分配利润。

第二百二十六条 违反本法规定减少注册资本的，股东应当退还其收到的资金，减免股东出资的应当恢复原状；给公司造成损失的，股东及负有责任的董事、监事、高级管理人员应当承担赔偿责任。

第二百五十五条 公司在合并、分立、减少注册资本或者进行清算时，不依照本法规定通知或者公告债权人的，由公司登记机关责令改正，对公司处以一万元以上十万元以下的罚款。

第四节　股东出资的加速到期

股东出资的加速到期是指，有限责任公司的股东认缴出资后，在认缴期限未届满时，因公司特定情形发生导致的股东出资立即到期。我们通过两个案例来说明。

案例：因公司债务到期无法清偿导致股东的出资加速到期

M有限公司（以下简称M公司）于2023年7月1日成立，注册资本为5000万元。设立时有甲、乙、丙三个股东，其中甲认缴出资3500万元，实缴出资2000万元，持有M公司70%的股权；乙认缴出资1000万元，实缴出资

500万元，持有M公司20%的股权；丙实缴出资500万元，持有M公司10%的股权。

M公司经过两年经营，公司净资产达1亿元，但现金流产生严重困难。2025年9月1日，M公司欠债权人老张的2000万元借款到期但无力偿还。为此，公司董事会于2025年9月2日向股东甲、乙分别发出通知，请求甲、乙将未缴足的1500万元、500万元于60日内完成出资，甲、乙收到通知后认为其出资期限未到，不同意出资，导致M公司未能及时偿还老张的借款。为此，老张将M公司及3个股东一同起诉至法院，要求偿还借款2000万元。

问题1：请问甲、乙未缴足的出资什么时候到期？

问题2：当M公司无力偿还时，甲、乙、丙各自应当偿还多少钱给公司债权人老张？

根据《公司法》第五十四条的规定，当公司无法偿还到期债务时，公司或债权人有权要求已认缴未缴足出资的股东提前缴纳出资，也就是股东的出资加速到期。本案中，公司及债权人均有权要求股东甲、乙完成出资，当公司于2025年9月2日向两股东发出通知，要求甲、乙于2025年11月2日前完成出资，则甲、乙的出资于2025年11月2日到期。

因甲、乙收到通知后未出资，M公司债权人老张起诉M公司及甲、乙、丙还款，在公司资本章节中我们已用案例详细说明了设立时的股东对其他股东未缴足的出资承担连带责任，因此，在本案中，甲、乙、丙需要对甲、乙合计未缴足的2000万元出资承担连带责任，债权人有权申请法院执行甲、乙、丙任何一个股东的财产用于清偿M公司的债务，实现自己的债权。

法律依据

《中华人民共和国公司法》（2023年修订）

第五十四条 公司不能清偿到期债务的，公司或者已到期债权的债权人有权要求已认缴出资但未届出资期限的股东提前缴纳出资。

《中华人民共和国企业破产法》

第三十五条 人民法院受理破产申请后，债务人的出资人尚未完全履行出资义务的，管理人应当要求该出资人缴纳所认缴的出资，而不受出资期限的限制。

第五节　股东瑕疵出资的纳税责任

新公司法的出台，缩短了有限公司股东认缴资本的出资期限。一些企业家希望尽快把股东认缴未出资的部分完成出资，于是市面上就滋生了一些中介机构，向需要完成出资的企业家推销用知识产权出资的办法。具体来说就是企业家向中介机构低价购买知识产权，然后评估作价成高价值的无形资产，再出资到企业。我们来分析一下上述方案将会给企业家带来哪些纳税风险、企业家的纳税责任是怎样的。

案例：物业公司用1000万元无形资产补足出资的纳税责任及风险

成心物业管理有限公司（以下简称成心公司）设立于2019年，注册资本为2000万元，股东为甲认缴出资1000万元，实缴出资0元；股东乙认缴出资1000万元，实缴出资100万元。股东未缴足的出资于公司成立后30年内缴足。

由于新公司法的实施，从2024年7月1日起，在这之前设立的公司的股东需要在8年内缴足出资，前3年为过渡期，公司可以减资；三年过后的5年内，股东需要完成出资。

股东甲为了完成出资，用5000元向中介机构购买了一项与公司业务完全无关的DA实用新型设计专利，然后找第三方评估公司，评估为1000万元。评估后，2024年4月13日，甲将原来认缴成心公司货币1000万元出资，变更为知识产权出资，将DA实用新型设计专利转让给成心公司。

下面我们来分析一下甲的行为带来的后果。

2024年4月13日，甲以知识产权出资时，应当缴纳1000万元×20%=200万元的个人所得税（5000元成本应当扣除，因金额小，忽略不计），由于甲欠缺纳税意识，因此不会去申请递延纳税。于是自2024年4月13日起，甲欠缴个人所得税200万元，并按每日万分之五计算滞纳金，每年滞纳金=200万元×0.05%×365=36.5万元，10年欠国家税款本金及滞纳金合计200万元+36.5×10=565万元。

中介机构告诉甲，1000万元的知识产权作为无形资产，每年可以摊销

100万元计入成本,这样每年可以节省企业所得税100万元×25% = 25万元。税法规定与生产无关的无形资产不能摊销进成本,所以成心公司每年欠国家25万元企业所得税,累计10年欠国家250万元;同时按日计算万分之五的滞纳金,第一年以25万元为基数计算,第二年以50万元为基数,以此类推,10年欠国家滞纳金约200多万元。

甲在用知识产权出资1000万元后,甲与成心公司合计欠国家约1000万元的应纳税款及滞纳金。同时因这项专利原本就不值钱,所以甲的出资行为属于瑕疵出资,甲的1000万元等于没有出资。如果成心公司有借款或其他债务产生,则甲仍然需要补足出资1000万元及利息。甲既花钱买了专利,又付了中介公司服务费、评估公司评估费,然后10年后,1000万元出资及利息未被免除,还和成心公司合计欠国家1000万元。

第三章
公司治理结构

第一节 股东会、董事会的共同点

1. 召开会议和表决可以采用电子通信方式，章程另有规定的除外。

2. 股东会、董事会决议内容违反法律、行政法规的无效。

3. 股东会、董事会召开程序、表决方式违反法律、行政法规或章程，或者决议内容违反公司章程，属于可撤销决议。

4. 召集程序、表决方式仅有轻微瑕疵，对决议不产生实质影响的不属于可撤销的决议。

5. 股东决议撤销权行使：出席会议的股东自决议作出之日起，未出席的股东自知道或应当知道之日起60日内，可以请求人民法院撤销；自决议作出之日起一年内没有行使的，撤销权消灭。

（注：法律规定的是股东对股东会决议行使撤销权时，要满足规定的时间要求，对于董事会决议的撤销权，会类推适用。）

6. 股东会、董事会决议不成立的情形：未召开股东会、董事会会议作出决议或未对决议进行表决；出席人数或表决权数未达到公司法或章程规定的人数或表决权数；同意表决事项的人数或表决权数未达到公司法或章程规定的人数或表决权数。

（注：董事会为依人数进行表决，股东会为依表决权数进行表决。）

7. 股东会、董事会决议无效或不成立的后果：已办理的工商变更登记应当予以撤销，公司依据决议与善意相对人形成的民事法律关系不受影响。

法律并未明确规定监事会决议内容违反法律、行政法规或章程时的处理办法，监事会主要履行监督检查的职能，并没有权利作出其他方面实质性的决议。新公司法实施后，很多公司可能会选择不设立监事或监事会。

法律依据

《中华人民共和国公司法》（2023年修订）

第二十四条 公司股东会、董事会、监事会召开会议和表决可以采用电子通信方式，公司章程另有规定的除外。

第二十五条 公司股东会、董事会的决议内容违反法律、行政法规的无效。

第二十六条 公司股东会、董事会的会议召集程序、表决方式违反法律、行政法规或者公司章程，或者决议内容违反公司章程的，股东自决议作出之日起六十日内，可以请求人民法院撤销。但是，股东会、董事会的会议召集程序或者表决方式仅有轻微瑕疵，对决议未产生实质影响的除外。

未被通知参加股东会会议的股东自知道或者应当知道股东会决议作出之日起六十日内，可以请求人民法院撤销；自决议作出之日起一年内没有行使撤销权的，撤销权消灭。

第二十七条 有下列情形之一的，公司股东会、董事会的决议不成立：

（一）未召开股东会、董事会会议作出决议；

（二）股东会、董事会会议未对决议事项进行表决；

（三）出席会议的人数或者所持表决权数未达到本法或者公司章程规定的人数或者所持表决权数；

（四）同意决议事项的人数或者所持表决权数未达到本法或者公司章程规定的人数或者所持表决权数。

第二十八条 公司股东会、董事会决议被人民法院宣告无效、撤销或者确认不成立的，公司应当向公司登记机关申请撤销根据该决议已办理的登记。

股东会、董事会决议被人民法院宣告无效、撤销或者确认不成立的，公司根据该决议与善意相对人形成的民事法律关系不受影响。

第二节 监 事 会

一、关于有限公司监事、监事会的相关法律规定

有限公司是否需要设监事或监事会？

根据《公司法》第八十三条的规定，规模较小或股东人数较少的有限责任公司，可以不设监事会；经全体股东一致同意，也可以不设监事。不设监

事或监事会的此类有限公司,也不需要设有行使监事会职权的审计委员会。例如,A 有限公司仅有股东甲、乙二人,二人一致同意公司仅设一名董事,由张三出任,不设监事会或监事,则 A 有限公司的治理结构为股东会、董事。

职工人数不足 300 人的公司可以不设监事会,对于规模较大或股东人数较多的公司,需要设一名监事,或者董事会下设审计委员会行使监事会的职能。

职工人数 300 人以上的有限公司,应当依法设监事会,或者董事会下设审计委员会,行使监事会的职能。

所以,无论有限公司的规模大小,均可以不设监事或监事会;规模较大的或股东人数较多的公司,不设监事或监事会时,需要董事会下设审计委员会,行使监事会的职权。

监事或监事会的职能,具体见下文所附《公司法》第七十八条规定。本次《公司法》修订,新增加了第八十条规定,即监事或监事会可以要求董事、高级管理人员提交执行职务的报告。新增加的第八十条规定到底有多大意义呢?实务中即使监事拿到董事、高级管理人员的执行职务报告,也仅是起监督作用,根据《公司法》第七十八条的规定,只要上述人员执行职务时没有违反法律、行政法规、公司章程及股东会决议(监事的监督范围),监事并没有其他方面可以作为。

除职工监事外,监事由股东会选举产生。监事的任期是每届三年,可以连选连任;监事会成员为三人以上时,其中职工代表不少于三分之一。如果董事会下设审计委员会行使监事会的职能,董事会中的职工代表可以成为审计委员会的成员,当然也可以不是。因此,当公司以董事会下设审计委员会行使监事会的职能而不设监事会时,则审计委员会中可以没有职工代表。监事会设监事主席一人,由过半数监事选举产生。监事会主席负责监事会会议的召集与主持,监事会主席不履职或不能履职时,由过半数监事推举一名监事召集并主持监事会会议。公司法规定董事及高级管理人员不得兼任监事。然而,当公司选择不设监事会,而是由董事会下设的审计委员会行使监事会的职能时,由于审计委员会的成员全部由董事组成,这使得公司法中关于董事不得兼任监事的规定在此情境下变得不适用。

有限公司如果设监事会,则监事会的召开是每年至少一次,监事可以提议召开临时监事会。监事会决议表决为一人一票,过半数通过。三分之一以上的监事可以提议召开临时股东会,在董事会不能履职或不履职时召集并主持股东会。

在新公司法修订的背景下,监事或监事会不再是有限公司必设的治理机构,接下来将不再赘述。

法律依据

《中华人民共和国公司法》(2023年修订)

第二十四条　公司股东会、董事会、监事会召开会议和表决可以采用电子通信方式,公司章程另有规定的除外。

第六十二条　股东会会议分为定期会议和临时会议。

定期会议应当按照公司章程的规定按时召开。代表十分之一以上表决权的股东、三分之一以上的董事或者监事会提议召开临时会议的,应当召开临时会议。

第六十八条　有限责任公司董事会成员为三人以上,其成员中可以有公司职工代表。职工人数三百人以上的有限责任公司,除依法设监事会并有公司职工代表的外,其董事会成员中应当有公司职工代表。董事会中的职工代表由公司职工通过职工代表大会、职工大会或者其他形式民主选举产生。

董事会设董事长一人,可以设副董事长。董事长、副董事长的产生办法由公司章程规定。

第六十九条　有限责任公司可以按照公司章程的规定在董事会中设置由董事组成的审计委员会,行使本法规定的监事会的职权,不设监事会或者监事。公司董事会成员中的职工代表可以成为审计委员会成员。

第七十六条　有限责任公司设监事会,本法第六十九条、第八十三条另有规定的除外。

监事会成员为三人以上。监事会成员应当包括股东代表和适当比例的公司职工代表,其中职工代表的比例不得低于三分之一,具体比例由公司章程规定。监事会中的职工代表由公司职工通过职工代表大会、职工大会或者其他形式民主选举产生。

监事会设主席一人,由全体监事过半数选举产生。监事会主席召集和主持监事会会议；监事会主席不能履行职务或者不履行职务的，由过半数的监事共同推举一名监事召集和主持监事会会议。

董事、高级管理人员不得兼任监事。

第七十七条 监事的任期每届为三年。监事任期届满，连选可以连任。

监事任期届满未及时改选，或者监事在任期内辞任导致监事会成员低于法定人数的，在改选出的监事就任前，原监事仍应当依照法律、行政法规和公司章程的规定，履行监事职务。

第七十八条 监事会行使下列职权：

（一）检查公司财务；

（二）对董事、高级管理人员执行职务的行为进行监督，对违反法律、行政法规、公司章程或者股东会决议的董事、高级管理人员提出解任的建议；

（三）当董事、高级管理人员的行为损害公司的利益时，要求董事、高级管理人员予以纠正；

（四）提议召开临时股东会会议，在董事会不履行本法规定的召集和主持股东会会议职责时召集和主持股东会会议；

（五）向股东会会议提出提案；

（六）依照本法第一百八十九条的规定，对董事、高级管理人员提起诉讼；

（七）公司章程规定的其他职权。

第七十九条 监事可以列席董事会会议，并对董事会决议事项提出质询或者建议。

监事会发现公司经营情况异常，可以进行调查；必要时，可以聘请会计师事务所等协助其工作，费用由公司承担。

第八十条 监事会可以要求董事、高级管理人员提交执行职务的报告。

董事、高级管理人员应当如实向监事会提供有关情况和资料，不得妨碍监事会或者监事行使职权。

第八十一条 监事会每年度至少召开一次会议，监事可以提议召开临时监事会会议。

监事会的议事方式和表决程序，除本法有规定的外，由公司章程规定。

监事会决议应当经全体监事的过半数通过。

监事会决议的表决，应当一人一票。

监事会应当对所议事项的决定作成会议记录，出席会议的监事应当在会议记录上签名。

第八十二条 监事会行使职权所必需的费用，由公司承担。

第八十三条 规模较小或者股东人数较少的有限责任公司，可以不设监事会，设一名监事，行使本法规定的监事会的职权；经全体股东一致同意，也可以不设监事。

二、股份公司监事、监事会相关规定与有限公司相关规定的区别

股份公司对监事或监事会的要求和有限公司有很多相同的地方，在此仅讨论不同点。

股份公司无论规模大小及股东人数多少，必须设有监事或监事会。如果不设，则需要由董事会下设审计委员会履行监事会的职能。

审计委员会成员至少3名以上，且过半数成员不得担任除董事以外的其他职务。

而对于有限公司董事会下设审计委员会，公司法并没有过多要求，无论是在人数方面还是在董事的独立性方面。

股份公司的监事会应每6个月召开一次会议，而有限公司要求一年召开一次。

法律依据

《中华人民共和国公司法》（2023年修订）

第一百二十一条 股份有限公司可以按照公司章程的规定在董事会中设置由董事组成的审计委员会，行使本法规定的监事会的职权，不设监事会或者监事。

审计委员会成员为三名以上，过半数成员不得在公司担任除董事以外的其他职务，且不得与公司存在任何可能影响其独立客观判断的关系。公司董事会成员中的职工代表可以成为审计委员会成员。

审计委员会作出决议，应当经审计委员会成员的过半数通过。

审计委员会决议的表决，应当一人一票。

审计委员会的议事方式和表决程序，除本法有规定的外，由公司章程规定。

公司可以按照公司章程的规定在董事会中设置其他委员会。

第一百三十条 股份有限公司设监事会，本法第一百二十一条第一款、第一百三十三条另有规定的除外。

监事会成员为三人以上。监事会成员应当包括股东代表和适当比例的公司职工代表，其中职工代表的比例不得低于三分之一，具体比例由公司章程规定。监事会中的职工代表由公司职工通过职工代表大会、职工大会或者其他形式民主选举产生。

监事会设主席一人，可以设副主席。监事会主席和副主席由全体监事过半数选举产生。监事会主席召集和主持监事会会议；监事会主席不能履行职务或者不履行职务的，由监事会副主席召集和主持监事会会议；监事会副主席不能履行职务或者不履行职务的，由过半数的监事共同推举一名监事召集和主持监事会会议。

董事、高级管理人员不得兼任监事。

本法第七十七条关于有限责任公司监事任期的规定，适用于股份有限公司监事。

第一百三十一条 本法第七十八条至第八十条的规定，适用于股份有限公司监事会。

监事会行使职权所必需的费用，由公司承担。

第一百三十二条 监事会每六个月至少召开一次会议。监事可以提议召开临时监事会会议。

监事会的议事方式和表决程序，除本法有规定的外，由公司章程规定。

监事会决议应当经全体监事的过半数通过。

监事会决议的表决，应当一人一票。

监事会应当对所议事项的决定作成会议记录，出席会议的监事应当在会议记录上签名。

第一百三十三条 规模较小或者股东人数较少的股份有限公司，可以不设监事会，设一名监事，行使本法规定的监事会的职权。

三、国有独资企业的监事、监事会设置的相关规定

国有独资企业应设立监事或监事会，但如果董事会下设审计委员会来行使监事会的职能，则可以不单独设监事会。这与股份公司的相关规定一致，即国有独资公司，无论规模大小，在监事会设置方面的要求都与股份公司相同。

法律依据

《中华人民共和国公司法》（2023年修订）

第一百七十六条 国有独资公司在董事会中设置由董事组成的审计委员会行使本法规定的监事会职权的，不设监事会或者监事。

第三节 董 事 会

一、有限公司、股份公司董事会相关法律规定的相同点

1. 董事的产生与离任

（1）董事由股东会选举或更换；职工董事由公司职工代表大会选举或其他民主方式选举产生。

（2）董事任期一届最长三年，可以连选连任。

（3）董事辞任的，如果董事人数低于法定人数时，仍需履职。

（4）董事辞任，自辞任通知书到达公司时生效；股东会解任董事的，自股东会作出决议时生效。

（5）董事任职未到期解任的，如无正当理由，董事有权要求公司赔偿。

2. 董事或董事会的设置

（1）规模较小的公司，可以只设一名董事，董事可兼经理。

（2）董事会人数：3人以上，取消了对人数上限的要求。

（3）职工人数300人以上的公司，董事会中需要有职工代表。

（4）董事会设董事长一人，可以设副董事长。

3. 董事或董事会的职权

有限公司与股份公司均适用《公司法》第六十七条，具体见后附的法条。

4. 董事或董事会有核查股东出资的义务，未履职的，需要承担给公司造成损失的赔偿责任。

5. 关于董事会会议的召开与决议表决的一般要求

（1）董事会会议由董事长召集并主持；董事长不履职或不能履职时，由副董事长召集并主持；否则由过半数董事共同推荐一名董事召集并主持。

（2）过半数的董事出席方可举行董事会会议。

（3）董事会会议的表决需要全体董事过半数通过。

（4）董事会会议的表决方式为一人一票制。

（5）出席会议的董事在董事会决议上签名。

6. 董事会关联董事不得参与表决的情形

董事、监事及高级管理人员及其近亲属或其控制的企业直接或间接与本公司订立合同或交易，董事、监事及高级管理人员利用职务之便谋取属于公司的商业机会，董事、监事及高级管理人员自营或与他人合营与其任职公司同类的业务，如果章程规定由董事会会议表决，则关联董事不得参与表决。出席的无关联董事人数少于3人时，由股东会会议表决。具体法律规定详见董事责任与风险规避章节。

二、有限公司、股份公司、国有独资公司、上市公司董事会相关法律规定的不同点

1. 董事长及副董事长的产生办法

有限公司董事长及副董事长的产生办法，由章程规定。

股份公司董事长及副董事长由董事会过半数选举产生。

国有独资企业董事长、副董事长由履行出资人职责的机构从董事会成员中指定。

2. 董事会会议的召开

公司法没有规定有限公司董事会会议每年的召开次数。

股份公司的董事会会议每年至少召开两次，每次会议召开 10 日前通知全体董事及监事。

3. 临时董事会会议的召开

公司法对有限公司临时董事会会议的召开没有具体规定；股份公司代表 10% 以上表决权的股东、三分之一以上的董事或监事会，可以提议召开临时董事会会议；董事长应当自接到通知后 10 日内，召集和主持董事会会议。

关于股份有限公司临时董事会会议的通知时限、通知方式等，可以规定在公司章程当中，也可以规定在董事会议事规则当中。

4. 董事会人员的组成

国有独资企业要求董事会过半数为外部董事，且必须有职工代表。

5. 董事会下设审计委员会的要求

公司法对有限公司董事会下设审计委员会没有具体规定。

（1）股份公司董事会下设审计委员要求：

审计委员会 3 人以上，过半数成员除董事外不得担任公司其他职务，且满足独立性要求。

审计委员会的决议，需经过半数通过。表决为一人一票，议事方式和表决程序除公司法规定的外由章程规定。

（2）上市公司下设审计委员会要求

董事会作出对聘用、解聘承办公司审计业务的会计师事务所、财务负责人，披露财务会计报告及国务院证券监督管理机构规定的其他决议事项时，应当先经审计委员会全体成员过半数通过。

6. 董事会关联关系董事回避

上市公司董事与董事会会议决议事项有关联关系的，需要回避。董事会会议由无关联关系董事过半数出席，董事会决议经全体无关联关系董事过半数表决通过。当出席会议的无关联董事不足 3 人时，所表决事项提交股东会会议表决。

7. 董事会三分之二表决情形

股份公司董事会经章程授权或股东会决议增发新股时，需要经全体董事三分之二以上表决通过。

8. 关于董事会会议召开出席人数的特别规定

股份公司为员工持股计划、股权激励、可转债或为维护公司价值及股东利益所需而进行收购本公司股份作出决议时,需要全体董事三分之二以上出席、过半数表决通过。

三、有关董事会的其他方面

1. 有限公司

公司法对有限公司董事会会议每年召开次数、召开前多少天应当通知全体股东等均没有规定。建议有限公司的董事会制订一份《董事会议事规则》,然后股东召开股东会,批准通过该议事规则。当有限公司下设审计委员会行使监事会的职能时,公司法规定有限公司的监事会每年至少召开一次,所以审计委员会每年至少要召开一次会议。审计委员会的成员也是董事会的成员,同时召开董事会会议比较合适。所以,当有限公司董事会下设审计委员会行使监事会职权时,建议董事会会议每年至少召开一次。公司法没有规定有限公司召开临时董事会会议的情形,也没有规定谁有权提议召开临时董事会会议。在法律没有规定的情形下,建议公司章程作出详细规定,或者规定在《董事会议事规则》中,否则董事不履职时,股东就非常被动。

2. 股份公司

公司法明确规定股份公司的董事会会议每年至少召开两次,召开前10日通知全体董事及监事。这里需要注意的是,董事会会议的召开并不需要通知股东,因此就可能出现董事会会议作出决议后未抄送股东,股东并不知道董事会作出了哪些决议,这样《公司法》第二十六条第一款规定的股东对董事会决议的撤销权就基本落空。为了确保董事会决议符合法律、行政法规及公司章程,《公司法》在第一百二十五条第二款规定,如果决议违反法律、行政法规或公司章程并给公司造成严重损失的,签字同意表决事项的董事需承担赔偿责任,签字表示异议的董事则免除责任。公司法规定股份公司的董事可以授权委托他人代为出席,这一点在有限公司的章节中没有规定,但在实务中是按此操作的。公司法明确规定了股份公司可以提议召开临时董事会的主体,即代表十分之一以上表决权的股东、三分之一以上的董事以及监事会可以提议召开临时董事会会议。董事长应当在收到提议后 10 日内，召集并主持会议。关于股份公司临时董事会会议的议事规则，公司法没有规定，公司可以规定在《董事会议事规则》当中。当股份公司的董事会下设审计委员会行使监事会职权时，董事会会议的召开时限会受到影响。股份公司的董事会会议是每年至少召开两次，而监事会的召开是每 6 个月至少召开一次。股份公司的审计委员会可以按监事会会议的召开要求，每 6 个月召开一次。审计委员会的成员也是董事会的成员，如果董事会会议的召开与审计委员会会议的召开时间错开，就增加了不必要的成本。因此，建议董事会会议的召开也按每 6 个月召开一次，这样也满足每年至少召开两次的要求，召开董事会会议时，可以同时召开审计委员会会议，以满足审计委员会行使监事会职权的要求。无论是有限公司还是股份公司，都建议公司详细制定《董事会议事规则》，同时在其中规定下设审计委员会的议事规则。

法律依据

1. 有限公司董事会

《中华人民共和国公司法》（2023 年修订）

第五十一条 有限责任公司成立后，董事会应当对股东的出资情况进行核查，发现股东未按期足额缴纳公司章程规定的出资的，应当由公司向该股东发出书面催缴书，催缴出资。

未及时履行前款规定的义务，给公司造成损失的，负有责任的董事应当承担赔偿责任。

第五十二条 股东未按照公司章程规定的出资日期缴纳出资，公司依照前条第一款规定发出书面催缴书催缴出资的，可以载明缴纳出资的宽限期；宽限期自公司发出催缴书之日起，不得少于六十日。宽限期届满，股东仍未履行出资义务的，公司经董事会决议可以向该股东发出失权通知，通知应当以书面形式发出。自通知发出之日起，该股东丧失其未缴纳出资的股权。

依照前款规定丧失的股权应当依法转让，或者相应减少注册资本并注销该股权；六个月内未转让或者注销的，由公司其他股东按照其出资比例足额缴纳相应出资。

股东对失权有异议的，应当自接到失权通知之日起三十日内，向人民法院提起诉讼。

第五十九条 股东会行使下列职权：

（一）选举和更换董事、监事，决定有关董事、监事的报酬事项；

（二）审议批准董事会的报告；

（三）审议批准监事会的报告；

（四）审议批准公司的利润分配方案和弥补亏损方案；

（五）对公司增加或者减少注册资本作出决议；

（六）对发行公司债券作出决议；

（七）对公司合并、分立、解散、清算或者变更公司形式作出决议；

（八）修改公司章程；

（九）公司章程规定的其他职权。

股东会可以授权董事会对发行公司债券作出决议。

对本条第一款所列事项股东以书面形式一致表示同意的，可以不召开股东会会议，直接作出决定，并由全体股东在决定文件上签名或者盖章。

第六十七条 有限责任公司设董事会，本法第七十五条另有规定的除外。

董事会行使下列职权：

（一）召集股东会会议，并向股东会报告工作；

（二）执行股东会的决议；

（三）决定公司的经营计划和投资方案；

（四）制订公司的利润分配方案和弥补亏损方案；

（五）制订公司增加或者减少注册资本以及发行公司债券的方案；

（六）制订公司合并、分立、解散或者变更公司形式的方案；

（七）决定公司内部管理机构的设置；

（八）决定聘任或者解聘公司经理及其报酬事项，并根据经理的提名决定聘任或者解聘公司副经理、财务负责人及其报酬事项；

（九）制定公司的基本管理制度；

（十）公司章程规定或者股东会授予的其他职权。

公司章程对董事会职权的限制不得对抗善意相对人。

第六十八条 有限责任公司董事会成员为三人以上，其成员中可以有公司职工代表。职工人数三百人以上的有限责任公司，除依法设监事会并有公司职工代表的外，其董事会成员中应当有公司职工代表。董事会中的职工代表由公司职工通过职工代表大会、职工大会或者其他形式民主选举产生。

董事会设董事长一人，可以设副董事长。董事长、副董事长的产生办法由公司章程规定。

第六十九条 有限责任公司可以按照公司章程的规定在董事会中设置由董事组成的审计委员会，行使本法规定的监事会的职权，不设监事会或者监事。公司董事会成员中的职工代表可以成为审计委员会成员。

第七十条 董事任期由公司章程规定，但每届任期不得超过三年。董事任期届满，连选可以连任。

董事任期届满未及时改选，或者董事在任期内辞任导致董事会成员低于法定人数的，在改选出的董事就任前，原董事仍应当依照法律、行政法规和公司章程的规定，履行董事职务。

董事辞任的，应当以书面形式通知公司，公司收到通知之日辞任生效，但存在前款规定情形的，董事应当继续履行职务。

第七十一条 股东会可以决议解任董事，决议作出之日解任生效。

无正当理由，在任期届满前解任董事的，该董事可以要求公司予以赔偿。

第七十二条 董事会会议由董事长召集和主持；董事长不能履行职务或者不履行职务的，由副董事长召集和主持；副董事长不能履行职务或者不履行职务的，由过半数的董事共同推举一名董事召集和主持。

第七十三条 董事会的议事方式和表决程序，除本法有规定的外，由公司章程规定。

董事会会议应当有过半数的董事出席方可举行。董事会作出决议，应当经全体董事的过半数通过。

董事会决议的表决，应当一人一票。

董事会应当对所议事项的决定作成会议记录，出席会议的董事应当在会议记录上签名。

第七十五条 规模较小或者股东人数较少的有限责任公司，可以不设董事会，设一名董事，行使本法规定的董事会的职权。该董事可以兼任公司经理。

2. 股份公司董事会

《中华人民共和国公司法》（2023 年修订）

第一百零七条 本法第四十四条、第四十九条第三款、第五十一条、第五十二条、第五十三条的规定，适用于股份有限公司。

第一百二十条 股份有限公司设董事会，本法第一百二十八条另有规定的除外。

本法第六十七条、第六十八条第一款、第七十条、第七十一条的规定，适用于股份有限公司。

第一百二十一条 股份有限公司可以按照公司章程的规定在董事会中设置由董事组成的审计委员会，行使本法规定的监事会的职权，不设监事会或者监事。

审计委员会成员为三名以上，过半数成员不得在公司担任除董事以外的其他职务，且不得与公司存在任何可能影响其独立客观判断的关系。公司董事会成员中的职工代表可以成为审计委员会成员。

审计委员会作出决议，应当经审计委员会成员的过半数通过。

审计委员会决议的表决，应当一人一票。

审计委员会的议事方式和表决程序，除本法有规定的外，由公司章程规定。

公司可以按照公司章程的规定在董事会中设置其他委员会。

第一百二十二条 董事会设董事长一人，可以设副董事长。董事长和副董事长由董事会以全体董事的过半数选举产生。

董事长召集和主持董事会会议，检查董事会决议的实施情况。副董事长协助董事长工作，董事长不能履行职务或者不履行职务的，由副董事长履行职务；副董事长不能履行职务或者不履行职务的，由过半数的董事共同推举一名董事履行职务。

第一百二十三条 董事会每年度至少召开两次会议，每次会议应当于会议召开十日前通知全体董事和监事。

代表十分之一以上表决权的股东、三分之一以上董事或者监事会，可以提议召开临时董事会会议。董事长应当自接到提议后十日内，召集和主持董事会会议。

董事会召开临时会议，可以另定召集董事会的通知方式和通知时限。

第一百二十四条 董事会会议应当有过半数的董事出席方可举行。董事会作出决议,应当经全体董事的过半数通过。

董事会决议的表决,应当一人一票。

董事会应当对所议事项的决定作成会议记录,出席会议的董事应当在会议记录上签名。

第一百二十五条 董事会会议,应当由董事本人出席;董事因故不能出席,可以书面委托其他董事代为出席,委托书应当载明授权范围。

董事应当对董事会的决议承担责任。董事会的决议违反法律、行政法规或者公司章程、股东会决议,给公司造成严重损失的,参与决议的董事对公司负赔偿责任;经证明在表决时曾表明异议并记载于会议记录的,该董事可以免除责任。

第一百二十八条 规模较小或者股东人数较少的股份有限公司,可以不设董事会,设一名董事,行使本法规定的董事会的职权。该董事可以兼任公司经理。

第一百五十二条 公司章程或者股东会可以授权董事会在三年内决定发行不超过已发行股份百分之五十的股份。但以非货币财产作价出资的应当经股东会决议。

董事会依照前款规定决定发行股份导致公司注册资本、已发行股份数发生变化的,对公司章程该项记载事项的修改不需再由股东会表决。

第一百五十三条 公司章程或者股东会授权董事会决定发行新股的,董事会决议应当经全体董事三分之二以上通过。

第一百六十二条 公司不得收购本公司股份。但是,有下列情形之一的除外:

(一)减少公司注册资本;

(二)与持有本公司股份的其他公司合并;

(三)将股份用于员工持股计划或者股权激励;

(四)股东因对股东会作出的公司合并、分立决议持异议,要求公司收购其股份;

(五)将股份用于转换公司发行的可转换为股票的公司债券;

(六)上市公司为维护公司价值及股东权益所必需。

公司因前款第一项、第二项规定的情形收购本公司股份的，应当经股东会决议；公司因前款第三项、第五项、第六项规定的情形收购本公司股份的，可以按照公司章程或者股东会的授权，经三分之二以上董事出席的董事会会议决议。

公司依照本条第一款规定收购本公司股份后，属于第一项情形的，应当自收购之日起十日内注销；属于第二项、第四项情形的，应当在六个月内转让或者注销；属于第三项、第五项、第六项情形的，公司合计持有的本公司股份数不得超过本公司已发行股份总数的百分之十，并应当在三年内转让或者注销。

上市公司收购本公司股份的，应当依照《中华人民共和国证券法》的规定履行信息披露义务。上市公司因本条第一款第三项、第五项、第六项规定的情形收购本公司股份的，应当通过公开的集中交易方式进行。

公司不得接受本公司的股份作为质权的标的。

第一百六十三条 公司不得为他人取得本公司或者其母公司的股份提供赠与、借款、担保以及其他财务资助，公司实施员工持股计划的除外。

为公司利益，经股东会决议，或者董事会按照公司章程或者股东会的授权作出决议，公司可以为他人取得本公司或者其母公司的股份提供财务资助，但财务资助的累计总额不得超过已发行股本总额的百分之十。董事会作出决议应当经全体董事的三分之二以上通过。

违反前两款规定，给公司造成损失的，负有责任的董事、监事、高级管理人员应当承担赔偿责任。

3. 国有独资公司董事会

《中华人民共和国公司法》（2023 年修订）

第一百七十三条 国有独资公司的董事会依照本法规定行使职权。

国有独资公司的董事会成员中，应当过半数为外部董事，并应当有公司职工代表。

董事会成员由履行出资人职责的机构委派；但是，董事会成员中的职工代表由公司职工代表大会选举产生。

董事会设董事长一人，可以设副董事长。董事长、副董事长由履行出资人职责的机构从董事会成员中指定。

第一百七十四条 国有独资公司的经理由董事会聘任或者解聘。

经履行出资人职责的机构同意,董事会成员可以兼任经理。

4. 上市公司董事会

《中华人民共和国公司法》(2023年修订)

第一百三十七条 上市公司在董事会中设置审计委员会的,董事会对下列事项作出决议前应当经审计委员会全体成员过半数通过:

(一)聘用、解聘承办公司审计业务的会计师事务所;

(二)聘任、解聘财务负责人;

(三)披露财务会计报告;

(四)国务院证券监督管理机构规定的其他事项。

第一百三十九条 上市公司董事与董事会会议决议事项所涉及的企业或者个人有关联关系的,该董事应当及时向董事会书面报告。有关联关系的董事不得对该项决议行使表决权,也不得代理其他董事行使表决权。该董事会会议由过半数的无关联关系董事出席即可举行,董事会会议所作决议须经无关联关系董事过半数通过。出席董事会会议的无关联关系董事人数不足三人的,应当将该事项提交上市公司股东会审议。

第四节 股 东 会

一、有限公司股东会与股份公司股东会的共同点

1. 股东会由全体股东组成,是公司的权力机构。

2. 有限公司与股份公司的股东会的法定职权是相同的,具体见后附的《公司法》第五十九条第一款,股份公司也同样适用。

3. 有限公司与股份公司均可以授权董事会对公司发行债券作出决议。

4. 股东会的召集与主持。

股东会由董事会召集,董事长主持;董事长不能履职或不履职时,由副董事长主持;副董事长不履职或不能履职时,由过半数董事共同推荐一名董事主持。

董事会不履职或不能履职召集股东会会议时，由监事会召集并主持；监事会不履职或不能履职时，代表十分之一表决权的股东可以自行召集并主持。

5. 股东会作出决议时，参会股东在会议记录上签字，无论是同意、表示异议或弃权的股东。

6. 公司持有本公司的股权或股份没有表决权。

《公司法》第一百一十六条明确规定股份公司持有本公司的股份没有表决权，而在有限公司部分没有规定有限公司持有本公司的股权是否有表决权。但规定有限公司在特定情形下收购本公司的股权应当在6个月内转让或注销。同时公司持有本公司的股权不代表任何一个股东，而股东会决议是股东意思表示结果的体现，公司是所有股东整体意思表示决定的结果。公司不是任何一个股东的代表，是整体股东的代表，因此可以推出有限公司持有本公司的股权也是没有表决权的。

这里我们重点讨论一下股东会作为公司权力机构，是不能通过章程规定来改变法律规定的。

《公司法》第五十八条规定有限公司股东会是公司的权力机构，在第一百一十一条规定股份公司股东会是公司的权力机构。公司法没有规定董事会或监事会是公司的权力机构，仅规定了董事会和监事会的职权。那么，为什么董事会和监事会不是公司法明确规定的权力机构呢？

在新公司法下，监事会可以设置也可以不设置的，且监事会的主要职能是监督，因此不是权力机构。那么董事会呢？公司法明确规定了董事会的职权，但需要说明的是，董事是由股东会选举产生的。国有独资公司的董事是由出资机构委派的，所以董事的权利最终掌握在实控人手里，董事会是公司的管理机构，并不是权力机构。

在实务应用中，股东会作为公司权力机构被股东曲解如何处理呢？我们将在公司章程一节中专门针对这一点举例说明。

二、有限公司股东会与股份公司股东会的不同点

1. 是否可以不召开股东会而直接作出决定

根据《公司法》第五十九条第三款的规定，有限公司股东对所列事项以

书面形式一致表示同意时，可以不召开股东会，直接作出决定，全体股东签字或盖章即可。但是股份公司不适用这一规定，所以，股份公司股东会作出决定前，必须召开股东会（一人股份公司除外）。另外，国有独资公司不设股东会，由出资机构履行股东会的职权。

2. 定期股东会会议每年召开次数

法律没有规定有限公司股东会会议每年必须召开的次数，具体多久召开一次股东会会议，由章程规定。股份公司股东会会议每年至少召开一次。

3. 定期股东会会议召开的通知期限要求

如是有限公司，要求股东会会议召开前 15 日通知股东，章程另有规定的依章程规定；如是股份公司，要求股东会会议召开 20 日前将召开时间、地点及审议事项通知股东。

4. 临时股东会会议

有限公司代表 10%以上表决权的股东、三分之一以上的董事或监事会可以提议召开临时股东会会议，临时股东会会议的召开程序依公司章程规定进行。

股份公司则是单独或合计持有公司 10%以上股份的股东、董事会、监事会可以提议召开股东会会议，且在公司董事不足法定人数或不足章程规定的三分之二时、未弥补亏损达股本总额三分之一以上时或者章程规定应当召开时，公司应当在两个月内召开临时股东会会议。

对于临时股东会会议的召开，法律规定应当在召开前 15 日通知股东。

当单独或合计持有公司 10%以上股份的股东请求召开临时股东会时，董事会、监事会应当在收到请求的 10 天内作出是否召开临时股东会会议的决议。

如果董事会决议不召开股东会属于董事会不履职，则连续持有 90 日以上单独或合计持有公司 10%以上股份的股东可以自行召集并主持。

5. 股东会会议的召集与主持

董事会与监事会均不履职或不能履职对股东会会议的召集与主持时，有限公司代表十分之一以上表决权的股东可以自行召集并主持，股份公司要求连续持股 90 日以上单独或合计持有公司 10%以上股份的股东可以自行召集与主持。

6. 临时提案权

股份公司单独或合计持有1%股份的股东，可以在股东会会议召开前10日提出临时提案并书面提交董事会。临时提案应当有明确议题和决议事项。董事会应当于收到提案后2日内通知其他股东，并将该临时提案提交股东会表决。同时法律明确规定不得提高有权提交临时议案股东的持股比例。同时这里需要注意，公司法对该股东1%股份连续持有天数没有特别规定。

上面的时间要求，是为了确保股东对提案的了解：股东会提前20日、临时股东会提前15日通知股东，股东有5—10日准备临时提案，临时提案提交给董事会后2日内通知其他股东，这样其他股东还有8日左右的时间了解议案。这个时间前后关系也可以更好地理解为什么股东会召开程序违法，则股东会决议属于可撤销的决议。

公司法没有规定有限公司股东的临时提案权，如果章程对提案也没有规定，则有限公司的股东在股东会会议召开前可以随时提出议案提交股东会。但如果其他股东需要时间了解方能作出是否同意的表决事项时，对于该议案的提交时间合理性就会产生争议。有限公司的股东，要擅长提出议案来保护自己的权益，我们在下文会通过一个简单的案例来说明股东善于提出议案来保护自己权益的重要性。

7. 在发送给股东的通知中未列明的议案是否可以表决

公司法明确规定股份公司的股东会，对于未在通知中列明的事项，不得作出决议。而对有限公司未作规定，因此即使在通知中未列明的事项，股东会上临时提出的，各股东如没有异议，是可以作出决议的。

8. 股东会一般表决事项表决权通过要求的不同点

股东会对一般事项进行表决的，有限公司和股份公司均要求代表过半数表决权的股东通过，但这个过半数的基数是不一样的。有限公司是指全体股东过半数表决权通过，而股份公司是指出席会议的股东所持表决权过半数通过。

9. 公司增资、减资、合并、分立等重大事项三分之二表决权要求的不同点

公司法规定有限公司和股份公司的股东会作出修改公司章程、增加或者减少注册资本，以及公司合并、分立、解散或者变更公司形式的决议，应当经代表三分之二以上表决权的股东通过。不同之处在于有限公司是全体股东所持表决权总数的三分之二以上通过，而股份公司是出席会议的股东所持表

决权的三分之二以上通过。

简单案例说明：A 公司有甲、乙、丙、丁四个股东，假设各持有 25% 表决权。2023 年 11 月 1 日，公司召开股东会修改公司章程，乙、丙、丁参加了股东会。乙不同意，丙、丁同意表决。如果 A 公司是有限公司，则表决未通过，因为乙、丙合计拥有表决权比例为 50%，少于三分之二；如果 A 公司是股份公司，则表决通过，因为丙、丁合计持有的表决权占出席股东表决权刚好三分之二。用这个简单的案例方便大家记住有限公司与股份公司表决权占比计算时基数的不同。

10. 每一股对应表决权比例

股份公司为每一股份有一表决权，类别股除外；公司法没有规定有限公司投资比例与表决权的法定比例关系。一般情况下，投资比例占总注册资本的比例就是股东表决权的占比，股东也可以特别约定表决权比例。比如，A 有限公司注册资本为 100 万元，甲出资 80 万元，持有表决权比例为 80%，乙出资 20 万元，持有表决权比例为 20%；也可以不按上述比例，甲、乙约定为甲出资 80 万元，持有表决权比例为 20%，乙出资 20 万元，持有表决权比例为 80%。

11. 累积投票制

有限公司依据各股东所持有的表决权进行表决，没有累积投票的概念。股份公司的累积投票制是在选举董事或监事时使用的，主要目的是增加小股东推举的董事入选机会，以免大股东垄断董事的人选。下面举例说明什么是累积投票。比如，A 公司章程约定董事会有 5 名成员，均由股东会选举产生，甲持有 A 公司 1000 份股份，则甲在选举董事时拥有的表决权数为 5000 份，他可以将这 5000 份全部投给其中一个董事，也可以分散投给不同的董事。

12. 股份公司的股份发行（授权资本制）

《公司法》第一百五十二条规定，公司章程或股东会可以授权董事会在三年内决定发行不超过已发行股份 50% 的股份。

下面通过几个案例来加深大家对上述部分内容的理解。

案例 1：小股东利用临时提案阻止了大股东更换公司法定代表人

M 公司一直从事某行业技术输出业务，N 公司是 M 公司的客户，每年向 M 公司采购技术。

2018年M公司负责人老张与N公司的老王决定成立求强合资公司（以下简称求强公司），求强公司的订单全部来自N公司。N公司出资700万元，持有求强公司70%的股权，并委派小周任总经理、小钱任财务总监，公司50万元以下支出由总经理签字即可；M公司出资300万元，持有求强公司30%的股权，委派小李任执行董事及法定代表人。

公司成立第一年间，小李发现，N公司低价将订单发给求强公司，且有时合同完成后拖欠求强公司货款，这时M公司恍然大悟，原来N公司把求强公司当作自己的钱袋子，M公司出钱又出力，利润却都留在了N公司，为此两个股东之间的矛盾开始爆发。

2019年11月，当求强公司的一个SO1订单要出货给N公司时，小李果断地阻止了出货，并要求N公司的实际控制人收购M公司持有的求强公司的30%股权，N公司拒绝。

2019年12月，由于SO1订单是客户下单给N公司的，N公司需要按时交货，现在订单已完成，但被求强公司扣留了，为此N公司作为持有求强公司70%股权的股东，通知执行董事小李，要求召开临时股东会，表决议题为更换执行董事及法定代表人。

M公司负责人非常郁闷，如果这次股东会召开后更换了法定代表人，则小李需要交出公章，且失去了对求强公司的监督，自己的投资款就会彻底给N公司做了贡献。

如果您是M公司的法律顾问，您如何保护M公司的权益呢？

大家一定觉得M公司作为持有求强公司30%股权的小股东，非常被动。因为N公司持有求强公司70%的股权，随时可以更换执行董事及法定代表人。N公司非常聪明，将执行董事交给小股东委派的人来做，但是财务权限在总经理手里，公司的单笔支出没有超出过50万元；如果有，也拆成小于每笔50万元的支出，这样公司财务权力实际都在N公司控制当中。M公司虽然委派了法定代表人，但实际上被架空了。当M公司发现真相后，直接用拒绝出货来阻止N公司订单的交付，但如果法定代表人被更换成N公司委派的人，小股东M公司就彻底失去了对求强公司的影响。

当M公司负责人心情郁闷地找到我时，我了解完情况，马上想到利用临时提案来阻止大股东换掉法定代表人。以下就是我全程指导M公司进行股东会会议召开的过程。

首先，起草了临时提案，提案内容为基于 N 公司作为公司实际控制人，低价向求强公司采购，导致求强公司亏损，且现金基本被 N 公司占用，严重损害了其他股东的利益，为此提出表决事项：在 N 公司赔偿求强公司损失前，限制 N 公司作为股东的表决权。

其次，临时提案完成后，回复并通知 N 公司，求强公司的股东会会议召开时间为 2019 年 12 月 26 日 10：00，召开地点为求强公司。邮件中通知 N 公司增加了临时提案的表决事项，并将临时提案附后发送给了 N 公司。

N 公司接到邮件通知后，并没有真正理解我们的目的，以为以 N 公司持有求强公司 70%股权的比例，临时提案不可能通过。

最后，在临时股东会会议召开前，我指导 M 公司事先把股东会会议的流程准备一下，因为股东会会议的主持人是现任执行董事、法定代表人小李，而小李是 M 公司的人。我安排他们在召开股东会会议时，先对临时提案中的"限制 N 公司表决权事项"进行表决，在表决该事项时，告知因为 N 公司与该表决事项有利益关系，需要回避表决，由无关联的股东进行表决，也就是由 M 公司进行表决。这样当然是 100%同意了该事项，作出了"由于 N 公司损害公司利益而限制 N 公司表决权"的决议。

由于股东会会议的第一项表决事项作出了限制 N 公司表决权的决议，因此在第二项议案进行表决时，仅有 M 公司作为股东进行表决，则 100%不同意更换执行董事及法定代表人。

这个案例就是典型的小股东利用临时提案保护自己利益的例子，也许您会问，上面第一项临时议案限制大股东的表决权合法吗？

我们接着讨论这个案例。如果大股东 N 公司认为临时提案不合法，即求强公司的股东会决议内容不合法，则大股东 N 公司需要在决议作出之日起 60 日内向法院提出撤销股东会决议。自立案、法院受理、案件经过一审，假设法院支持了大股东 N 公司的诉求，M 公司接着提出上诉，二审也维持了一审判决结果，这些程序将近一年时间，N 公司的那个订单早已没有办法按期交货了。另外，作为小股东的 M 公司，有充分的财务数据证明大股东是以成本价的方式下单给求强公司，求强公司还要支付管理费，结果订单都是亏损的，证明大股东 N 公司严重损害了求强公司的利益，这时候求强公司限制大股东

N公司的表决权合情、合理、合法，大股东N公司清楚自己的作为，让法院支持大股东也难。再加上诉讼时间越长，大股东对客户的违约就越严重，赔偿就更多，所以大股东最好的选择是双方和解，收购小股东的股权。

无论是有限公司的大股东，还是小股东，在必要时，都要充分利用公司法赋予的权利，保护自己的合法权益不受侵害。作为公司的法律顾问，充分掌握好公司法，才能更好地为公司的发展保驾护航。

案例2：有限公司表决权案例

H有限公司（以下简称H公司）注册资本为1000万元，甲实缴资本600万元，持有H公司60%的股权，对应表决权为20%、分红权为50%；乙实缴200万元，持有H公司20%的股权，对应表决权为70%、分红权为30%；丙实缴200万元，持有H公司20%的股权，对应表决权为10%、分红权为20%。乙任公司执行董事及法定代表人。

2016年11月23日，公司执行董事乙通知全体股东于2016年12月26日召开股东会会议，表决事项为公司增发100%的注册资本1000万元，原股东持股比例按比例减少，对应表决权按比例减少，分红权按比例减少。增资的1000万元由丁认缴，并且丁持有比例为50%，对应表决权比例为15%，另35%表决权由乙享有，分红权为50%。

H公司于2016年12月26日召开了股东会会议，全体股东出席了会议。关于增资的表决事项，甲反对，乙同意，丙同意。请问股东会是否通过了增资决议？

我们来分析一下。H公司是有限公司，法律没有规定有限公司的股东持股比例与表决权比例必须一致，章程可以规定股东股权所对应的表决权。对于2016年12月26日的增资决议，乙持有70%的表决权，丙持有10%的表决权，二者之和超过股东持有总表决权的三分之二，因此增资决议通过。现实中，创业的实际控制人资金可能不足，因此需要引进外部投资者。如果不考虑上市时有限公司转为股份公司所带来法律要求的变化，则可以通过约定股东的表决权，以确保实际控制人掌控公司。

H公司增资后四位股东的股权、表决权、分红权发生变化，具体如下：

H公司增资后注册资本为2000万元：甲实缴资本600万元，持有H公司30%的股权、10%的表决权、25%的分红权；乙实缴200万元，持有H公司

10%的股权、70%的表决权、15%的分红权；丙实缴200万元，持有H公司10%的股权、10%的表决权、10%的分红权；丁实缴1000万元，持有H公司50%的股权、10%的表决权、50%的分红权。

H公司经过5年的发展，决定登陆科创板。公司董事会有5人，其中乙任董事长。2020年公司进行股份改制，由有限公司改制为股份公司。由于股份公司要求每一股份有一份表决权，如果简单地由有限公司改为股份公司，则可能会失去控制权。这时候可以用一致行动人协议来确保乙的控制权，也可以用同股不同权的安排来保证乙的控制权。当然我们更推荐在公司创立后开始融资时，就进行股权架构的设计，以此来保证创始股东的控制权。

案例3：股东会是否要授予董事会50%股份增发的权利

我们通过国美电器（"国美零售"，股票代码00493）创始人黄某与陈某的控制权之争，来分析董事会拥有增发股份权利可能带来的后果。

陈某，2006年11月30日任国美电器总裁，2007年5月20日任执行董事。

2008年4月28日，股东大会授权董事会增发20%股权、回购10%股权。

2008年12月23日，国美电器董事会因黄某无法履职而暂停其董事职务，其妻杜某辞去董事职务，2009年3月黄某被正式拘捕。

2009年5月29日，陈某任董事会主席，提议增发20%股权、回购10%股权。2009年6月30日股东大会通过议案。

2010年5月11日，股东大会通过董事会增发20%、回购10%的授权。

2010年6月28日，陈某辞去总裁职务。

2010年8月23日，Shinning Crown Holdings Inc.（一家由黄某全资拥有的公司，并且是国美电器的大股东）要求召开股东会会议，并提交5项要求。第1项即要求撤销董事会增发已发行股份20%的授权及回购已发行股份10%的授权，第2项请求是撤销陈某的董事兼董事会主席的职务。

2010年9月28日，股东大会作出决议即日撤销股东会对董事会增发及回购股份的授权，第2项请求未获通过。股东大会撤销对董事会的增发及回购授权后，避免了因陈某不断增发新股而导致黄某失去控制权。

2011年3月10日，陈某辞去董事及董事会主席职务。二人之争以黄某胜利落下帷幕。

上面这个案例仅为增发已发行股份20%的授权,就将导致原实际控制人失去对公司的控制权。新的公司法允许股东会授予董事会三年内增发不超过已发行股份50%的股份。如果股东会授予董事会这项权利,就会给其他方收购公司带来机会。法国作家大仲马在他的作品中曾说"人人都有他的价格,只是要找到合适的出价者而已",英国政治家罗伯特·沃尔浦尔(Robert Walpole,1676—1745)曾任英国首相,他曾说过"那些人都有自己的价码,也就是说人人都可以收买,只是价格问题"(All those men have their price)。如果有收购方想要收购某上市公司,只需收买董事会成员,促使他们增发股份就可以达到收购公司的目的了。

法律依据

1. 有限公司股东会

《中华人民共和国公司法》(2023年修订)

第五十八条　有限责任公司股东会由全体股东组成。股东会是公司的权力机构,依照本法行使职权。

第五十九条　股东会行使下列职权:

(一)选举和更换董事、监事,决定有关董事、监事的报酬事项;

(二)审议批准董事会的报告;

(三)审议批准监事会的报告;

(四)审议批准公司的利润分配方案和弥补亏损方案;

(五)对公司增加或者减少注册资本作出决议;

(六)对发行公司债券作出决议;

(七)对公司合并、分立、解散、清算或者变更公司形式作出决议;

(八)修改公司章程;

(九)公司章程规定的其他职权。

股东会可以授权董事会对发行公司债券作出决议。

对本条第一款所列事项股东以书面形式一致表示同意的,可以不召开股东会会议,直接作出决定,并由全体股东在决定文件上签名或者盖章。

第六十条　只有一个股东的有限责任公司不设股东会。股东作出前条第一款所列事项的决定时,应当采用书面形式,并由股东签名或者盖章后置备于公司。

第六十一条 首次股东会会议由出资最多的股东召集和主持,依照本法规定行使职权。

第六十二条 股东会会议分为定期会议和临时会议。

定期会议应当按照公司章程的规定按时召开。代表十分之一以上表决权的股东、三分之一以上的董事或者监事会提议召开临时会议的,应当召开临时会议。

第六十三条 股东会会议由董事会召集,董事长主持;董事长不能履行职务或者不履行职务的,由副董事长主持;副董事长不能履行职务或者不履行职务的,由过半数的董事共同推举一名董事主持。

董事会不能履行或者不履行召集股东会会议职责的,由监事会召集和主持;监事会不召集和主持的,代表十分之一以上表决权的股东可以自行召集和主持。

第六十四条 召开股东会会议,应当于会议召开十五日前通知全体股东;但是,公司章程另有规定或者全体股东另有约定的除外。

股东会应当对所议事项的决定作成会议记录,出席会议的股东应当在会议记录上签名或者盖章。

第六十五条 股东会会议由股东按照出资比例行使表决权;但是,公司章程另有规定的除外。

第六十六条 股东会的议事方式和表决程序,除本法有规定的外,由公司章程规定。

股东会作出决议,应当经代表过半数表决权的股东通过。

股东会作出修改公司章程、增加或者减少注册资本的决议,以及公司合并、分立、解散或者变更公司形式的决议,应当经代表三分之二以上表决权的股东通过。

2. 股份公司股东会

《中华人民共和国公司法》(2023年修订)

第一百一十一条 股份有限公司股东会由全体股东组成。股东会是公司的权力机构,依照本法行使职权。

第一百一十二条 本法第五十九条第一款、第二款关于有限责任公司股

第三章　公司治理结构

东会职权的规定，适用于股份有限公司股东会。

本法第六十条关于只有一个股东的有限责任公司不设股东会的规定，适用于只有一个股东的股份有限公司。

第一百一十三条　股东会应当每年召开一次年会。有下列情形之一的，应当在两个月内召开临时股东会会议：

（一）董事人数不足本法规定人数或者公司章程所定人数的三分之二时；

（二）公司未弥补的亏损达股本总额三分之一时；

（三）单独或者合计持有公司百分之十以上股份的股东请求时；

（四）董事会认为必要时；

（五）监事会提议召开时；

（六）公司章程规定的其他情形。

第一百一十五条　召开股东会会议，应当将会议召开的时间、地点和审议的事项于会议召开二十日前通知各股东；临时股东会会议应当于会议召开十五日前通知各股东。

单独或者合计持有公司百分之一以上股份的股东，可以在股东会会议召开十日前提出临时提案并书面提交董事会。临时提案应当有明确议题和具体决议事项。董事会应当在收到提案后二日内通知其他股东，并将该临时提案提交股东会审议；但临时提案违反法律、行政法规或者公司章程的规定，或者不属于股东会职权范围的除外。公司不得提高提出临时提案股东的持股比例。

公开发行股份的公司，应当以公告方式作出前两款规定的通知。

股东会不得对通知中未列明的事项作出决议。

第一百一十六条　股东出席股东会会议，所持每一股份有一表决权，类别股股东除外。公司持有的本公司股份没有表决权。

股东会作出决议，应当经出席会议的股东所持表决权过半数通过。

股东会作出修改公司章程、增加或者减少注册资本的决议，以及公司合并、分立、解散或者变更公司形式的决议，应当经出席会议的股东所持表决权的三分之二以上通过。

第一百一十七条　股东会选举董事、监事，可以按照公司章程的规定或者股东会的决议，实行累积投票制。

本法所称累积投票制，是指股东会选举董事或者监事时，每一股份拥有与应选董事或者监事人数相同的表决权，股东拥有的表决权可以集中使用。

第一百一十八条 股东委托代理人出席股东会会议的，应当明确代理人代理的事项、权限和期限；代理人应当向公司提交股东授权委托书，并在授权范围内行使表决权。

第一百一十九条 股东会应当对所议事项的决定作成会议记录，主持人、出席会议的董事应当在会议记录上签名。会议记录应当与出席股东的签名册及代理出席的委托书一并保存。

第一百五十二条 公司章程或者股东会可以授权董事会在三年内决定发行不超过已发行股份百分之五十的股份。但以非货币财产作价出资的应当经股东会决议。

董事会依照前款规定决定发行股份导致公司注册资本、已发行股份数发生变化的，对公司章程该项记载事项的修改不需再由股东会表决。

3. 国有独资公司股东会

《中华人民共和国公司法》（2023 年修订）

第一百七十二条 国有独资公司不设股东会，由履行出资人职责的机构行使股东会职权。履行出资人职责的机构可以授权公司董事会行使股东会的部分职权，但公司章程的制定和修改，公司的合并、分立、解散、申请破产，增加或者减少注册资本，分配利润，应当由履行出资人职责的机构决定。

·第四章·
董事、监事、高级管理人员责任与风险规避

第一节　董事、监事、高级管理人员的任职资格

董事的任职资格规定了哪些人不能担任董事，除此之外的人员均可担任。从符合任职条件的角度来解释，满足以下条件的，则可以任公司董事、监事、高级管理人员：

（1）具有完全民事行为能力的人，即年满18周岁或年满16周岁以自己收入为主要生活来源，且能完全辨认自己的行为的人。

（2）如果有因经济类犯罪被判刑，或其他犯罪被剥夺政治权利，则执行期满后已达5年以上。

（3）如果有担任破产清算的公司董事、厂长或经理，且对破产负有个人责任的，则破产清算已满3年以上。

（4）如果有担任违法被吊销营业执照、责令关闭的经济主体的法定代表人，并且负有个人责任的，则该经济主体破产清算完结已满3年以上。

（5）没有因个人负债被列为失信被执行人。

如果公司选任、委派了不满足董事任职要求的人员，则属于无效行为。如果公司现任董事李某情况发生变化，不再满足董事的任职条件，则公司应当解除李某的职务；如果公司没有解除李某的职务，那么李某自不满足董事任职条件至公司解除其职务期间的行为是否有效呢？法律没有明确规定，但根据公司法相关规定可以推断出这期间的行为应当是无效的。

我们来推理一下。

假设李某不满足公司董事的任职条件，K公司股东会依旧选举其为董事，则根据公司法相关规定，选举结果无效。虽然法律上无效，但K公司可能仍然将其登记为公司董事，李某也参加了公司多次的董事会会议。那么李某在K公司的董事会会议上的表决均是无效的，公司的登记行为并不能赋予其董事行为的效力。反之，张某在刚任K公司董事时是符合公司法规定的任职条件的，但2023年11月21日因个人负大额债务到期未清偿被法院列为失信被执行人，K公司应当在此时解除其董事职务。然而，如果K公司不知道张某出现了不满足董事任职条件的情形，没有解除张某的董事职务，张某依然继

续参加公司的董事会，并在董事会上进行了表决。在这种情况下，如果张某的董事行为是有效的，那么就会与公司法的强制规定相冲突。因此，张某自出现不满足董事任职条件情形时至公司解除其职务期间所做出的董事职务行为应当是无效的。

对公司而言，这些细节可能不是很重要，但对于律师而言，在有些案件中，这些细节点可能就是某个案件的突破点，我们通过一个虚拟案例来说明其重要性。

案例：董事会决议因一名董事失去董事资格而无效

L 股份公司是一家上市公司，实际控制人为郑某，持有 L 公司 15% 的股份。公司董事会共 11 人，其中 3 名独立董事，白某是其中一名独立董事。L 股份公司在 2024 年 7 月 1 日授权董事会可以根据公司发展需要，增发 30% 已发行股份数量的股份。

白某作为独立董事，平时并不需要参加 L 公司的日常运营，只需要出席董事会会议。白某有自己的 S 有限公司。自 2020 年起 S 公司经营业绩急剧下滑，到 2023 年年底，S 公司欠周某到期 1000 万元债务不能偿还。白某作为 S 公司的负责人，对 S 公司的外债均有担保，最后在 2024 年 9 月 1 日 S 公司及白某经法院强制执行仍无法清偿周某的 1000 万元债务及利息，白某被法院列为失信被执行人。

国外 F 投资公司（以下简称 F 公司）因看好 L 股份公司的市场前景，一直希望收购 L 股份公司，但之前几次谈判都因价格等问题而无果。F 公司找到白某，承诺如果白某能够说服 L 股份公司董事会增发 30% 的股份，则 F 公司支付白某 3000 万元以解决白某的债务及白某给其他董事的费用，并预支给白某 50 万元前期费用。

白某为解决自身的债务，积极说服董事会其他成员，并承诺事成后每人给 200 万元。在利益的驱使下，L 股份公司于 2024 年 11 月 1 日召开董事会会议并经 8 名董事同意而作出增发 20% 股份的决议，增发时间为董事会决议作出之日后 60 日。本次增发后郑某将失去对公司的控制权。

由于 L 股份公司目前资金并不紧张，实际控制人知道董事会增发决议后非常奇怪，于是找到律师寻求阻止增发的解决办法。

在这个案例中，郑某通过召开临时股东会会议收回对董事会增发的授权已经来不及，因为已作出董事会增发决议。律师在得知情况后，立即开始核实投赞同票的 8 名董事的资格状况，特别关注是否有董事因个人原因失去了担任董事的资格，因为这将直接影响董事会决议的有效性。在查询到白某被列为失信被执行人的信息后，律师怀疑白某可能为了个人利益而伙同其他董事作出增发股份的决议，于是决定进一步调查并寻求法律途径来阻止这一决议的实施。基于上述调查和发现，L 股份公司的律师团队迅速出具了董事会增发决议无效的法律声明，成功阻止了董事会增发股份的计划。

法律依据

《中华人民共和国公司法》（2023 年修订）

第一百七十八条 有下列情形之一的，不得担任公司的董事、监事、高级管理人员：

（一）无民事行为能力或者限制民事行为能力；

（二）因贪污、贿赂、侵占财产、挪用财产或者破坏社会主义市场经济秩序，被判处刑罚，或者因犯罪被剥夺政治权利，执行期满未逾五年，被宣告缓刑的，自缓刑考验期满之日起未逾二年；

（三）担任破产清算的公司、企业的董事或者厂长、经理，对该公司、企业的破产负有个人责任的，自该公司、企业破产清算完结之日起未逾三年；

（四）担任因违法被吊销营业执照、责令关闭的公司、企业的法定代表人，并负有个人责任的，自该公司、企业被吊销营业执照、责令关闭之日起未逾三年；

（五）个人因所负数额较大债务到期未清偿被人民法院列为失信被执行人。

违反前款规定选举、委派董事、监事或者聘任高级管理人员的，该选举、委派或者聘任无效。

董事、监事、高级管理人员在任职期间出现本条第一款所列情形的，公司应当解除其职务。

第二节　董事、监事、高级管理人员的责任与勤勉义务

公司章程对董事、监事、高级管理人员具有约束力，公司董事、监事、高级管理人员应当遵守法律、行政法规及公司章程，同时对公司负有忠实义务。他们应当采取措施避免自身利益与公司利益冲突，不得利用职权谋取不正当利益，并禁止如下行为：

（1）侵占公司财产、挪用公司资金。

（2）将公司资金以其个人名义或者以其他个人名义开立账户存储。

（3）利用职权贿赂或者收受其他非法收入。

（4）接受他人与公司交易的佣金归为己有。

（5）擅自披露公司秘密。

（6）未经公司批准与公司直接或间接订立合同（包括本人、近亲属、本人与近亲属直接或间接实际控制的公司）。

（7）未经公司批准谋求属于公司的商业机会，根据法律、行政法规或者公司章程的规定，公司不能利用该商业机会的除外。

（8）违反对公司忠实义务的其他行为。

公司董事、监事、高级管理人员对公司负有勤勉义务，执行职务应当为公司的最大利益尽到管理者通常应有的合理注意。

公司控股股东、实际控制人不担任公司董事但实际执行公司事务的，也对公司负有忠实义务和勤勉义务，这就是常说的"影子董事"。许多公司的实际控制人会选择让他人代为持有股权，而实际上这些公司都在他们的掌控之中。当公司债务到期无法偿还时，那些通过不正当手段损害公司利益的影子董事却依然过着奢华的生活。因此，可以充分利用公司法的这一条款，找到证据后向实际控制人追偿。

董事、监事、高级管理人员有上述第6、7项情形需要公司批准的，须经董事会同意，涉事董事不得参与表决。若出席董事会会议的无关联关系董事人数不足三人，应当将该事项提交股东会审议。

案例：实际控制人利用关联关系损害公司利益导致债权人的债权到期无法实现的救济

A 公司位于 M 城市，于 2012 年设立，注册资本为 600 万元，甲持有公司 100%股权。公司发展至 2013 年，资金短缺，发展困难，但公司所处行业前景很好。这时候甲找到乙、丙，希望二人出资 400 万元，持有公司合计 40%的股权。乙、丙入股后，A 公司的注册资本增至 1000 万元，其中甲持有 60%的股权、乙持有 30%的股权、丙持有剩余的 10%的股权。2018 年，A 公司向当地政府购买了一块土地的使用权，并建造了新的厂房，公司业绩蒸蒸日上。当 A 公司利润逐渐丰厚时，甲希望乙丙退出公司，将乙、丙所出资的 400 万元退还给乙、丙。乙、丙非常生气，投资了 5 年，帮助甲度过公司最困难的时期，现在公司盈利了，却连利息都不给就要二人退出。二人不同意退出。这时公司的净资产已接近 3000 万元。

为了将 A 公司利益全部归自己所有，甲辞去 A 公司法定代表人及执行董事一职，将自己的小舅子丁选为公司执行董事及法定代表人，然后指示丁将 A 公司的款项私自转给自己，并利用 A 公司的款项到其他城市设立了经营与 A 公司相同业务的 B 公司，并将 A 公司的业务逐渐转移到 B 公司。经过甲的操作，A 公司从盈利逐渐转为亏损，到 2020 年，公司净资产不足 800 万元。

这个案例是典型的公司实际控制人利用自己对公司的控制损害公司利益，将公司商业机会据为己有，侵占公司财产，已涉嫌构成犯罪的行为。遇到上述案例中的情况，关键是找到实际控制人损害公司利益的证据。上述案件解决思路如下：

1. 乙、丙起诉 A 公司，要求实现股东知情权。在起诉 A 公司要求实现股东知情权后，通过查账获取证据并非易事，因为这类公司的会计凭证往往并不能真实反映公司情况。所以仅靠查公司凭证有时很难找出证据。起诉公司的最主要目的是通过法院的调查令调取公司的银行流水，再与公司账目进行比对，从而找出公司支出不正常的部分。

2. 通过起诉 A 公司实现股东知情权以拿到实际控制人损害公司的证据，即实际控制人将公司资金转入自己私人账户的银行凭证后，起诉甲损害 A 公司利益，要求甲赔偿 A 公司。

3. 起诉甲损害 A 公司利益获得法院支持后，凭胜诉判决及所有证据材料再到公安机关进行报案。也可以在起诉甲损害公司利益时要求法院移送公安机关，但我们一般更倾向于先拿到胜诉判决，申请法院强制执行的同时，再去公安机关报案。

实际情形远比上述案例复杂，仅向法院申请调取银行流水的调令，就申请了5次。之后，我们统计了所有的流水情况，并进行了详细分析。接着，我们请审计公司出具了审计报告，并将其作为实际控制人损害公司利益的证据提交给法院。最终，我们取得了胜诉判决。

法律依据

《中华人民共和国公司法》（2023年修订）

第五条　设立公司应当依法制定公司章程。公司章程对公司、股东、董事、监事、高级管理人员具有约束力。

第一百七十九条　董事、监事、高级管理人员应当遵守法律、行政法规和公司章程。

第一百八十条　董事、监事、高级管理人员对公司负有忠实义务，应当采取措施避免自身利益与公司利益冲突，不得利用职权牟取不正当利益。

董事、监事、高级管理人员对公司负有勤勉义务，执行职务应当为公司的最大利益尽到管理者通常应有的合理注意。

公司的控股股东、实际控制人不担任公司董事但实际执行公司事务的，适用前两款规定。

第一百八十一条　董事、监事、高级管理人员不得有下列行为：

（一）侵占公司财产、挪用公司资金；

（二）将公司资金以其个人名义或者以其他个人名义开立账户存储；

（三）利用职权贿赂或者收受其他非法收入；

（四）接受他人与公司交易的佣金归为己有；

（五）擅自披露公司秘密；

（六）违反对公司忠实义务的其他行为。

第一百八十二条　董事、监事、高级管理人员，直接或者间接与本公司订立合同或者进行交易，应当就与订立合同或者进行交易有关的事项向董事会或者股东会报告，并按照公司章程的规定经董事会或者股东会决议通过。

董事、监事、高级管理人员的近亲属，董事、监事、高级管理人员或者其近亲属直接或者间接控制的企业，以及与董事、监事、高级管理人员有其他关联关系的关联人，与公司订立合同或者进行交易，适用前款规定。

第一百八十三条 董事、监事、高级管理人员，不得利用职务便利为自己或者他人谋取属于公司的商业机会。但是，有下列情形之一的除外：

（一）向董事会或者股东会报告，并按照公司章程的规定经董事会或者股东会决议通过；

（二）根据法律、行政法规或者公司章程的规定，公司不能利用该商业机会。

第一百八十四条 董事、监事、高级管理人员未向董事会或者股东会报告，并按照公司章程的规定经董事会或者股东会决议通过，不得自营或者为他人经营与其任职公司同类的业务。

第一百八十五条 董事会对本法第一百八十二条至第一百八十四条规定的事项决议时，关联董事不得参与表决，其表决权不计入表决权总数。出席董事会会议的无关联关系董事人数不足三人的，应当将该事项提交股东会审议。

第三节 董事、监事、高级管理人员的职业风险

董事、监事、高级管理人员违反公司法的相关规定，或者没有履行公司法规定的义务，则需要承担相应的责任，本节将所有公司法规定的与董事、监事、高级管理人员相关的赔偿责任进行整理归纳。

导致董事等承担赔偿责任的情形，不仅包括《公司法》第一百八十八条规定的"董事、监事、高级管理人员执行职务违反法律、行政法规或者公司章程的规定，给公司造成损失的，应当承担赔偿责任"，还包括应当履行而未履行公司法规定的义务导致承担赔偿责任。

规定董事等承担赔偿责任的法条及内容如下：

《公司法》第二十二条规定，董事、监事、高级管理人员不得利用关联关系损害公司利益。

《公司法》第五十一条第二款规定，董事未及时履行股东出资的催缴义务，给公司造成损失的，负有责任的董事应当承担赔偿责任；第二百五十二条规定，公司的发起人、股东虚假出资，未交付或者未按期交付作为出资的货币或者非货币财产的，对直接负责的主管人员和其他直接责任人员处以一万元以上十万元以下的罚款。作为董事，有义务核查股东的出资，所以这里的主管人员及其他责任人员一般指有责任的董事。

《公司法》第五十三条规定，股东抽逃出资给公司造成损失的，负有责任的董事、监事、高级管理人员与该股东承担连带赔偿责任；第二百五十三条规定，股东抽逃出资，对直接负责的主管人员和其他直接责任人员处以三万元以上三十万元以下的罚款。一般在股东抽逃出资过程中公司执行董事、财务负责人都是责任主管或其他直接责任人。

《公司法》第二百五十条规定，虚报注册资本、提交虚假材料或者采取其他欺诈手段隐瞒重要事实取得公司登记的，对直接负责的主管人员和其他直接责任人员处以三万元以上三十万元以下的罚款；第一百零六条规定，股份公司董事会应当授权代表，于公司成立大会结束后三十日内向公司登记机关申请设立登记。《中华人民共和国市场主体登记管理条例实施细则》第十五条第一款规定："申请人应当在申请材料上签名或者盖章。"无论是有限公司还是股份公司，设立登记均需法定代表人签字或盖章，而法定代表人一般由董事或董事长担任。因此《公司法》第二百五十条规定的直接负责的主管人员和其他直接责任人员一般是指担任法定代表人的董事或董事长。

《公司法》第一百二十五条第二款规定，股份公司的董事对董事会决议负责，董事会决议违反法律、行政法规、公司章程、股东会决议，给公司造成严重损失的，参与会议的董事对公司负赔偿责任；在董事会会议表决时表示异议并于会议记录上记载的，该董事可以免除责任。第一百八十八条规定，董事、监事、高级管理人员执行职务时违反法律、行政法规或者公司章程的规定，给公司造成损失的，应当承担赔偿责任。《公司法》第一百八十八条适用于所有公司的董事，包括有限公司和股份公司。公司法没有规定有限公司的董事会决议违反股东会决议，给公司造成严重损失的，应当如何处理，是否需要承担赔偿责任呢？

《公司法》第一百八十条第二款规定，董事、监事、高级管理人员对公司负有勤勉义务,执行职务应当为公司的最大利益尽到管理者通常应有的合理注意。公司的最大利益往往也是股东的最大利益,股东会会议是由董事会负责召集并主持的,全体董事也列席股东会,所以股东会经股东表决作出决议时,董事是第一时间收到。董事明知股东会决议的内容,然后召开董事会会议时董事却作出违反股东会决议的董事会决议,这明显违反了董事的勤勉义务,应当对因此给公司造成的严重损失承担赔偿责任。

《公司法》第一百六十三条规定,公司不得为他人取得本公司或者其母公司的股份提供赠与、借款、担保以及其他财务资助,公司实施员工持股计划的除外;为公司利益,可以提供上述资助,但财务资助的累计总额不得超过已发行股本总额的百分之十。资助需要经股东会决议,或者董事会按照章程或股东会决议授权作出决议,董事会作出决议应当经全体董事的三分之二以上通过。违反前两款规定,给公司造成损失的,负有责任的董事、监事、高级管理人员应当承担赔偿责任。

《公司法》第一百九十二条规定,公司的控股股东、实际控制人指示董事、高级管理人员从事损害公司或者股东利益的行为的,与该董事、高级管理人员承担连带责任。

《公司法》第二百一十一条规定,公司违反本法规定向股东分配利润的,股东应当将违反规定分配的利润退还公司;给公司造成损失的,股东及负有责任的董事、监事、高级管理人员应当承担赔偿责任。

《公司法》第二百二十六条规定,违反本法规定减少注册资本的,股东应当退还其收到的资金,减免股东出资的应当恢复原状;给公司造成损失的,股东及负有责任的董事、监事、高级管理人员应当承担赔偿责任。

《公司法》第二百三十二条规定,董事为公司清算义务人,应当在解散事由出现之日起十五日内组成清算组进行清算。清算组由董事组成,但是公司章程另有规定或者股东会决议另选他人的除外。清算义务人未及时履行清算义务,给公司或者债权人造成损失的,应当承担赔偿责任;第二百五十六条规定了针对清算时隐匿财产或未清偿债务前分配公司财产的行政处罚,对直接负责的主管人员和其他直接责任人员处以一万元以上十万元以下的罚款。同时,《刑法》(2023年修正)第一百六十二条规定,发生此类情形时,对其直接负责的主管人员和其他直接责任人员,处五年以下有期徒刑或者拘役,并处或者单处二万元以上二十万元以下罚金。如果是董事负责清算的话,那责任人员就是董事;如果股东会决议由董事以外其他人员组成清算组的,那直接负责的主管人员就不是董事。

《刑法》(2023年修正)第一百六十九条之一规定了背信损害上市公司利益罪,上市公司的董事、监事、高级管理人员违背对公司的忠实义务,利用职务便利,操纵上市公司,无偿为他人提供资金、服务、商品,或者无正当理由放弃债权、承担债务的,或者为明显不具备清偿能力的单位或个人提供资金、商品、服务或担保等,致使上市公司利益遭受重大损失的,处三年以下有期徒刑或者拘役,并处或者单处罚金;致使上市公司利益遭受特别重大损失的,处三年以上七年以下有期徒刑,并处罚金。

上面对涉及的法条已基本进行了引用,因此本章节不再列举详细的法条作为上述内容的依据。

· 第五章 ·
法定代表人

第五章 法定代表人

第一节 法定代表人的担任

《公司法》第十条规定，公司的法定代表人按照公司章程的规定，由代表公司执行公司事务的董事或者经理担任。也就是说，公司的法定代表人要么是公司的执行事务的董事，不包括独立董事、职工董事、外部董事；要么是公司的经理，也就是我们通常意义上讲的公司总经理。

那么究竟谁担任公司法定代表人合适呢？曾有股东问我，实际控制人掌控公司，应当是控制股东会还是董事会呢？我一般会用"马云控制阿里巴巴"来举例说明，马云及其合伙人持有公司7%的股份，却控制了整个公司。公司董事会由5人组成，马云享有3名董事的推荐权，也就是董事会有3名董事是他推荐的。而董事会决策遵循人头多数原则，即多数决议半数以上董事表决同意通过，因此其依靠掌控董事会而实际控制阿里巴巴。董事会或执行董事是负责公司整体运营的，掌控董事会才能实际控制公司，那么股东会不重要吗？股东会当然重要，公司的增资、减资、合并、分立、修改公司章程等需要代表公司三分之二表决权的股东同意。共享单车ofo（北京拜克洛克科技有限公司），因公司增资引进新股东而给予新股东两个一票否决权，在公司两次重大决策中，两个新股东"不负众望"，各投了一次否决票，最后导致公司没落。因此，掌控股东会对公司长久稳定发展是非常重要的。用俗话来说，股东会是决定公司长远战略的，而董事会是决定公司实际运营的。

说到这里其实已经非常清晰了，实际控制人应当促使自己推荐的董事来担任公司的法定代表人，不仅对外代表公司，对内也是实际执行事务的董事或董事长，这样才能确保实际控制人真正掌控公司。

现实中发生过股东收购一家公司时，因没有及时更换法定代表人而导致自己的利益受到严重损害的情况。虽然可以通过司法救济的方式维护自己的利益，但这是有一定难度的，且大多数时候很难填平股东的损失。

那么究竟是由董事担任公司法定代表人还是由经理担任公司法定代表人合适呢？一般中小企业的执行事务的董事兼公司经理职务，当公司规模扩大时，这两个职务常常是由不同人员担任的，公司日常事务的处理一般是由经理带领经营团队来执行的，重大经营决策还是由董事会决定的，所以董事担任法定代表人更合适。当然本书仅代表作者的观点。

第二节　法定代表人的产生、变更办法

根据《公司法》第四十六条和第九十五条的规定，有限公司和股份公司的章程中应明确法定代表人的产生和变更办法。上一节我们阐述了法定代表人对公司实际控制人的重要性，那么章程中规定法定代表人的产生、变更办法就是公司实际控制人要特别注意的。在制定公司章程时，通过章程规定的产生、变更办法使自己推荐的人选担任法定代表人，这样才能确保自己对公司的实际控制权。

在有限公司中，若仅设有一名董事，则公司章程通常规定该董事兼任法定代表人。董事由股东会选举和更换，持有公司过半数表决权的股东即可决定董事的人选。当有限公司设有董事会时，公司章程一般规定由董事长担任法定代表人。公司法规定有限公司的董事长的产生办法由公司章程规定，因此实际控制人可以与其他股东约定"董事长由其决定"或约定"由实际控制人决定董事长的人选"。如果实际控制人的股权持有比例未达到半数以上，则通过公司股权架构的设计或特殊股权的约定，确保实际控制人能够间接或直接地控制半数以上的表决权。

当股份公司仅有一名董事时，情形和有限公司基本一样。对于设有董事会的股份公司，其章程通常规定董事长担任法定代表人。公司法规定股份公司的董事长由董事会全体董事过半数选举产生，因此股份公司的实际控制人需要至少过半数的董事人选决定权。马云控制阿里巴巴的股权表决权是依靠同股不同权来达到的，我国公司法要求股份公司的表决权是同股同权，现在部分板块上市也允许同股不同权，《上海证券交易所科创板股票上市规则（2024年4月修订）》第4.5.3条、第4.5.4条规定，公司上市前及上市后持续担任公司董事的人员或该等人员实际控制的持股主体，且持有公司全部已发行有表决权股份10%以上的，可以拥有比普通股不超过10倍的表决权，同时考虑累积投票制的影响来综合评定实际控制人是否能够决定董事会过半数

的董事人选。股份公司也同样可以通过股权架构的设计来实现持股比例低的创始人实际掌控公司。

综上所述，公司章程中可以规定法定代表人由执行董事或董事长担任，执行董事或董事长的产生办法即为法定代表人的产生办法。

第三节 法定代表人的权利及约束

公司法明确规定在若干情况下，需要法定代表人签字：

（1）公司主体申请工商设立及变更登记时，需要法定代表人签字，变更登记的同时需要加盖公章。

（2）有限公司股东的出资证明书，由法定代表人签字并加盖公章。

（3）股份公司发行股票采用纸面形式的，需要法定代表人签名并加盖公章。

（4）公司以纸面形式发行公司债券的，需要法定代表人签名并加盖公章。

除上述公司法规定的情形外，法定代表人代表公司对外对内签字即具有代表公司的效力。但特殊情况下除外，对此，我们将在法定代表人的表见代表章节中详细讨论。

在现实中，会出现法定代表人为了自己的利益，通过签发一些协议损害公司或其他股东的利益，那么如何对法定代表人的行为进行约束呢？

为了防止法定代表人滥用职权，损害公司和其他股东的利益，有必要对其行为进行严格的约束。通常的做法是在公司章程中明确规定法定代表人的权限范围，并设定相应的赔偿责任。若章程未作规定，股东会可通过决议并签订协议来明确其权限和赔偿责任。然而，这种内部约定对公司外部人员而言并不透明，这在一定程度上为法定代表人的越权行为提供了可能。如果公司实际控制人同时为公司法定代表人，则公司章程不太可能有约束法定代表人权限的条款。

法律依据

《中华人民共和国公司法》（2023年修订）

第四十六条 有限责任公司章程应当载明下列事项：

（一）公司名称和住所；

（二）公司经营范围；

（三）公司注册资本；

（四）股东的姓名或者名称；

（五）股东的出资额、出资方式和出资日期；

（六）公司的机构及其产生办法、职权、议事规则；

（七）公司法定代表人的产生、变更办法；

（八）股东会认为需要规定的其他事项。

股东应当在公司章程上签名或者盖章。

第五十五条 有限责任公司成立后，应当向股东签发出资证明书，记载下列事项：

（一）公司名称；

（二）公司成立日期；

（三）公司注册资本；

（四）股东的姓名或者名称、认缴和实缴的出资额、出资方式和出资日期；

（五）出资证明书的编号和核发日期。

出资证明书由法定代表人签名，并由公司盖章。

第九十五条 股份有限公司章程应当载明下列事项：

（一）公司名称和住所；

（二）公司经营范围；

（三）公司设立方式；

（四）公司注册资本、已发行的股份数和设立时发行的股份数，面额股的每股金额；

（五）发行类别股的，每一类别股的股份数及其权利和义务；

（六）发起人的姓名或者名称、认购的股份数、出资方式；

（七）董事会的组成、职权和议事规则；

（八）公司法定代表人的产生、变更办法；

（九）监事会的组成、职权和议事规则；

（十）公司利润分配办法；

（十一）公司的解散事由与清算办法；

（十二）公司的通知和公告办法；

（十三）股东会认为需要规定的其他事项。

第一百四十九条 股票采用纸面形式或者国务院证券监督管理机构规定的其他形式。

股票采用纸面形式的，应当载明下列主要事项：

（一）公司名称；

（二）公司成立日期或者股票发行的时间；

（三）股票种类、票面金额及代表的股份数，发行无面额股的，股票代表的股份数。

股票采用纸面形式的，还应当载明股票的编号，由法定代表人签名，公司盖章。

发起人股票采用纸面形式的，应当标明发起人股票字样。

第一百九十六条 公司以纸面形式发行公司债券的，应当在债券上载明公司名称、债券票面金额、利率、偿还期限等事项，并由法定代表人签名，公司盖章。

《中华人民共和国市场主体登记管理条例实施细则》

第十五条 申请人应当在申请材料上签名或者盖章。

申请人可以通过全国统一电子营业执照系统等电子签名工具和途径进行电子签名或者电子签章。符合法律规定的可靠电子签名、电子签章与手写签名或者盖章具有同等法律效力。

第四节　代持法定代表人的风险

现实生活中我们会遇到很多公司的法定代表人，实际上就是公司的名义法定代表人。虽然是公司工商注册中登记的执行董事，实际上对公司的所有事务均不过问，通常由实际控制人来管理和运营公司。公司的公章和法定代表人的印鉴也统一由实际控制人管理使用。这种情形一般出现在中小企业当中。那究竟为什么会出现这些情形呢？一般是实际控制人不想让别人知道其有这些公司的存在，或者担心因公司对外债务到期无法偿还时法定代表人被限制高消费，或者因身份的原因不能成为显名的股东或法定代表人，或者为了回避关联交易、为转移利益、为利益输送、为了进行非法交易或为了洗钱而设立的公司，以及为了其他一些特殊目的而设立的公司。

下面简单列举一些可能导致法定代表人承担刑事责任的公司犯罪行为。

由于国家对外汇的管制，一般每人年行为人有 5 万美元的购汇额度，而很多人对美元的需要超过这个额度，于是产生了地下钱庄。行为人将人民币交给地下钱庄，地下钱庄在国外将美元存入指定账户，这就触犯了《刑法》第一百九十条的逃汇罪。

有些规模不大的公司，每年交易流水却很可观，已经超过行业的可能性，这一般是为洗钱而存在的公司，构成洗钱罪。

由于国有企业的项目需要通过招标获得，于是内部人员与外部人员联合通过围标的方式取得项目，这就是常见的招投标罪。

公司虚开增值税发票，构成虚开增值税发票罪。

还包括虚报注册资本罪，虚假出资、抽逃出资罪，集资诈骗罪，贷款诈骗罪，逃税罪，抗税罪，逃避追缴欠税罪，骗取出口退税罪，虚开增值税专用发票、用于骗取出口退税、抵扣税款发票罪，虚开发票罪等。具体的法条都已附在后面，单位犯罪时，可能导致法定代表人承担风险。本节内容不是本书的重点，就不过多阐述，将上述行为涉及刑法的法条附后，供大家参考。

法律依据

《中华人民共和国刑法》（2023 年修正）

第三十一条　【单位犯罪的处罚原则】 单位犯罪的，对单位判处罚金，并对其直接负责的主管人员和其他直接责任人员判处刑罚。本法分则和其他法律另有规定的，依照规定。

第一百五十八条　【虚报注册资本罪】 申请公司登记使用虚假证明文件或者采取其他欺诈手段虚报注册资本，欺骗公司登记主管部门，取得公司登记，虚报注册资本数额巨大、后果严重或者有其他严重情节的，处三年以下有期徒刑或者拘役，并处或者单处虚报注册资本金额百分之一以上百分之五以下罚金。

单位犯前款罪的，对单位判处罚金，并对其直接负责的主管人员和其他直接责任人员，处三年以下有期徒刑或者拘役。

第一百五十九条 【虚假出资、抽逃出资罪】公司发起人、股东违反公司法的规定未交付货币、实物或者未转移财产权，虚假出资，或者在公司成立后又抽逃其出资，数额巨大、后果严重或者有其他严重情节的，处五年以下有期徒刑或者拘役，并处或者单处虚假出资金额或者抽逃出资金额百分之二以上百分之十以下罚金。

单位犯前款罪的，对单位判处罚金，并对其直接负责的主管人员和其他直接责任人员，处五年以下有期徒刑或者拘役。

第一百九十条 【逃汇罪】公司、企业或者其他单位，违反国家规定，擅自将外汇存放境外，或者将境内的外汇非法转移到境外，数额较大的，对单位判处逃汇数额百分之五以上百分之三十以下罚金，并对其直接负责的主管人员和其他直接责任人员，处五年以下有期徒刑或者拘役；数额巨大或者有其他严重情节的，对单位判处逃汇数额百分之五以上百分之三十以下罚金，并对其直接负责的主管人员和其他直接责任人员，处五年以上有期徒刑。

第一百九十一条 【洗钱罪】为掩饰、隐瞒毒品犯罪、黑社会性质的组织犯罪、恐怖活动犯罪、走私犯罪、贪污贿赂犯罪、破坏金融管理秩序犯罪、金融诈骗犯罪的所得及其产生的收益的来源和性质，有下列行为之一的，没收实施以上犯罪的所得及其产生的收益，处五年以下有期徒刑或者拘役，并处或者单处罚金；情节严重的，处五年以上十年以下有期徒刑，并处罚金：

（一）提供资金帐户的；

（二）将财产转换为现金、金融票据、有价证券的；

（三）通过转帐或者其他支付结算方式转移资金的；

（四）跨境转移资产的；

（五）以其他方法掩饰、隐瞒犯罪所得及其收益的来源和性质的。

单位犯前款罪的，对单位判处罚金，并对其直接负责的主管人员和其他直接责任人员，依照前款的规定处罚。

第一百九十二条 【集资诈骗罪】以非法占有为目的，使用诈骗方法非法集资，数额较大的，处三年以上七年以下有期徒刑，并处罚金；数额巨大或者有其他严重情节的，处七年以上有期徒刑或者无期徒刑，并处罚金或者没收财产。

单位犯前款罪的，对单位判处罚金，并对其直接负责的主管人员和其他直接责任人员，依照前款的规定处罚。

第一百九十三条 【贷款诈骗罪】有下列情形之一，以非法占有为目的，诈骗银行或者其他金融机构的贷款，数额较大的，处五年以下有期徒刑或者拘役，并处二万元以上二十万元以下罚金；数额巨大或者有其他严重情节的，处五年以上十年以下有期徒刑，并处五万元以上五十万元以下罚金；数额特别巨大或者有其他特别严重情节的，处十年以上有期徒刑或者无期徒刑，并处五万元以上五十万元以下罚金或者没收财产：

（一）编造引进资金、项目等虚假理由的；

（二）使用虚假的经济合同的；

（三）使用虚假的证明文件的；

（四）使用虚假的产权证明作担保或者超出抵押物价值重复担保的；

（五）以其他方法诈骗贷款的。

第二百零一条 【逃税罪】纳税人采取欺骗、隐瞒手段进行虚假纳税申报或者不申报，逃避缴纳税款数额较大并且占应纳税额百分之十以上的，处三年以下有期徒刑或者拘役，并处罚金；数额巨大并且占应纳税额百分之三十以上的，处三年以上七年以下有期徒刑，并处罚金。

扣缴义务人采取前款所列手段，不缴或者少缴已扣、已收税款，数额较大的，依照前款的规定处罚。

对多次实施前两款行为，未经处理的，按照累计数额计算。

有第一款行为，经税务机关依法下达追缴通知后，补缴应纳税款，缴纳滞纳金，已受行政处罚的，不予追究刑事责任；但是，五年内因逃避缴纳税款受过刑事处罚或者被税务机关给予二次以上行政处罚的除外。

第二百零二条 【抗税罪】以暴力、威胁方法拒不缴纳税款的，处三年以下有期徒刑或者拘役，并处拒缴税款一倍以上五倍以下罚金；情节严重的，处三年以上七年以下有期徒刑，并处拒缴税款一倍以上五倍以下罚金。

第二百零三条 【逃避追缴欠税罪】纳税人欠缴应纳税款，采取转移或者隐匿财产的手段，致使税务机关无法追缴欠缴的税款，数额在一万元以上不满十万元的，处三年以下有期徒刑或者拘役，并处或者单处欠缴税款一倍以上五倍以下罚金；数额在十万元以上的，处三年以上七年以下有期徒刑，并处欠缴税款一倍以上五倍以下罚金。

第二百零四条 【骗取出口退税罪】以假报出口或者其他欺骗手段，骗取国家出口退税款，数额较大的，处五年以下有期徒刑或者拘役，并处骗取税款一倍以上五倍以下罚金；数额巨大或者有其他严重情节的，处五年以上十年以下有期徒刑，并处骗取税款一倍以上五倍以下罚金；数额特别巨大或者有其他特别严重情节的，处十年以上有期徒刑或者无期徒刑，并处骗取税款一倍以上五倍以下罚金或者没收财产。

【逃税罪】纳税人缴纳税款后，采取前款规定的欺骗方法，骗取所缴纳的税款的，依照本法第二百零一条的规定定罪处罚；骗取税款超过所缴纳的税款部分，依照前款的规定处罚。

第二百零五条 【虚开增值税专用发票、用于骗取出口退税、抵扣税款发票罪】虚开增值税专用发票或者虚开用于骗取出口退税、抵扣税款的其他发票的，处三年以下有期徒刑或者拘役，并处二万元以上二十万元以下罚金；虚开的税款数额较大或者有其他严重情节的，处三年以上十年以下有期徒刑，并处五万元以上五十万元以下罚金；虚开的税款数额巨大或者有其他特别严重情节的，处十年以上有期徒刑或者无期徒刑，并处五万元以上五十万元以下罚金或者没收财产。

单位犯本条规定之罪的，对单位判处罚金，并对其直接负责的主管人员和其他直接责任人员，处三年以下有期徒刑或者拘役；虚开的税款数额较大或者有其他严重情节的，处三年以上十年以下有期徒刑；虚开的税款数额巨大或者有其他特别严重情节的，处十年以上有期徒刑或者无期徒刑。

虚开增值税专用发票或者虚开用于骗取出口退税、抵扣税款的其他发票，是指有为他人虚开、为自己虚开、让他人为自己虚开、介绍他人虚开行为之一的。

第二百零五条之一 【虚开发票罪】虚开本法第二百零五条规定以外的其他发票，情节严重的，处二年以下有期徒刑、拘役或者管制，并处罚金；情节特别严重的，处二年以上七年以下有期徒刑，并处罚金。

单位犯前款罪的，对单位判处罚金，并对其直接负责的主管人员和其他直接责任人员，依照前款的规定处罚。

第二百二十三条 【串通投标罪】投标人相互串通投标报价，损害招标人或者其他投标人利益，情节严重的，处三年以下有期徒刑或者拘役，并处或者单处罚金。

投标人与招标人串通投标，损害国家、集体、公民的合法利益的，依照前款的规定处罚。

第二百二十四条　【合同诈骗罪】有下列情形之一，以非法占有为目的，在签订、履行合同过程中，骗取对方当事人财物，数额较大的，处三年以下有期徒刑或者拘役，并处或者单处罚金；数额巨大或者有其他严重情节的，处三年以上十年以下有期徒刑，并处罚金；数额特别巨大或者有其他特别严重情节的，处十年以上有期徒刑或者无期徒刑，并处罚金或者没收财产：

（一）以虚构的单位或者冒用他人名义签订合同的；

（二）以伪造、变造、作废的票据或者其他虚假的产权证明作担保的；

（三）没有实际履行能力，以先履行小额合同或者部分履行合同的方法，诱骗对方当事人继续签订和履行合同的；

（四）收受对方当事人给付的货物、货款、预付款或者担保财产后逃匿的；

（五）以其他方法骗取对方当事人财物的。

第二百三十一条　【单位犯扰乱市场秩序罪的处罚规定】单位犯本节第二百二十一条至第二百三十条规定之罪的，对单位判处罚金，并对其直接负责的主管人员和其他直接责任人员，依照本节各该条的规定处罚。

第五节　法定代表人的辞任

《公司法》第十条第二款规定，担任法定代表人的董事或经理辞任的，视为同时辞去法定代表人的职务。具体由谁来担任法定代表人是由公司章程规定的，如果公司章程规定由董事担任法定代表人，公司不设董事会，仅设一名董事，这时候这名董事可否仅辞任法定代表人呢？这明显是违反公司章程规定的，在不修改公司章程的情况下，仅有一名董事的公司，且公司章程规定由董事担任法定代表人的时候，这名董事是以辞任董事的方式来辞任法定代表人的。

如果公司设有董事会，公司章程规定由董事长担任法定代表人，董事长辞任法定代表人后，公司召开董事会，选举新的董事长来担任法定代表人即可。

《公司法》第十条第三款规定，法定代表人辞任的，公司应当在法定代表人辞任之日起 30 日内确定新的法定代表人。如果公司仅有一名董事，且公司章程规定由该董事担任法定代表人，当该董事辞任时，公司应在 30 日内召开股东会来确定新的法定代表人。只有一个股东的公司，股东可以直接作出决定，确定新的法定代表人。如果公司设有董事会，而且公司章程规定由董事长担任法定代表人的，则股份公司应当在法定代表人辞任后 30 日内召开董事会选举新的董事长，而有限公司则按照公司章程规定的董事长产生办法来确定新的董事长。

公司法规定法定代表人辞任的，公司应当在 30 日内确定新的法定代表人，如果公司未按照规定在 30 日内选出新的法定代表人，结果会如何呢？

新公司法对法定代表人的辞职制度进行了明确规定，旨在解决被冒名顶替或法定代表人离职后公司长时间无法产生新的法定代表人等问题。根据新公司法的规定，董事担任法定代表人辞任时，需书面通知公司并向公司所在地工商登记处办理辞任登记手续。新公司法允许公司法定代表人暂时空缺，无须等待新的法定代表人产生。

同时为了配合法定代表人的辞职制度，也为了解决实务操作中的一个难题，即原来工商变更登记时，需要原法定代表人和现法定代表人的签字，而原法定代表人不配合导致公司法定代表人变更困难。新公司法规定工商变更登记时仅需要变更后的法定代表人签字即可。

新公司法在工商变更登记方面的规定极大地简化了流程，解决了原法定代表人不配合导致的变更困难问题，确保公司能够顺利进行法定代表人的变更。

法律依据

《中华人民共和国公司法》（2023 年修订）

第十条 公司的法定代表人按照公司章程的规定，由代表公司执行公司事务的董事或者经理担任。

担任法定代表人的董事或者经理辞任的，视为同时辞去法定代表人。

法定代表人辞任的，公司应当在法定代表人辞任之日起三十日内确定新的法定代表人。

第十一条 法定代表人以公司名义从事的民事活动，其法律后果由公司承受。

公司章程或者股东会对法定代表人职权的限制，不得对抗善意相对人。

法定代表人因执行职务造成他人损害的，由公司承担民事责任。公司承担民事责任后，依照法律或者公司章程的规定，可以向有过错的法定代表人追偿。

第三十五条 公司申请变更登记，应当向公司登记机关提交公司法定代表人签署的变更登记申请书、依法作出的变更决议或者决定等文件。

公司变更登记事项涉及修改公司章程的，应当提交修改后的公司章程。

公司变更法定代表人的，变更登记申请书由变更后的法定代表人签署。

第六章
越权行为与债权人保护

第六章 越权行为与债权人保护

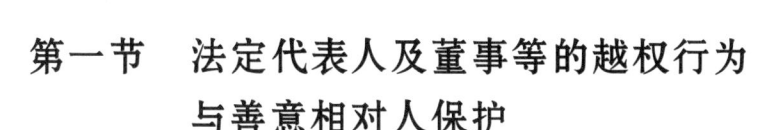

第一节 法定代表人及董事等的越权行为与善意相对人保护

在公司日常业务中，签订合同属于比较频繁的业务程序，那么《公司法》《民法典》及《民法典合同编司法解释》对合同的签订效力有什么影响呢？如何保护善意相对的利益呢？在此通过案例来向大家详细说明每一种情形所导致的不同合同效力。

我们分别讨论以下 16 种情形的法律后果。

案例 1：公司的工作人员与他人恶意串通损害公司利益；

案例 2：公司股东会决议被撤销对善意相对人的影响；

案例 3：公司股东会决议被撤销后对非善意相对人的影响；

案例 4：公司工作人员代理权终止后其行为构成表见代理；

案例 5：法律规定应当经公司股东会决议的交易事项未经股东会决议；

案例 6：合同所涉事项未超越法律、行政法规的规定，但超越了公司章程对法定代表人的权限规定，相对人知道超越权限的事实；

案例 7：合同所涉事项未超越法律、行政法规的规定，但超越了公司章程对法定代表人的权限规定，相对人不知道超越权限的事实；

案例 8：工作人员的行为没有超越法律、行政法规规定的职权，但超越了公司对工作人员规定的职权范围，构成表见代理；

案例 9：工作人员的行为没有超越法律、行政法规规定的职权，但超越了公司对工作人员规定的职权范围，不构成表见代理；

案例 10：公司签订的未加盖公章而加盖部门章的合同的效力；

案例 11：公司签订的采购合同仅有业务员签字，但没有超越权限；

案例 12：公司文件有印章，但超越了使用人的权限；

案例 13：法定代表人超越公司章程规定的权限签订了合同，但构成表见代表；

案例 14：合同仅签字，无公章，且超越了签订人的权限；

案例 15：合同约定盖章生效，未盖章仅有法定代表人签字生效吗；

案例16：合同约定盖章生效，未盖章仅有法定代表人签字生效吗（合同未实际履行）？

案例1：公司的工作人员与他人恶意串通损害公司利益

M有限公司（以下简称M公司）股东为甲、乙，法定代表人及经理为张某，公司主要经销茅台酒。张某与李某为朋友，李某经营一家酒店，经常向M公司采购茅台酒。2020年张某欠李某80万元不能偿还。于是张某与李某协商，可否低价销售茅台酒给李某，然后利用与正常价格的差价抵销张某个人的债务，张某承诺以酒销售价格比正常价优惠100万元抵销李某80万元的债务。李某觉得有利可图，且酒是酒店一直需要的，于是二人就签订了茅台酒的购销合同，以比正常价格低20%，总价低于100万元达成协议，分三次交货。

M公司交付第一批货物后，甲收到信息，核对合同后发现酒的价格不正常，于是找到张某。张某辩称是因为李某是老客户，所以给予了优惠。甲后来得知张某欠李某借款一事瞬间明白了原因，于是M公司起诉张某与李某，要求赔偿损失100万元。

问题：在这个案例中，张某和李某是否应当承担赔偿责任？

张某作为M公司的法定代表人及经理，对M公司具有忠实及勤勉义务。《公司法》第一百八十条规定"董事、监事、高级管理人员对公司负有忠实义务，应当采取措施避免自身利益与公司利益冲突，不得利用职权牟取不正当利益"，茅台酒的价格一直是公开的，但给予20%的优惠显然是不正常的，张某与李某的行为属于恶意串通损害M公司的利益，属于《民法典合同编司法解释》第二十三条中恶意串通的情形，因此二人对M公司的损失承担连带赔偿责任，即对M公司损失的100万元，二人承担连带赔偿责任。

案例2：公司股东会决议被撤销对善意相对人的影响

A有限公司（以下简称A公司）有股东甲、乙、丙三人，三人持有股权比例分别为60%、30%、10%。甲为公司执行董事及法定代表人。公司章程规定，公司购买或出售不动产，需经股东会表决，且需要全体股东所持表决权中代表三分之二以上表决权的股东通过，并且每一位参加会议的股东均有一票否决权。公司章程还规定，召开股东会会议需要提前20日通知所有股东，而且通知股东时需要同时将本次股东会会议需要表决的事项附在通知后面，未附在通知后面的事项在本次股东会会议上不得表决；公司股东会会议由执

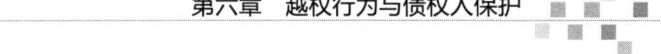

行董事召集并主持。

2021年3月1日，A公司执行董事以邮件的方式通知全体股东召开2021年第一次股东会，会议表决事项为2020年利润分配，会议于2021年3月31日召开。

2021年3月12日，A公司与B公司达成《不动产转让协议》，B公司将其持有的价值500万元的商铺转让给A公司，双方签订了买卖合同；A公司的法定代表人甲告诉B公司，此合同需要得到公司股东会决议通过方能生效。

为了提高效率，在2021年3月31日召开的股东会上，甲临时将不动产转让事宜一并提交给股东会会议表决。丙持有A公司10%的股权，历年A公司利润分配的股东会其均不参与，由甲、乙决定上一年利润分配的金额。这次也一样，丙没有出席2021年3月31日的股东会。

2021年3月31日，经出席A公司股东会的甲、乙二人表决通过了不动产购买决议。

2021年4月20日，A公司向B公司支付了500万元的不动产购买价款，双方约定于2021年5月31日前办理不动产过户登记。

2021年5月10日，在办理不动产过户登记前，丙得知不动产购买事宜，坚决反对，并向法院申请撤销了A公司2021年3月31日关于不动产购买的股东会决议，理由是不符合A公司章程规定的股东会会议召开程序，事先没有通知丙关于表决不动产购买事宜，而是股东会临时增加的表决事项，导致丙未能参加并行使一票否决权。该决议被法院于2021年12月28日撤销。

随后，A公司要求B公司退还已支付的款项，但遭到B公司拒绝。A公司将B公司起诉至法院，要求确认双方合同未生效，并要求B公司退还已支付的500万元。

请问，A公司的诉讼请求能否得到法院的支持？

本案中，A公司与B公司签订了《不动产转让协议》，之后A公司股东会决议表决通过了不动产购买事宜，双方签订的《不动产转让协议》生效。2021年12月28日，A公司股东会决议因违反公司章程规定的股东会会议召开程序，被A公司股东丙经法院起诉后撤销。根据《公司法》第二十八条第二款规定，股东会决议被人民法院撤销的，公司根据该决议与善意相对人形成的民事法律关系不受影响。本案中B公司并不知道A公司作出不动产事项决议的股东会会议召开程序违反了 A 公司章程的规定，作为 A 公司以外的人员，B 公司无从获知，B 公司是善意相对人。因此 A 公司的不动产交易事项，在股东会决议被法院撤销后，A 公司依据 2021 年 3 月 31 日不动产事项的股东会决议而签订并生效的《不动产转让协议》并不受影响，协议对双方均有效，A 公司需要履行此协议。因此，A 公司的诉讼请求不会得到法院的支持。

案例 3：公司股东会决议被撤销后对非善意相对人的影响

F 有限公司（以下简称 F 公司）有股东甲、乙，分别持有公司 70%、30% 的股权，法定代表人及执行董事为甲，公司主要业务是装潢设计。F 公司接到的设计任务，部分自己完成，部分发包给其他公司完成。H 有限公司（以下简称 H 公司）法定代表人为李某，是甲的小舅子。H 公司有唯一的股东张某，是甲的妻子。

F 公司章程中规定，凡是超过 1500 万元的合同，均需要经全体股东一致同意作出股东会决议方可签署；如果合同涉及关联关系的，必须在决议作出前向非关联股东披露关联关系，由非关联股东作出同意的股东会决议方可。

2021 年 3 月 12 日，甲的好朋友周某为 L 酒店的总经理，全权负责 L 酒店的经营。周某不是 L 酒店的股东，是职业经理人。L 酒店需要进行整体装修，预算费用约 1 亿元，其中设计费约 2000 万元。周某找到甲，希望甲可以投标 L 酒店的设计部分，L 酒店承诺会帮助甲招标成功，但要求甲至少支付 300 万元现金给周某。

经过周某的帮忙，F 公司最终在 L 酒店的设计招标活动中中标，并与 L 酒店签订了《酒店整体设计服务合同》。

2021 年 6 月 12 日，F 公司股东甲、乙作出股东会决议，将《酒店整体设计服务合同》发包给 H 公司。在股东会决议作出前，乙不知道 H 公司的股东是甲的妻子，甲也没有告诉乙。

甲考虑到 L 酒店的设计项目利润还不错，关键又涉及需要支付给周某回扣的问题，F 公司不好操作。于是将中标的设计任务委托给 H 公司，F 公司留存 100 万元的利润后，于 2021 年 7 月 12 日将设计项目以 1900 万元的价格发包给了 H 公司，双方签订了《酒店整体设计第三方承包服务合同》。H 公司收到 900 万元首期款后，提取 300 万元现金给了周某。

2021年7月30日，乙无意中得知H公司的股东张某是甲的妻子，且法定代表人是甲的小舅子。乙非常生气，于2021年8月6日向法院提出撤销股东会决议的申请。2021年12月26日，法院依法撤销了关于《酒店整体设计服务合同》的股东会决议。

2022年1月6日，乙代表F公司以股东损害公司利益为由，起诉甲及H公司。要求解除双方签订的《酒店整体设计第三方承包服务合同》，并要求退还F公司已支付的900万元款项。

请问，乙的诉讼请求能否得到法院的支持？

在本案中，F公司的章程明确规定了超过1500万元的合同，需要经全体股东一致同意作出股东会决议方可；如果合同涉及关联关系的，必须在决定作出前向非关联股东披露关联关系，由非关联股东作出同意的股东会决议方可。在2021年6月12日F公司股东会决议作出同意将L酒店整个设计发包给H公司前，甲没有将H公司是其关联公司的事实告诉乙，因此乙有权撤销该决议。《酒店整体设计第三方承包服务合同》是需要经股东会决议通过方可生效的合同，是依据H公司股东会决议签订并生效的。同时H公司作为甲的关联方，对F公司的章程规定是知情的，不属于H公司善意的交易相对方，根据《公司法》第二十八条第二款的规定，当股东会决议被撤销时，H公司作为非善意的相对方，不受法律保护，双方签订的《酒店整体设计第三方承包服务合同》未生效，H公司应当返还F公司支付的900万元款项。因此，乙的诉讼请求能够得到法院的支持。

案例4：公司工作人员代理权终止后其行为构成表见代理

M有限公司（以下简称M公司）主要经营建材销售业务，张某是公司业务经理之一。张某于2013年入职M公司，一直负责销售业务。N公司作为M公司的客户之一，由张某负责多年。N公司与张某对接的采购人为刘某。

N公司向M公司购买建材时，有时货款支付到M公司账户，有时直接支付宝转账给张某，由张某再转账给M公司。M公司均依合同向N公司交付了建材。

M公司对外销售建材时，使用的是格式合同。销售人员手里会有一部分公司已加盖公章的合同。只要客户确认数量、金额后，双方可以立即签订购销合同。这样既方便销售人员工作，也有利于提高合同的成交率。然而，M

公司对于已加盖公章的格式合同的管理比较混乱。销售员领取合同时并没有登记，离职时也未被要求归还未使用的空白格式合同。

2016年，张某入职三年后，因个人购置住房资金紧张，将M公司的其他货款用个人账户私收后用于购房。公司发现后于2016年11月30日将张某开除。然而，M公司在开除张某后既没有收回他手里已加盖公司公章的格式合同，也没有通知他负责的公司客户。

2016年12月6日，张某找到N公司的刘某，称M公司新进一批建材价格优惠，作为老客户可以给N公司6%的优惠，但要求合同订单总额为50万元以上。这些建材是N公司常用的材料，于是N公司的刘某就与张某签订了以M公司格式合同为版本的《购销合同》。合同总价款为60万元，N公司依张某的要求将60万元转入他的支付宝账户内。

以往N公司签订完购销合同后，M公司会在15天内交货。但这次合同签订后30多天过去了，N公司仍未收到M公司交付的建材。N公司找到张某询问情况，张某说他已经离职并请N公司直接与M公司联系。N公司找到M公司要求交货，并出示了与张某签订的《购销合同》以及转账凭证，M公司却以张某已离职、不能代表公司签订合同及收取货款为由拒绝了交货请求。

请问，N公司的诉讼请求是否能够得到法院的支持？

本案中，张某在离职前一直是代表M公司将公司的建材销售给N公司的，张某也一直是使用已加盖公章的格式合同与N公司签订购销合同。在以往与M公司的业务往来中，N公司也曾将货款支付给张某，由张某代转给M公司，M公司也认可了张某的行为并履行了合同。张某被M公司开除后，没有通知N公司，N公司无法得知张某离职的事实。当张某手持M公司已加盖公章的格式合同与N公司签订《购销合同》时，N公司并不知道张某已无权代理M公司。2016年12月6日，N公司与M公司签订《购销合同》时，N公司是善意相对人，N公司有理由相信张某依旧有M公司的代理权。根据《民法典》第一百七十二条的规定，张某的代理行为有效。双方合同成立并生效。因此M公司需要向N公司交付货物并承担合同的违约责任。张某的行为损害了M公司的利益，并且涉嫌触犯刑法，M公司可另案起诉张某，要求张某赔偿M公司的损失，并追究张某的刑事责任。

因此，本案N公司的诉讼请求能够得到法院的支持。

案例5：法律规定应当经公司股东会决议的交易事项未经股东会决议

M上市公司（以下简称M公司）总发行股份为10亿股，近几年经营业绩一路下滑，已被列为ST公司。在2016年、2017年，公司连续两年亏损。2018年3月，公司股价跌破1元，公司总资产不足7亿元，面临退市风险。M公司主要资产为一幢办公楼及厂房，价值为3亿元。M公司的实际控制人为贾某，贾某持有公司30%的股份，即3亿股。

贾某不想继续经营公司，希望将自己的股份变现后出国定居。然而，由于公司业绩不佳，没有人愿意购买其股权。王某是W公司的拥有者，而W公司近几年发展迅猛，急需新的厂房用于生产。因此，W公司有意购买M公司的办公楼及厂房。经人介绍，王某与贾某相识。

如果M公司破产，其办公楼及厂房拍卖成交价预计在1.5亿元左右。然而，王某愿意出价2.3亿元购买M公司的上述资产，并得到了贾某的同意。2018年6月，贾某代表M公司与W公司签订了《办公楼及厂房买卖协议》。双方加盖了公章，并且W公司支付了首期2300万元给M公司。在签订合同时，王某并未要求贾某出示股东会决议，也没有在网上查询相关上市公司公告。

贾某自认为股东会会同意这次交易，因为M公司一直由他掌控，其他股东通常都会同意他的决定。然而，当贾某因公司连年亏损而决定将公司主要资产出售时，其他股东大多表示反对。最终，经过股东临时会议的表决，同意的表决权数未达到参加会议股东所持表决权的一半，因此未能通过该决议。

尽管如此，W公司仍以双方已签订协议并支付定金为由将M公司起诉至法院，要求M公司履行合同。

请问，W公司的请求能否得到法院的支持？

根据《公司法》第一百三十五条的规定，上市公司在一年内出售重大资产的金额超过公司资产总额30%的，必须经过股东会的决议，并且需要出席会议股东所持表决权的三分之二以上通过。在本案中，贾某代表M公司出售的办公楼及厂房的价值超过了公司总资产的30%，然而，该交易并未经过M公司股东会的正式表决通过。

王某在签订《办公楼及厂房买卖协议》时并未要求查看贾某是否有股东会的决议，也未在网上查询相关公告。这表明王某在此事上存在过错。《民法典合同编司法解释》第二十条第一款规定，如果合同未经公司有权机构的决议通过，该合同对公司不发生效力。因此，W公司虽然有权要求M公司退还已支付的2300万元，但无权要求M公司继续履行《办公楼及厂房买卖协议》。综上所述，W公司的请求不会得到法院的支持。

案例6：合同所涉事项未超越法律、行政法规的规定，但超越了公司章程对法定代表人的权限规定，相对人知道超越权限的事实

N有限公司（以下简称N公司）成立于2015年，经营到2019年，公司总资产达10亿元。公司实际控制人、法定代表人均为张某，张某持有公司30%的股权，张某通过股权架构的设计实际掌控N公司。N公司2015年成立时的章程至今均规定，任何超过1亿元的资产交易均需经股东会三分之二以上表决权通过。

N公司拥有一项专利，市场价值约2亿元，目前有两家公司正在洽谈购买，均由张某负责，其中一家为F公司。F公司的负责人为任某，任某曾是N公司设立时的股东，后来退出了N公司。张某因欠任某人情，最终同意以1.5亿元的价格将专利卖给F公司。双方签订了《专利权转让协议》。签订协议时任某作为F公司的负责人未向张某索要N公司的股东会决议；合同签订后F公司向N公司支付了首期协议款5000万元。N公司后经股东会决议，未通过对《专利权转让协议》的表决，将5000万元款项退给了F公司。

F公司将N公司起诉至法院，要求N公司履行《专利权转让协议》。

请问，法院是否会支持F公司的请求？

法律没有规定有限公司重大资产交易需要经过股东会表决，张某签订《专利权转让协议》的行为并没有违反法律、行政法规的规定。N公司章程规定了任何超过1亿元的资产交易均需经股东会三分之二以上表决权通过，因此张某的行为超越了N公司章程对其规定的权限。但张某作为N公司的法定代表人，《专利权转让协议》涉及的事项也不属于法律规定应当由公司权力机构履行的职权，因此张某的行为构成表见代表，那么《专利权转让协议》是否因此对N公司发生效力呢？

任某是N公司设立时的股东，在任某还是N公司股东时，N公司章程即规定了任何超过1亿元的资产交易均需经股东会三分之二以上表决权通过，因此任某是知道N公司可能一直存在这个规定的。但任某作为F公司的负责人，在签订《专利权转让协议》时，未向张某索要股东会决议存在过错，且F公司属于知道或应当知道张某的行为超越了N公司章程规定的权限，因此《专利权转让协议》对N公司不发生效力，法院不会支持F公司的诉讼请求。

案例7：合同所涉事项未超越法律、行政法规的规定，但超越了公司章程对法定代表人的权限规定，相对人不知道超越权限的事实

我们继续上面的案例。假设任某不曾是N公司的股东，也不知道N公司的章程规定，任何超过1亿元的资产交易均需经股东会三分之二以上表决权通过，其他案情均一样。

请问，当N公司拒绝履行合同时，F公司将N公司起诉至法院要求N公司履行《专利权转让协议》时，法院是否会支持F公司的诉讼请求？

当任某不知道N公司章程对N公司法定代表人权限的规定时，且《专利权转让协议》所涉及事项也不属于法律、行政法规规定应当由公司权力机构决议的事项，张某作为公司的法定代表人，其行为构成表见代表。因此，《专利权转让协议》对N公司具有法律效力，法院会依法支持F公司的诉讼请求。

案例8：工作人员的行为没有超越法律、行政法规规定的职权，但超越了公司对工作人员规定的职权范围，构成表见代理

A有限公司（以下简称A公司）注册资本6亿元，公司主要经营业务为钢材贸易。公司规章制度中规定所有钢材合同必须经销售总监签字确认，超过5000万元的钢材合同需要经过总经理签字确认。周某为公司销售经理，郑某为公司销售总监，李某为公司总经理。

2019年，B公司向A公司采购一批钢材，合同总价为1000万元。B公司与A公司签订了采购合同，A公司郑某在合同上签字并加盖了公章，双方履行了合同。

2020年8月，B公司再次向A公司采购一批钢材，合同总价为6000万元。A公司郑某在合同上签字并加盖公章。合同签订后还没有履行时，钢材价格上涨，A公司如果履行这次合同将会导致亏损500万元。于是A公司要求解除合同，理由是合同金额超过5000万元，郑某没有权限签订此合同。B公司不同意解除合同，于是将A公司起诉至法院。

请问，法院是否会支持B公司的诉讼请求？

在本案中，A公司的章程没有规定郑某的权限，但公司规章制度明确规定郑某作为销售总监，不能签订超过5000万元的合同。然而，B公司无从得知A公司的内部规章制度，并且B公司上次的合同也是由郑某签字并实际履行的。因此，郑某的行为虽然超越了公司的规定，但构成表见代理。2020年8月的合同对A公司具有法律效力，法院会依法支持B公司的请求。

案例9：工作人员的行为没有超越法律、行政法规规定的职权，但超越了公司对工作人员规定的职权范围，不构成表见代理

我们继续上面的案例。假设在2019年B公司第一次与A公司签订采购合同时，A公司向B公司出具了一份告知书，告知B公司所有关于签订采购合同的人员权限。那么当2020年8月，双方签订6000万的采购合同，A公司的销售总监在合同上签字，A公司不履行合同时，B公司起诉A公司能否得到法院支持呢？

在本案中，郑某代表A公司签订2020年8月的采购合同时，明显超越了A公司规定的权限范围。且B公司在第一次与A公司签订采购合同时，已经知道了A公司关于人员签订采购合同的权限。因此，郑某的行为不构成表见代理，2020年8月的合同在法律上对A公司不发生效力。B公司的请求不会得到法院的支持。

案例10：公司签订的未加盖公章而加盖部门章的合同的效力

F有限公司（以下简称F公司）的业务经理小张，一直负责公司的采购业务。H公司是F公司的供应商，小张几年来一直从H公司采购密度板，对接的是H公司的业务负责人老王。一直以来，小张在采购合同上加盖的都是F公司的采购专用章，不是公章。2020年3月，小张又与老王签订了200万元木板采购合同，合同约定不履行合同的违约金为20万元，并加盖了F公司的采购专用章，H公司加盖了公章，合同约定经双方盖章后生效。

合同签订后一周，密度板的原材料涨价，如果H公司履行此合同将亏损10万元，不履行合同违约金为20万元。于是H公司以F公司未加盖公章而导致双方采购合同未生效为由，通知了F公司，要求F公司重新签订采购合同，并将木板价格上调了15%。

F公司将H公司起诉至法院，要求H公司履行2020年3月的采购合同，并支付合同违约金20万元。

请问，双方于 2020 年 3 月签订的合同是否有效？H 公司是否需要履行合同并支付违约金？

在这个案例中，H 公司与 F 公司的交易习惯是 F 公司的小张代表 F 公司洽谈木板的采购业务。采购合同中一直是加盖 F 公司的采购专用章，双方以往也履行了合同，说明小张是在 F 公司授予的权限范围内工作。根据《民法典合同编司法解释》第二十二条第一款的规定，H 公司主张所加盖的印章不是公章不会得到法院支持。因此，H 公司应当履行 2020 年 3 月的合同，并支付违约金。

案例 11：公司签订的采购合同仅有业务员签字，但没有超越权限

我们继续上面的案例。假设 F 公司的小张与 H 公司的老王以往签订合同时均是加盖各自公司的公章，且小张与老王也有签字，合同约定经双方签字或盖章后生效。2020 年 3 月双方签订的采购合同中，F 公司的小张签字但忘记加盖公章了，而 H 公司的老王则签字并加盖了公章。由于木板的原材料涨价，H 公司如果履行这份合同可能会亏损 10 万元。因此，H 公司以合同未加盖 F 公司公章，且小张不是 F 公司法定代表人为由，主张合同不生效，并要求双方重新签订合同，同时要求木板价格上涨 15%。

F 公司随后将 H 公司起诉至法院，要求其履行合同并支付违约金。

请问，F 公司的请求能否得到法院的支持？

本案中，虽然 2020 年 3 月的合同仅有小张签字而没有加盖 F 公司公章，但合同已明确约定经双方签字或盖章后即生效。此外，以往的合同履行记录也证明了小张负责 F 公司的采购业务，签订采购合同属于其权限范围。根据《民法典合同编司法解释》第二十二条第二款的规定，H 公司主张合同无效的要求不会得到法院的支持。因此，H 公司应当履行合同，并支付相应的违约金。

案例 12：公司文件有印章，但超过了使用人的权限

冯先生任 L 有限公司（以下简称 L 公司）人力资源总监，员工入职签订的劳动合同，最后都是经冯先生审核后加盖公司人力资源专用章。L 公司与员工解除劳动合同时支付补偿金或赔偿金所签订的协商解除协议，也需要经冯先生审核并加盖公司人力资源专用章。公司有明确文件规定，解雇人力资源总监的权限归总经理，人力资源专用章的使用权限归人力资源总监。

2023年8月1日,因冯先生违反公司员工手册,触发公司开除员工的条款,于是L公司人力资源部向冯先生发出加盖了公司公章的开除通知书。冯先生与人力资源经理交接工作并将人力资源专用章交给人力资源经理暂时保管。

2023年9月1日,冯先生提出劳动仲裁,出具了公司与其签订的解除劳动合同并支付12万元补偿金的协议(以下简称补偿协议),协议上加盖了公司人力资源专用章。冯先生在仲裁时声称补偿协议是人力资源部经理给他的,但公司否认此事。劳动仲裁委员会经仲裁审理后作出了支持冯先生的裁决。

L公司不服劳动仲裁委员会的裁决,将冯先生起诉到法院。

请问,法院是否会和劳动仲裁一样支持冯先生的请求?

首先,冯先生在L公司任职时,人力资源专用章由其保管,其有利用人力资源专用章的条件。其离职时人力资源章由人力资源部经理暂时保管。如果是人力资源部经理加盖的此章,则其行为超越了其权限。同时,因为公司明确规定人力资源专用章的使用权限归人力资源总监,人力资源部经理从未使用过人力资源专用章与任何员工签订过此类协议。因此,即使此章是人力资源部经理所盖,其行为也不构成《民法典》第五百零四条所规定的有效的表见代理。因此,根据《民法典合同编司法解释》第二十二条第二款、第三款的相关规定,法院很可能会驳回冯先生的请求。在这种情况下,劳动仲裁的裁决可能是错误的。

案例13:法定代表人超越公司章程规定的权限签订了合同,但构成表见代表

A有限公司(以下简称A公司)于2012年成立,注册资本为1000万元,有股东甲、乙二人,分别持有公司30%、70%的股权。公司日常运营由甲负责,甲任A公司执行董事及法定代表人。A公司章程规定:法定代表人对外签订合同时,同类业务单独不得超过50万元、月合计不得超过100万元;超过时必须经乙同意。B公司为A公司的供货商,为A公司提供Y11型产品,B公司负责人为张某。A公司一直是由甲与B公司的张某签订购货合同,甲与张某是好朋友,张某不知道A公司章程对甲的权限限制。

B公司因资金周转困难,张某找到甲,请甲帮忙一次性多购买些货物以解决B公司资金周转问题。于是,2019年3月甲代表A公司与B公司签订了正常价格100万元的购货合同,购买Y11型产品,并支付了首期50万元。B公司向A公司交付了全部货物。当月,A公司第二次支付B公司货款时,被财务拒付,因为超过了甲的权限范围。乙得知后发现是甲越权签订了100万元的合同,而且A公司短期内并不需要这么多Y11产品,于是拒绝支付尾款50万元。

B公司将A公司起诉至法院,要求支付2019年3月订单的尾款50万元及利息。

请问,B公司的诉讼请求会得到法院的支持吗?

《公司法》第十一条第二款规定:"公司章程或者股东会对法定代表人职权的限制,不得对抗善意相对人。"在本案中,B公司是以正常价格将货物销售给A公司,且张某并不知道A公司对甲的权限限制,因此B公司是善意相对人。同时,甲作为A公司的法定代表人且日常业务也是由甲负责的,因此甲的行为构成表见代表。根据《民法典合同编司法解释》第二十二条第一款、第四款的规定,作为A公司的法定代表人,尽管甲的行为超越了章程规定的法定代表人的权限,但当其行为构成表见代表时,对于善意相对人B公司而言,2019年3月的合同是成立并有效的。因此,该合同对A公司发生效力,A公司需要支付50万元货物尾款给B公司并支付延期付款的利息。

案例14:合同仅签字,无公章,且超越了签订人的权限

我们继续上面的案例。假设2019年3月签订的购货合同约定经双方签字或盖章后生效。甲作为A公司的法定代表人在合同上签字,但没有加盖A公司的公章。

现B公司起诉A公司,要求支付2019年3月合同的货物尾款。

请问,B公司能否得到法院的支持呢?

A公司的甲虽然超越了公司章程规定的权限,但甲作为A公司的法定代表人,以往采购合同也是由其负责。因此,其行为构成表见代表,甲的行为结果由A公司承担。所以,B公司的请求依旧可以得到法院的支持。

案例15:合同约定盖章生效,未盖章仅有法定代表人签字生效吗

我们继续上面的案例。假设2019年3月签订的购货合同约定经双方加盖公章后生效。甲代表A公司签字,但A公司未加盖公章;B公司则加盖了公章。

现 B 公司起诉 A 公司，要求支付 2019 年 3 月购货合同的货物尾款。

请问，B 公司能否得到法院的支持呢？

从合同约定的形式上看，由于 A 公司未加盖公章，2019 年 3 月的合同并未按照双方的约定生效。然而，考虑到实际情况：B 公司已经履行了主要义务即交付了货物，而 A 公司不仅收货还支付了首期货款 50 万元，这表明 A 公司实际上接受了 B 公司的履行。根据《民法典》第四百九十条的相关规定，虽然合同形式上存在瑕疵，但双方的实际行为已经构成了合同的履行和接受。因此，可以认为 2019 年 3 月的合同在实质上已经成立并生效，B 公司的请求会得到法院的支持。

案例 16：合同约定盖章生效，未盖章仅有法定代表人签字生效吗（合同未实际履行）

G 有限公司（以下简称 G 公司）注册资本 3000 万元，甲持有公司 60% 的股权，乙持有公司 30% 的股权，丙持有公司 10% 的股权。G 公司董事会由三人组成，甲为董事长及法定代表人。G 公司章程规定，对外出租、转让公司主要资产时，需经董事会过半数决议通过。G 公司有一幢厂房，价值 2000 万元，是公司的主要资产，一直对外出租。

2021 年 9 月 10 日，原租赁 G 公司厂房的某公司租赁合同到期，不再续租。于是甲找到 L 公司，约定 G 公司以每平方米每天 2 元的价格租给 L 公司，并同意 L 公司转租，但转租期限不得超过双方的租赁期限。双方签订了《G 公司厂房出租合同》，L 公司签字并盖章，G 公司仅有甲签字，没有盖章，合同约定经双方盖章后生效。L 公司不知道《G 公司厂房出租合同》需要经过 G 公司董事会决议后方能生效。

2021 年 9 月 19 日，G 公司召开临时董事会会议，对《G 公司厂房出租合同》进行表决。除董事长甲同意外，其他两位董事均因合同约定价格过低、租期过长而未同意。

2021 年 10 月 8 日，L 公司与 S 公司签订了《G 公司厂房转租合同》，约定每平方米每天 3 元，租期 5 年。S 公司向 L 公司支付了定金 30 万元及 2 个月租金 60 万元。

2021 年 10 月 11 日，L 公司带 S 公司与 G 公司交接厂房，G 公司拒绝交接，理由是双方签订的《G 公司厂房出租合同》未达到生效条件。为此，S

公司将 L 公司起诉至法院。L 公司与 S 公司在法院开庭时达成和解，L 公司退还了 S 公司 90 万元，并支付了 20 万元的违约金。

L 公司向 S 公司支付违约金后，将 G 公司起诉至法院，要求 G 公司赔偿其支付给 S 公司的 20 万元违约金。

请问，法院是否会支持 L 公司的诉讼请求？

在本案中，虽然甲作为 G 公司的法定代表人签字，且 L 公司不知道 G 公司的章程关于重要资产对外出租需要经董事会决议方生效的规定，甲的行为构成表见代表。但是，《G 公司厂房出租合同》明确约定了"合同约定经双方盖章后生效"，而 G 公司未盖章。因此，该合同未达到约定的生效条件，对 G 公司不产生约束力，L 公司的诉讼请求不会得到法院的支持。

法律依据

《中华人民共和国公司法》（2023 年修订）

第十一条　法定代表人以公司名义从事的民事活动，其法律后果由公司承受。

公司章程或者股东会对法定代表人职权的限制，不得对抗善意相对人。

法定代表人因执行职务造成他人损害的，由公司承担民事责任。公司承担民事责任后，依照法律或者公司章程的规定，可以向有过错的法定代表人追偿。

第二十八条　公司股东会、董事会决议被人民法院宣告无效、撤销或者确认不成立的，公司应当向公司登记机关申请撤销根据该决议已办理的登记。

股东会、董事会决议被人民法院宣告无效、撤销或者确认不成立的，公司根据该决议与善意相对人形成的民事法律关系不受影响。

第三十四条　公司登记事项发生变更的，应当依法办理变更登记。

公司登记事项未经登记或者未经变更登记，不得对抗善意相对人。

第六十七条　有限责任公司设董事会，本法第七十五条另有规定的除外。

董事会行使下列职权：

（一）召集股东会会议，并向股东会报告工作；

（二）执行股东会的决议；

（三）决定公司的经营计划和投资方案；

（四）制订公司的利润分配方案和弥补亏损方案；

（五）制订公司增加或者减少注册资本以及发行公司债券的方案；

（六）制订公司合并、分立、解散或者变更公司形式的方案；

（七）决定公司内部管理机构的设置；

（八）决定聘任或者解聘公司经理及其报酬事项，并根据经理的提名决定聘任或者解聘公司副经理、财务负责人及其报酬事项；

（九）制定公司的基本管理制度；

（十）公司章程规定或者股东会授予的其他职权。

公司章程对董事会职权的限制不得对抗善意相对人。

第一百三十五条 上市公司在一年内购买、出售重大资产或者向他人提供担保的金额超过公司资产总额百分之三十的，应当由股东会作出决议，并经出席会议的股东所持表决权的三分之二以上通过。

第一百八十八条 董事、监事、高级管理人员执行职务违反法律、行政法规或者公司章程的规定，给公司造成损失的，应当承担赔偿责任。

第一百九十二条 公司的控股股东、实际控制人指示董事、高级管理人员从事损害公司或者股东利益的行为的，与该董事、高级管理人员承担连带责任。

《中华人民共和国民法典》

第一百五十七条 民事法律行为无效、被撤销或者确定不发生效力后，行为人因该行为取得的财产，应当予以返还；不能返还或者没有必要返还的，应当折价补偿。有过错的一方应当赔偿对方由此所受到的损失；各方都有过错的，应当各自承担相应的责任。法律另有规定的，依照其规定。

第一百七十二条 行为人没有代理权、超越代理权或者代理权终止后，仍然实施代理行为，相对人有理由相信行为人有代理权的，代理行为有效。

第四百九十条 当事人采用合同书形式订立合同的，自当事人均签名、盖章或者按指印时合同成立。在签名、盖章或者按指印之前，当事人一方已经履行主要义务，对方接受时，该合同成立。

法律、行政法规规定或者当事人约定合同应当采用书面形式订立，当事人未采用书面形式但是一方已经履行主要义务，对方接受时，该合同成立。

第五百零四条 法人的法定代表人或者非法人组织的负责人超越权限订

立的合同，除相对人知道或者应当知道其超越权限外，该代表行为有效，订立的合同对法人或者非法人组织发生效力。

《最高人民法院关于适用〈中华人民共和国民法典〉合同编通则若干问题的解释》

第二十条 法律、行政法规为限制法人的法定代表人或者非法人组织的负责人的代表权，规定合同所涉事项应当由法人、非法人组织的权力机构或者决策机构决议，或者应当由法人、非法人组织的执行机构决定，法定代表人、负责人未取得授权而以法人、非法人组织的名义订立合同，未尽到合理审查义务的相对人主张该合同对法人、非法人组织发生效力并由其承担违约责任的，人民法院不予支持，但是法人、非法人组织有过错的，可以参照民法典第一百五十七条的规定判决其承担相应的赔偿责任。相对人已尽到合理审查义务，构成表见代表的，人民法院应当依据民法典第五百零四条的规定处理。

合同所涉事项未超越法律、行政法规规定的法定代表人或者负责人的代表权限，但是超越法人、非法人组织的章程或者权力机构等对代表权的限制，相对人主张该合同对法人、非法人组织发生效力并由其承担违约责任的，人民法院依法予以支持。但是，法人、非法人组织举证证明相对人知道或者应当知道该限制的除外。

法人、非法人组织承担民事责任后，向有过错的法定代表人、负责人追偿因越权代表行为造成的损失的，人民法院依法予以支持。法律、司法解释对法定代表人、负责人的民事责任另有规定的，依照其规定。

第二十一条 法人、非法人组织的工作人员就超越其职权范围的事项以法人、非法人组织的名义订立合同，相对人主张该合同对法人、非法人组织发生效力并由其承担违约责任的，人民法院不予支持。但是，法人、非法人组织有过错的，人民法院可以参照民法典第一百五十七条的规定判决其承担相应的赔偿责任。前述情形，构成表见代理的，人民法院应当依据民法典第一百七十二条的规定处理。

合同所涉事项有下列情形之一的，人民法院应当认定法人、非法人组织的工作人员在订立合同时超越其职权范围：

（一）依法应当由法人、非法人组织的权力机构或者决策机构决议的事项；

（二）依法应当由法人、非法人组织的执行机构决定的事项；

（三）依法应当由法定代表人、负责人代表法人、非法人组织实施的事项；

（四）不属于通常情形下依其职权可以处理的事项。

合同所涉事项未超越依据前款确定的职权范围，但是超越法人、非法人组织对工作人员职权范围的限制，相对人主张该合同对法人、非法人组织发生效力并由其承担违约责任的，人民法院应予支持。但是，法人、非法人组织举证证明相对人知道或者应当知道该限制的除外。

法人、非法人组织承担民事责任后，向故意或者有重大过失的工作人员追偿的，人民法院依法予以支持。

第二十二条 法定代表人、负责人或者工作人员以法人、非法人组织的名义订立合同且未超越权限，法人、非法人组织仅以合同加盖的印章不是备案印章或者系伪造的印章为由主张该合同对其不发生效力的，人民法院不予支持。

合同系以法人、非法人组织的名义订立，但是仅有法定代表人、负责人或者工作人员签名或者按指印而未加盖法人、非法人组织的印章，相对人能够证明法定代表人、负责人或者工作人员在订立合同时未超越权限的，人民法院应当认定合同对法人、非法人组织发生效力。但是，当事人约定以加盖印章作为合同成立条件的除外。

合同仅加盖法人、非法人组织的印章而无人员签名或者按指印，相对人能够证明合同系法定代表人、负责人或者工作人员在其权限范围内订立的，人民法院应当认定该合同对法人、非法人组织发生效力。

在前三款规定的情形下，法定代表人、负责人或者工作人员在订立合同时虽然超越代表或者代理权限，但是依据民法典第五百零四条的规定构成表见代表，或者依据民法典第一百七十二条的规定构成表见代理的，人民法院应当认定合同对法人、非法人组织发生效力。

第二十三条 法定代表人、负责人或者代理人与相对人恶意串通，以法人、非法人组织的名义订立合同，损害法人、非法人组织的合法权益，法人、非法人组织主张不承担民事责任的，人民法院应予支持。法人、非法人组织请求法定代表人、负责人或者代理人与相对人对因此受到的损失承担连带赔偿责任的，人民法院应予支持。

根据法人、非法人组织的举证，综合考虑当事人之间的交易习惯、合同在订立时是否显失公平、相关人员是否获取了不正当利益、合同的履行情况等因素，人民法院能够认定法定代表人、负责人或者代理人与相对人存在恶意串通的高度可能性的，可以要求前述人员就合同订立、履行的过程等相关事实作出陈述或者提供相应的证据。其无正当理由拒绝作出陈述，或者所作陈述不具合理性又不能提供相应证据的，人民法院可以认定恶意串通的事实成立。

第二节　法定代表人违反公司法规定对外担保的效力

公司法规定，公司对外担保时，需要按照公司章程的规定由董事会或者股东会决议；如果章程对担保的数额有限制，则不能超过章程规定的限额。实务中，许多企业家通常认为，只要签订了担保协议，或者说公司作为担保方在主合同中盖章确认担保就可以了，而未关注提供担保的公司是否履行了内部审批手续。这往往会导致公司的担保无效，最终无法实现自己的担保债权，造成损失。

那么，公司法定代表人违反公司章程规定的担保决议程序，对外签订担保协议，究竟会产生怎样的后果呢？当提供担保的公司没有履行内部的担保决议程序导致担保协议无效时，公司是否就完全没有赔偿责任呢？今天我们通过具体案例来探讨一下这个问题。

我们主要讨论以下6种情形：

案例1：公司对外签订担保合同但未履行公司法规定的担保决议程序，相对人也未要求公司出示内部决议；

案例2：公司对外签订担保合同但未履行公司法规定的担保决议程序，相对人要求公司出示内部决议，公司承诺给但一直没有提供；

案例3：公司为全资子公司提供担保，但未履行内部决议程序；

案例4：公司为他人交易连续担保时，最后一次未履行内部决议程序；

案例5：上市公司对外提供担保时；

案例6：一人有限公司为其股东借款提供担保，未履行公司内部决议程序。

案例1：公司对外签订担保合同但未履行公司法规定的担保决议程序，相对人也未要求公司出示内部决议

A有限公司（以下简称A公司）注册资本1亿元，法定代表人为李某。公司章程规定公司对外担保需经董事会决议通过，且公司承担的担保总额不能超过公司注册资本的5%，即500万元。A公司董事会有3人，李某为董事长。

李某的朋友王某为B公司的法定代表人。B公司经营中因资金紧张，需要临时流动资金800万元，于是王某找到李某，希望能为其向周某借款提供担保。作为朋友，李某同意了。2020年8月1日，周某借给B公司800万元，A公司为担保人。三方签订了借款协议及担保协议，借期为一年，年利率10%；担保期限为自债务到期后两年，担保方式为连带保证责任，担保的范围为借款本金、利息及实现债权的费用。A公司未召开董事会对担保事项进行表决。

2021年8月1日，B公司借款到期，资金周转仍然困难，无法偿还周某的借款及利息。

2021年8月10日，周某将B公司及担保方A公司一并起诉至法院，要求偿还本金800万元及利息80万元。

问题1：在这个案件当中，担保协议有效吗？

问题2：如果担保协议无效，A公司需要承担赔偿责任吗？

在这个案件中，A公司的担保未履行公司法规定的担保决议程序。A公司的章程规定担保需要董事会表决通过，且担保总额不能超过500万元。周某在签订担保协议时，没有要求A公司提供董事会决议或股东会决议，因此周某不是善意相对人。所以，根据这些情况，担保协议会被判定为无效。

关于A公司是否需要承担赔偿责任的问题，需要具体分析A公司和周某的过错程度。周某未要求A公司出示内部担保决议，具有过错；A公司是否具有过错，要依据具体情况判定，如果A公司有过错，则根据《民法典担保解释》第十七条的规定，法院可能会判A公司承担B公司未清偿债务的二分之一，即 440 万元以内的责任；如果 A 公司无过错，则不需要承担赔偿责任。

案例 2：公司对外签订担保合同但未履行公司法规定的担保决议程序，相对人要求公司出示内部决议，公司承诺给但一直没有提供

我们继续上面的案例。假设在案例 1 中，周某签订协议时要求 A 公司出示董事会决议或股东会决议。A 公司的法定代表人承诺协议签订后 15 日内提供给周某所需的决议文件。然而，协议签订后 30 日内，周某多次向 A 公司的法定代表人催要决议文件，A 公司的法定代表人都承诺会提供，但一直未兑现承诺。

针对上述情况，请问周某与 A 公司签订的担保协议是否有效？如果无效，那么 A 公司在 B 公司到期不能偿还债务时应该承担怎样的赔偿责任？

在案例 2 中，由于 A 公司未履行公司法规定的担保决议程序，担保协议可能会被判定为无效。周某已经要求 A 公司提供决议文件并多次催要，因此周某没有过错。而 A 公司未按照承诺提供决议文件，存在明显的过错。因此，法院可能判 A 公司在 B 公司未能清偿的金额范围内承担全部责任，即在 880 万元的范围内承担责任。

案例 3：公司为全资子公司提供担保，但未履行内部决议程序

我们继续上面的案例。A1 有限公司是 A 公司的全资子公司，A1 公司因经营需要向刘某借款 1000 万元。2020 年 5 月 6 日，刘某借款 1000 万元给 A1 公司，双方签订了借款协议和担保协议。借期半年，利息为年化 12%；担保期限为借款到期后两年。在签订担保协议时，刘某未要求 A 公司提供董事会决议或股东会决议。2020 年 11 月 6 日，因 A1 公司到期未偿还借款，刘某将 A1 公司及 A 公司一并起诉到法院，要求偿还本金 1000 万元以及利息 60 万元。

问题 1：担保协议是否有效？

问题 2：A 公司是否应当承担担保责任？

公司法虽然规定了公司对外担保需要履行担保决议程序，经过董事会或股东会决议，本案中需经董事会决议。但本案不同的是 A1 公司是 A 公司的全资子公司，且不是上市公司。根据《民法典担保司法解释》第八条、第九条的规定，担保协议有效，A 公司需要承担担保责任，偿还刘某本金 1000 万元及利息 60 万元。

案例 4：公司为他人交易连续担保时，最后一次未履行内部决议程序

H 公司于 2019 年为 M 公司向 N 公司的 1000 万元借款提供担保，但因担保未经公司章程规定的股东会决议程序而无效。2020 年 1 月，三方重新签订担保协议，并明确约定："因 2019 年担保协议未经股东会批准而无效，本次担保协议内容以 2020 年 1 月为准。"同时，H 公司也作出了相应的股东会决议，同意提供担保。借款到期后，M 公司向 N 公司偿还了本金及利息。

然而，在 2021 年 3 月，M 公司再次向 N 公司借款 800 万元，并签订了担保协议，由 H 公司提供担保。但这次 H 公司没有履行相应的股东会决议程序。2022 年借款到期后，由于 M 公司无力偿还，N 公司将 M 公司和 H 公司一并起诉至法院，要求 H 公司承担担保责任。

问题 1：2021 年 3 月的担保协议是否有效？

问题 2：如果 2021 年 3 月的担保协议无效，H 公司是否需要承担赔偿责任？

首先，2021 年 3 月的担保协议因未履行公司法规定的担保决议程序而无效。N 公司作为已经签订过一次担保协议的一方，明知 H 公司的对外担保需要经股东会决议，但在第三次签订担保协议时却未要求 H 公司出示股东会决议，明显具有过错，且属于非善意一方。H 公司在第三次签订担保协议中并没有过错，因此不需要承担赔偿责任。

案例 5：上市公司对外提供担保时

E 股份公司（以下简称 E 公司）为上市公司。L 公司为向郑某借款而请求 E 公司提供担保，各方签订了借款协议及担保协议。E1 公司为 E 公司的全资子公司，为向王某借款而请求 E 公司提供担保，各方也签订了相应的借款协议及担保协议。然而，E 公司章程明确规定对外担保需要经董事会决议，但在这两次担保中，E 公司均未作出过相应的董事会决议。

因债务到期未偿还，郑某将 L 公司与 E 公司起诉至法院，而王某也将 E1 公司及其母公司 E 公司起诉至法院。

问题 1：E 公司签订的上述两次担保协议是否有效？

问题 2：如果担保协议无效，E 公司是否需要承担赔偿责任？

在本案中，因为 E 公司是上市公司，上市公司的股东会决议、董事会决议在作出之后需要及时对外披露，所以公众很容易获得上市公司是否有作出对担保决议的信息。郑某与王某在未看到董事会决议的情况下，依旧与 E 公司签订了担保协议，明显是属于非善意。根据《民法典担保司法解释》第九条的规定，E 公司在两次担保中均不需要承担赔偿责任。

案例 6：一人有限公司为其股东借款提供担保，未履行公司内部决议程序

甲是 K 一人有限公司（以下简称 K 公司）的股东，甲向李某借款 1000 万元，K 公司提供担保，各方签订了借款协议及担保协议。甲到期无法偿还债务，李某将 K 公司及甲一并起诉至法院，要求承担连带赔偿责任。

另外，K 公司也为乙向王某借款 500 万元提供了担保。在提供担保时，K 公司的唯一股东甲作出了同意担保的决定。乙到期未偿还债务，王某因此将乙、K 公司及甲一并起诉至法院，要求承担连带赔偿责任。

问题 1：K 公司是否应当向李某、王某承担担保责任？

问题 2：如果 K 公司未能承担担保责任，甲是否需要承担连带责任？

作为一人公司，根据《民法典担保司法解释》第十一条的规定，即使没有任何股东会决议或董事会决议，一人公司为其股东提供担保的，只要该担保行为符合公司章程的规定并且不违反法律法规的强制性规定，担保协议就有效。因此，在本案中，如果 K 公司的章程允许为其股东提供担保，并且该担保行为没有违反法律法规的强制性规定，那么 K 公司应当向李某、王某承担担保责任。

根据《民法典担保司法解释》的相关规定，如果 K 公司的财产不足以承担担保责任，并且甲作为 K 公司的唯一股东不能证明其个人财产独立于 K 公司财产时，那么甲需要对 K 公司的债务承担连带责任。在本案中，如果 K 公司未能承担对李某的担保责任，并且甲不能证明其个人财产独立于 K 公司财产时，那么甲需要对李某的债务承担连带责任。对于 K 公司为乙向王某提供的 500 万元担保，如果 K 公司的财产不足以承担该担保责任，并且甲同样不能证明其个人财产独立于 K 公司财产时，甲也需要对该笔债务承担连带责任。

法律依据

《中华人民共和国公司法》（2023 年修订）

第十五条 公司向其他企业投资或者为他人提供担保，按照公司章程的规定，由董事会或者股东会决议；公司章程对投资或者担保的总额及单项投资或者担保的数额有限额规定的，不得超过规定的限额。

公司为公司股东或者实际控制人提供担保的，应当经股东会决议。

前款规定的股东或者受前款规定的实际控制人支配的股东，不得参加前款规定事项的表决。该项表决由出席会议的其他股东所持表决权的过半数通过。

《中华人民共和国民法典》

第三百八十八条 设立担保物权，应当依照本法和其他法律的规定订立担保合同。担保合同包括抵押合同、质押合同和其他具有担保功能的合同。担保合同是主债权债务合同的从合同。主债权债务合同无效的，担保合同无效，但是法律另有规定的除外。

担保合同被确认无效后，债务人、担保人、债权人有过错的，应当根据其过错各自承担相应的民事责任。

《最高人民法院关于适用〈中华人民共和国民法典〉有关担保制度的解释》

第七条 公司的法定代表人违反公司法关于公司对外担保决议程序的规定，超越权限代表公司与相对人订立担保合同，人民法院应当依照民法典第六十一条和第五百零四条等规定处理：

（一）相对人善意的，担保合同对公司发生效力；相对人请求公司承担担保责任的，人民法院应予支持。

（二）相对人非善意的，担保合同对公司不发生效力；相对人请求公司承担赔偿责任的，参照适用本解释第十七条的有关规定。

法定代表人超越权限提供担保造成公司损失，公司请求法定代表人承担赔偿责任的，人民法院应予支持。

第一款所称善意，是指相对人在订立担保合同时不知道且不应当知道法定代表人超越权限。相对人有证据证明已对公司决议进行了合理审查，人民法院应当认定其构成善意，但是公司有证据证明相对人知道或者应当知道决议系伪造、变造的除外。

第八条 有下列情形之一，公司以其未依照公司法关于公司对外担保的规定作出决议为由主张不承担担保责任的，人民法院不予支持：

（一）金融机构开立保函或者担保公司提供担保；

（二）公司为其全资子公司开展经营活动提供担保；

（三）担保合同系由单独或者共同持有公司三分之二以上对担保事项有表决权的股东签字同意。

上市公司对外提供担保，不适用前款第二项、第三项的规定。

第九条 相对人根据上市公司公开披露的关于担保事项已经董事会或者股东大会决议通过的信息，与上市公司订立担保合同，相对人主张担保合同对上市公司发生效力，并由上市公司承担担保责任的，人民法院应予支持。

相对人未根据上市公司公开披露的关于担保事项已经董事会或者股东大会决议通过的信息，与上市公司订立担保合同，上市公司主张担保合同对其不发生效力，且不承担担保责任或者赔偿责任的，人民法院应予支持。

相对人与上市公司已公开披露的控股子公司订立的担保合同，或者相对人与股票在国务院批准的其他全国性证券交易场所交易的公司订立的担保合同，适用前两款规定。

第十条 一人有限责任公司为其股东提供担保，公司以违反公司法关于公司对外担保决议程序的规定为由主张不承担担保责任的，人民法院不予支持。公司因承担担保责任导致无法清偿其他债务，提供担保时的股东不能证明公司财产独立于自己的财产，其他债权人请求该股东承担连带责任的，人民法院应予支持。

第十一条 公司的分支机构未经公司股东（大）会或者董事会决议以自己的名义对外提供担保，相对人请求公司或者其分支机构承担担保责任的，人民法院不予支持，但是相对人不知道且不应当知道分支机构对外提供担保未经公司决议程序的除外。

金融机构的分支机构在其营业执照记载的经营范围内开立保函，或者经有权从事担保业务的上级机构授权开立保函，金融机构或者其分支机构以违反公司法关于公司对外担保决议程序的规定为由主张不承担担保责任的，人民法院不予支持。金融机构的分支机构未经金融机构授权提供保函之外的担保，金融机构或者其分支机构主张不承担担保责任的，人民法院应予支持，但是相对人不知道且不应当知道分支机构对外提供担保未经金融机构授权的除外。

担保公司的分支机构未经担保公司授权对外提供担保，担保公司或者其分支机构主张不承担担保责任的，人民法院应予支持，但是相对人不知道且不应当知道分支机构对外提供担保未经担保公司授权的除外。

公司的分支机构对外提供担保，相对人非善意，请求公司承担赔偿责任的，参照本解释第十七条的有关规定处理。

第十二条 法定代表人依照民法典第五百五十二条的规定以公司名义加入债务的，人民法院在认定该行为的效力时，可以参照本解释关于公司为他人提供担保的有关规则处理。

第十七条 主合同有效而第三人提供的担保合同无效，人民法院应当区分不同情形确定担保人的赔偿责任：

（一）债权人与担保人均有过错的，担保人承担的赔偿责任不应超过债务人不能清偿部分的二分之一；

（二）担保人有过错而债权人无过错的，担保人对债务人不能清偿的部分承担赔偿责任；

（三）债权人有过错而担保人无过错的，担保人不承担赔偿责任。

主合同无效导致第三人提供的担保合同无效，担保人无过错的，不承担赔偿责任；担保人有过错的，其承担的赔偿责任不应超过债务人不能清偿部分的三分之一。

第三节 债权人保护

本次公司法的修订，根据司法实践中债权人保护的困境，增加了有限公司股东出资加速到期的条款，也将原来司法解释中实际控制人利用关联公司损害债权人的利益条款补充进公司法。这一章节我们从公司法的各个角度将其对债权人的保护条款梳理出来，供大家参考。

1.《公司法》第二十三条第一款规定，股东滥用公司法人独立地位和股东有限责任损害债权人利益的，对公司债务承担连带责任。

下面举例说明股东滥用公司法人独立地位和股东有限责任的情形。

案例1：股东滥用法人独立地位和股东有限责任的情形。

假设A有限公司，注册资本1000万元，股东张三持有公司90%的股权，李四拥有10%的股权。公司在经营中欠甲500万元即将到期需要偿还，张三不想 A 公司偿还这笔债务，于是为了逃避公司即将面临的债务，经过股东会决议，将公司最重要的资产低价卖给张三和李四持股的另一家公司。张三和李四将 A 公司这些重要资产转移后，公司无法按时偿还甲的债务，导致债权人甲遭受损失。

在这个案例中，张三和李四的行为明显滥用了公司的法人独立地位。他们利用公司法人身份作为掩护，通过不正当的资产转移手段，将公司的财产转移到另外一家公司，从而逃避了 A 公司的债务责任。这种行为严重损害了债权人甲的利益，张三和李四应当对 A 公司的债务承担连带责任。

2.《公司法》第二十三条第二款规定"股东利用其控制的两个以上公司实施前款规定行为的，各公司应当对任一公司的债务承担连带责任"，我们用案例来说明此种情形。

案例 2：股东利用其控制的两个以上公司实施滥用法人独立地位和股东有限责任的情形

假设 B 大型制造公司的股东王五是公司控股股东，同时，王五还实际控制了其他 3 家与该公司业务高度相关的公司。这些公司在法律上虽然都是独立的法人实体，但实际上它们的经营决策、资金使用和利益分配都由王五完全掌控。

为了将自己的利益最大化，王五利用这些公司的关联关系进行不公平交易，将制造公司的利润转移到自己控制的其他公司中。例如，制造公司可能以低于市场价的价格向王五控制的其他公司销售产品，或者以高于市场价的价格从王五控制的其他公司购买原材料。这些不公平交易使得制造公司的财务状况逐渐恶化，而王五控制的其他公司，则因此获得了不正当利益。

随着制造公司的财务状况恶化，其逐渐无法按时偿还债务，导致债权人遭受损失。然而，由于这些不公平交易都是通过法人实体进行的，王五作为控股股东利用法人独立地位来逃避个人责任。

在这种情形下，王五明显滥用了法人独立地位，通过不公平关联交易损害了债权人的利益。根据《公司法》第二十三条第二款的规定，王五控制的所有关联公司都需要对 B 公司的债务承担连带责任。

3.《公司法》第二十三条第三款规定了一人公司股东，当股东不能证明公司财产独立于股东自己的财产时，对公司债务承担连带责任。

案例3：一人公司股东财产与公司财产混同的情形

假设H公司是一人有限责任公司，其唯一的股东是郑某。郑某在经营H公司的过程中，未能清晰区分个人财产和公司财产，导致两者之间存在严重的混同现象。具体来说，他经常将公司的资金转入个人账户，用于个人消费或投资其他项目。同时，他也经常使用个人账户支付公司的运营费用或购买公司所需的物资。郑某也经常将家庭的消费拿到公司充成本。这种资金往来的混同使得公司财产和个人财产之间的界限变得模糊不清，虚增公司成本导致公司欠债无法偿还。

当H公司面临债务纠纷时，郑某无法证明H公司的财产独立于自己的财产，因此需要对公司的债务承担连带责任。

4.《公司法》第四十四条规定，当公司未能设立时，设立时的股东对设立公司期间从事的民事行为所产生的债务承担连带责任。

案例4：公司未设立时，股东对设立期间所产生的债务承担连带责任

股东甲、乙为了经营饭店的业务，打算共同设立K有限公司。甲、乙雇用了小张负责办理公司设立的手续，同时向老王租赁了其拥有的位于某住房一楼的两间门面房，并签订了为期10年的租赁协议。然而，在小张办理公司设立的过程中，发现所租赁的门面房不允许从事使用明火的餐饮业务，导致公司未能成功设立。值得注意的是，甲、乙在向老王租赁门面房时并未说明将从事使用明火的餐饮业务。因此，当K公司未能设立时，股东甲、乙需要按照各自的出资比例或约定来承担欠小张的工资、欠老王的租金以及因解约而产生的违约赔偿责任。

5.《公司法》第五十四条规定，当公司不能清偿到期债务时，股东认缴的出资加速到期。

案例5：股东认缴的出资，因公司不能清偿到期债务而加速到期

T有限公司（以下简称T公司）注册资本1000万元，公司设立于2024年7月10日。甲认缴出资600万元，实缴60万元，持有公司60%的股权；乙认缴出资400万元，实缴出资40万元，持有公司40%的股权。甲、乙认缴的出资于2026年12月31日前缴足。

公司经营至2025年8月1日，欠张三的500万元债务到期未能偿还，张三将T公司及甲、乙起诉至法院。

由于T公司欠张三的500万元债务到期未能偿还，甲、乙的出资在500万元的范围内加速到期，其中甲应当补足出资300万元，乙补足出资200万元，用于偿还张三的债务。

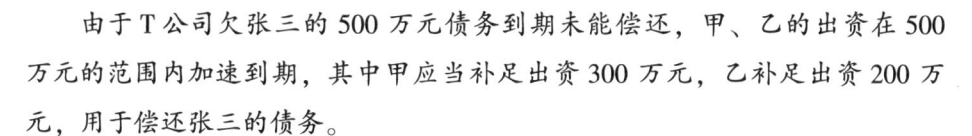

6. 公司合并时债权人要求立即清偿或提供担保的权利。

《公司法》第二百二十条规定，当公司合并时，需要在股东会决议作出之日起10日通知债权人，30日内进行公告。接到通知的债权人30日内、未接到通知的债权人自公告之日起45日内，有权要求公司清偿债务或提供担保。债权人要求清偿的债务包含未到期的债务。合并后存续的公司对合并前的公司债务承担责任。

案例6：公司合并时债权人要求清偿债务或提供担保的权利

A公司注册资本为1000万元，股东甲持有公司70%的股权、股东乙持有公司30%的股权，注册资本已实缴。A公司经营至2023年8月1日，净资产为2000万元，有对外债务500万元，债务到期日为2024年1月1日，债权人为王某。

B公司注册资本为1000万元，股东丙持有公司30%的股权、股东丁持有公司50%的股权、股东戊持有公司20%的股权，注册资本已实缴。公司经营到2023年8月1日，净资产为500万元，有对外债务1000万元，债务到期日为2024年1月30日，债权人为李某。

2023年8月1日，A公司与B公司分别作出股东会决议，决定A公司与B公司合并。合并后，A公司继续存续，而B公司进入注销程序。A公司与B公司当日进行了公示。合并后A公司注册资本为2000万元，甲持有公司52.42%的股权、乙持有公司22.58%的股权、丙持有公司4.5%的股权、丁持有公司7.5%的股权、戊持有公司3%的股权。

A公司于2023年8月2日通知债权人王某，王某要求立即清偿债务。A公司于合并前支付王某500万元。

B公司于2023年8月2日通知了债权人李某。李某了解到合并后A公司更有实力偿还其债务，于是同意合并，也未要求立即清偿或提供担保。

2023年9月16日公示期满，债权人要求公司清偿债务或提供担保的截止日期也已经过去。A公司与B公司正式合并为新的A公司，B公司进入注销程序。

7. 公司分立后,对公司分立前的债务承担连带清偿责任,另有约定的除外。

《公司法》第二百二十三条规定,公司分立后对分立前的债务承担连带责任。

案例7:公司分立后对分立前的债务承担连带责任

M有限公司于2016年设立,注册资本1000万元。股东甲持有公司40%的股权,股东乙持有公司30%的股权,股东丙持有公司20%的股权,股东丁持有公司10%的股权。公司经营至2020年9月1日,净资产达3000万元。公司有对外债务1000万元,分别是债权人张某持有700万元的债权和王某持有300万元的债权。公司主营业务为机器人设计和动漫设计。

由于股东间的矛盾,最后于2020年9月1日召开股东会,决定M公司分立为M公司和N公司。其中M公司注册资本700万元,净资产2100万元,债务700万元,主营业务为机器人设计,股东甲持有M公司57.14%的股权,乙持有M公司42.86%的股权;N公司注册资本300万元,股东丙持有N公司66.67%的股权、股东丁持有N公司33.33%的股权,净资产900万元,债务300万元,主营业务为动漫设计。

公司于2020年9月1日当天通知了债权人张某和王某。张某与王某在公司分立时没有要求公司立即清偿债务或提供担保,如果张某与王某没有和分立后的公司达成债务偿还协议,则分立后的M公司和N公司对二人债务承担连带责任。张某是甲的朋友,也相信甲,不想以后找N公司要钱。于是张某与M公司和N公司达成债务偿还协议。协议约定:M公司欠张某700万元,由分立后的M公司承担;若M公司未能偿还债务,则N公司承担补充偿还责任。王某没有对分立前M公司欠其的300万元作出另外的约定。这样,分立后的M公司和N公司对王某的债务承担连带责任;分立后的M公司对张某的债务承担偿还责任,N公司承担补充偿还责任。

8. 公司减少注册资本时,债权人有权要求公司清偿债务或提供担保。

《公司法》第二百二十四条规定,公司在作出减少注册资本决议后10日内通知债权人,30日内进行公告;接到通知的债权人在30日内、未接到通知的债权人自公告之日起45日内有权要求公司清偿债务或提供担保。

案例 8：公司减少注册资本时，债权人有权要求清偿债务或提供担保

T 公司于 2018 年成立，注册资本 5000 万元。股东甲认缴出资 3000 万元，实缴 300 万元，持有公司 60% 的股权；股东乙认缴出资 1000 万元，实缴出资 100 万元，持有公司 20% 的股权；股东丙认缴出资 1000 万元，实缴出资 100 万元，持有公司 20% 的股权。认缴的注册资本于 2023 年 12 月 31 日前缴足。

公司经营到 2023 年 10 月 31 日，有未分配利润 2500 万元，法定公积金 500 万元。公司因经营产生的未到期应付账款为 1000 万元，债权人为 L 公司。公司决定将 2500 万元未分配利润转增注册资本，各股东按实缴持股比例享有转增后的注册资本。扣除应缴纳的税费 500 万元后，公司将 2000 万元转增为公司注册资本，此时公司注册资本增至 7000 万元，但仍有 4500 万元需要缴足。

随后股东认为此举不妥，于是在 2023 年 11 月 1 日召开股东会并决议减资 4500 万元，各股东按比例进行减资。该决议于当日通知了公司债权人 L 公司，并进行了公示。

L 公司接到通知后要求公司立即清偿债务 1000 万元。为实现减资目标，T 公司立即支付了 L 公司的未到期应付账款。公示 30 日期满后，T 公司进行了减资操作，减资后公司注册资本降至 2500 万元，各股东持股比例不变。

9. 公司清算后、股东分配财产前需要先清偿债务。

《公司法》第二百三十六条规定，公司在清算时，需要"分别支付清算费用、职工的工资、社会保险费用和法定补偿金，缴纳所欠税款，清偿公司债务后的剩余财产"，股东才可以分配。

案例 9：公司清算后、股东分配财产前需要先清偿债务

W 公司注册资本 1000 万元，股东甲持有公司 60% 的股权，股东乙持有公司 40% 的股权。公司经营至 2020 年 12 月 1 日，因资金链断裂，被债权人张某起诉至法院，随后进入破产程序。

公司破产前的净资产为 5000 万元，同时欠债权人张某 1000 万元、员工工资及社保费用 90 万元、税款 50 万元。经过清算，产生破产费用 35 万元。公司资产变卖后获得现金 1500 万元，按照优先顺序支付：首先支付破产费用 35 万元，然后支付员工工资及社保费用 90 万元，再支付税款 50 万元。支付完这些费用后，剩余现金为 1325 万元。

接下来，公司向债权人张某支付 1000 万元，剩余现金为 325 万元。最后，各股东按照持股比例对这 325 万元进行分配。

10. 公司通过简易程序注销后，股东对公司注销前未清偿的债务承担连带责任。

《公司法》第二百四十条规定，公司在经简易注销后，股东对公司注销前未清偿的债务承担连带责任。

案例 10：公司简易注销后，股东对公司注销前未清偿的债务承担连带责任

L 公司设立于 2019 年 9 月 1 日，注册资本 1000 万元，实缴 100 万元。股东甲持有公司 60% 的股权，实缴 60 万元；股东乙持有公司 40% 的股权，实缴 40 万元。公司至 2020 年 5 月 1 日未实际开展经营，股东甲和乙决定注销。经股东会决议后，作出注销决定。之后通过简易程序进行了注销，公司于 2020 年 5 月 31 日完成注销。简易注销程序即为公司税务清算后，各股东对公司债务作出承诺书，承诺书经工商网站公示 20 日后，办理注销手续，完成注销。

在 2019 年 12 月 1 日，L 公司曾为 M 公司向李某借款 500 万元提供担保，M 公司应当于 2021 年 12 月 1 日前偿还李某 500 万元。2021 年 12 月 5 日，李某要求 M 公司还款，但 M 公司无力偿还。当李某要求 L 公司偿还时，发现 L 公司已注销。于是李某将甲和乙起诉至法院，要求他们承担担保责任。后经法院判决，甲和乙对欠李某的 500 万元承担连带责任。二人分别按持股比例偿还了李某 300 万元和 200 万元。在承担责任后，甲和乙将 M 公司起诉至法院。

11. 外资机构将设在中国境内的分支机构的财产转移出中国时，需要清偿债务。

《公司法》第二百四十九条规定，外国分支机构将财产转移出中国前，需要清偿债务并依法清算。

案例 11：外国分支机构将财产转移出中国前需要先清偿债务

HLM 公司是一家注册在法国的公司。2019 年 6 月，HLM 公司在上海设立 H 分支机构。因特殊情形发生，2020 年 3 月 1 日，HLM 公司决定关闭 H 分支机构，并将分支机构账户内的 1000 万美元先行汇出中国，然后变卖工程结束运营。分支机构于 2019 年 12 月进行的一项工程尚未进行清算，其中欠 A 公司工程款人民币 5000 万元。因此，分支机构需要先支付 A 公司人民币 5000 万元工程款，变卖工程后进行清算，方可将剩余财产转移至境外。

12. 公司在清算时，如果未清偿债务前分配公司财产的，登记机关有权处罚。

《公司法》第二百五十六条规定，公司清算时，在未清偿债务前分配公司财产的，公司登记机关有权对公司处以未清偿债务前分配公司财产金额5%以上10%以下的罚款；对直接负责的主管人员和其他直接责任人员处以1万元以上10万元以下的罚款。

案例12：公司在清算时，如果未清偿债务即进行财产分配，登记机关有权罚款

L公司注册于A地，有股东甲、乙二人。L公司于2020年7月16日经股东会决议结束经营。公司经过清算，剩余财产为900万元。于是股东按比例进行了分配，公司于2021年9月12日注销。L公司于2018年欠W公司30万元加工费尾款未支付。W公司投诉到A地市场监督管理局，并向法院提起诉讼，要求L公司的原股东进行偿还。A地市场监督管理局收到投诉后，经向股东核实，股东承认确实有30万元加工费未付，由于公司管理不善以及W公司在过去的两年也没有催款，因此时间久了就忘记了。由于L公司已注销，于是A地市场监督管理局分别对每位股东处以5万元的罚款。

法律依据

《中华人民共和国公司法》（2023年修订）

第二十三条 公司股东滥用公司法人独立地位和股东有限责任，逃避债务，严重损害公司债权人利益的，应当对公司债务承担连带责任。

股东利用其控制的两个以上公司实施前款规定行为的，各公司应当对任一公司的债务承担连带责任。

只有一个股东的公司，股东不能证明公司财产独立于股东自己的财产的，应当对公司债务承担连带责任。

第四十四条 有限责任公司设立时的股东为设立公司从事的民事活动，其法律后果由公司承受。

公司未成立的，其法律后果由公司设立时的股东承受；设立时的股东为二人以上的，享有连带债权，承担连带债务。

设立时的股东为设立公司以自己的名义从事民事活动产生的民事责任，

第三人有权选择请求公司或者公司设立时的股东承担。

设立时的股东因履行公司设立职责造成他人损害的，公司或者无过错的股东承担赔偿责任后，可以向有过错的股东追偿。

第五十四条 公司不能清偿到期债务的，公司或者已到期债权的债权人有权要求已认缴出资但未届出资期限的股东提前缴纳出资。

第二百二十条 公司合并，应当由合并各方签订合并协议，并编制资产负债表及财产清单。公司应当自作出合并决议之日起十日内通知债权人，并于三十日内在报纸上或者国家企业信用信息公示系统公告。债权人自接到通知之日起三十日内，未接到通知的自公告之日起四十五日内，可以要求公司清偿债务或者提供相应的担保。

第二百二十一条 公司合并时，合并各方的债权、债务，应当由合并后存续的公司或者新设的公司承继。

第二百二十三条 公司分立前的债务由分立后的公司承担连带责任。但是，公司在分立前与债权人就债务清偿达成的书面协议另有约定的除外。

第二百二十四条 公司减少注册资本，应当编制资产负债表及财产清单。

公司应当自股东会作出减少注册资本决议之日起十日内通知债权人，并于三十日内在报纸上或者国家企业信用信息公示系统公告。债权人自接到通知之日起三十日内，未接到通知的自公告之日起四十五日内，有权要求公司清偿债务或者提供相应的担保。

公司减少注册资本，应当按照股东出资或者持有股份的比例相应减少出资额或者股份，法律另有规定、有限责任公司全体股东另有约定或者股份有限公司章程另有规定的除外。

第二百三十六条 清算组在清理公司财产、编制资产负债表和财产清单后，应当制订清算方案，并报股东会或者人民法院确认。

公司财产在分别支付清算费用、职工的工资、社会保险费用和法定补偿金，缴纳所欠税款，清偿公司债务后的剩余财产，有限责任公司按照股东的出资比例分配，股份有限公司按照股东持有的股份比例分配。

清算期间，公司存续，但不得开展与清算无关的经营活动。公司财产在未依照前款规定清偿前，不得分配给股东。

第二百四十条 公司在存续期间未产生债务，或者已清偿全部债务的，经全体股东承诺，可以按照规定通过简易程序注销公司登记。

通过简易程序注销公司登记，应当通过国家企业信用信息公示系统予以公告，公告期限不少于二十日。公告期限届满后，未有异议的，公司可以在二十日内向公司登记机关申请注销公司登记。

公司通过简易程序注销公司登记，股东对本条第一款规定的内容承诺不实的，应当对注销登记前的债务承担连带责任。

第二百四十九条　外国公司撤销其在中华人民共和国境内的分支机构时，应当依法清偿债务，依照本法有关公司清算程序的规定进行清算。未清偿债务之前，不得将其分支机构的财产转移至中华人民共和国境外。

第二百五十六条　公司在进行清算时，隐匿财产，对资产负债表或者财产清单作虚假记载，或者在未清偿债务前分配公司财产的，由公司登记机关责令改正，对公司处以隐匿财产或者未清偿债务前分配公司财产金额百分之五以上百分之十以下的罚款；对直接负责的主管人员和其他直接责任人员处以一万元以上十万元以下的罚款。

· 第七章 ·
股东权益与自我保护

第一节　股东权利义务来源及内容

股东的权利义务来源主要有三方面：法律法规规定、公司章程规定、股东间投资协议约定。这里主要讨论法律法规规定，即公司法规定的股东权利和义务。

公司法对股东权利义务的规定内容比较分散，这里将其归纳起来方便大家理解。

一、公司法规定的股东权利

1. 资产收益权

《公司法》第四条第二款规定："公司股东对公司依法享有资产收益、参与重大决策和选择管理者等权利。"

资产收益包括：企业分红收益、转让股权收益，取得分配的清算资产。

《公司法》第二百一十条第四款规定："公司弥补亏损和提取公积金后所余税后利润，有限责任公司按照股东实缴的出资比例分配利润，全体股东约定不按照出资比例分配利润的除外；股份有限公司按照股东所持有的股份比例分配利润，公司章程另有规定的除外。"

2. 参与重大决策权

重大决策权：股东所持有的表决权。

股东通过股东会行使对重大决策的表决权，如公司增资、减资、合并、分立、修改公司章程、转让主要财产、担保、解散、清算、变更公司形式、发行债券、决定分配利润、弥补亏损、审议批准董事会及监事会的报告等。

3. 选择管理者等权利

选择管理者权利：选举董事、董事长、监事、董事会秘书等权利。股东通过股东会行使选举的权利，有限公司也可通过股东指定的方式来行使选择管理者的权利。通过董事会间接行使经理、财务负责人的聘任权利等。

股东会可以作出决议解聘董事。

4. 选择外部机构的权利

通过董事会间接行使审计机构的聘任权利。

5. 出资形式选择权

《公司法》第四十八条第一款规定，股东可以用货币出资，也可以用实物、知识产权、土地使用权、股权、债权等可以用货币估价并可以依法转让的非货币财产作价出资。

6. 获得《出资证明书》的权利

《公司法》第五十五条第一款规定，有限责任公司成立后，应当向股东签发出资证明书。

7. 被记载于《股东名册》的权利

8. 股东知情权

《公司法》第五十七条规定，有限公司"股东有权查阅、复制公司章程、股东名册、股东会会议记录、董事会会议决议、监事会会议决议和财务会计报告。股东可以要求查阅公司会计账簿、会计凭证"。

《公司法》第一百一十条规定，股份公司股东有权查阅、复制公司章程、股东名册、股东会会议记录、董事会会议决议、监事会会议决议、财务会计报告，对公司的经营提出建议或者质询。连续一百八十日以上单独或者合计持有公司百分之三以上股份的股东有权要求查阅公司的会计账簿、会计凭证。

9. 提议召开临时股东会的权利

《公司法》第六十二条规定，代表十分之一以上表决权的股东，有权提议召开临时股东会。第一百一十四条规定，单独或合计持有百分之十以上股份的股东有权提议召开临时股东会。

10. 股东通过章程约定股东会及董事会的召开程序及方式

《公司法》第六十六条规定，股东会的议事方式和表决程序，除本法有规定的外，由公司章程规定。第七十三条规定，董事会的议事方式和表决程序，除本法有规定的外，由公司章程规定。第八十一条第二款规定，监事会的议事方式和表决程序，除本法有规定的外，由公司章程规定。

11. 规模小的有限公司股东有权决定公司不设监事

《公司法》第八十三条规定，经全体股东一致同意，也可以不设监事。

第七章 股东权益与自我保护

12. 股东所持股权的转让权。

《公司法》第八十四条规定，有限公司的股东之间可以相互转让其全部或者部分股权，股东也可以向股东以外的人转让股权。

13. 股东的优先购买权

《公司法》第八十四条第二款规定，有限公司股东对外转让股权时，其他股东在同等条件下有优先购买权，但章程另有规定的除外。章程可以规定其他股东没有优先购买权，也可以规定其他股东中谁有优先购买权等。

14. 小股东的异议回购权

《公司法》第八十九条第一款规定，有限公司"有下列情形之一的，对股东会该项决议投反对票的股东可以请求公司按照合理的价格收购其股权：（一）公司连续五年不向股东分配利润，而公司该五年连续盈利，并且符合本法规定的分配利润条件；（二）公司合并、分立、转让主要财产；（三）公司章程规定的营业期限届满或者章程规定的其他解散事由出现，股东会通过决议修改章程使公司存续"；第一百六十一条、第一百六十二条第一款规定了股份公司的股东也拥有上述权利。

15. 有限公司小股东利益被控股股东严重损害时的回购权

《公司法》第八十九条第三款规定，在有限公司的控股股东滥用股东权利，严重损害公司或者其他股东利益的，其他股东有权请求公司按照合理的价格收购其股权。

16. 自然人股东所持股权的被继承

《公司法》第九十条、第一百六十七条均规定，自然人股东死亡后，其合法继承人可以继承股东资格；但是，公司章程另有规定的除外。

17. 股份公司股东在股票被盗、遗失或灭失时，有权通过人民法院宣告股票失效并向公司申请补发

《公司法》第一百六十四条规定，股份公司股东在股票被盗、遗失或者灭失时，可以依照《中华人民共和国民事诉讼法》规定的公示催告程序，请求人民法院宣告该股票失效。人民法院宣告该股票失效后，股东可以向公司申请补发股票。

18. 股东通过股东会表决或间接通过董事会表决，对董事、监事、高级管理人员与公司利益相关的行为作出是否允许的决定

《公司法》第一百八十二条至第一百八十四条规定，未经股东会或董事会

作出允许的决议时，上述人员不得有以下行为：

（1）与公司订立合同或进行交易；

（2）为自己或他人谋取属于公司可以利用的商业机会；

（3）自营或者为他人经营与其任职公司同类的业务。

这些限制也同样适用于董事、监事、高级管理人员的近亲属，董事、监事、高级管理人员或者其近亲属直接或者间接控制的企业，以及与董事、监事、高级管理人员有其他关联关系的关联人。

19. 股东代表公司起诉的权利

《公司法》第一百八十九条规定，有限公司的股东，股份公司连续一百八十日以上单独或者合计持有公司百分之一以上股份的股东，如果公司或公司的全资子公司的董事、监事、高级管理人员在执行职务中违反法律、行政法规或者公司章程的规定，给公司造成损失的，股东有权依照公司法规定的程序要求公司提起诉讼，或者满足特定条件时自己代表公司向法院提起诉讼。

20. 股东利益受到损害时直接起诉的权利

《公司法》第一百九十条规定："董事、高级管理人员违反法律、行政法规或者公司章程的规定，损害股东利益的，股东可以向人民法院提起诉讼。"

21. 股东通过股东会对董事保险的知情权

《公司法》第一百九十三条规定，"公司可以在董事任职期间为董事因执行公司职务承担的赔偿责任投保责任保险。公司为董事投保责任保险或者续保后，董事会应当向股东会报告责任保险的投保金额、承保范围及保险费率等内容"。

22. 股东通过股东会行使表决权，通过章程或股东会授权决定公司是否发行债券

《公司法》第五十九条、第二百零二条规定，经股东会决议，或者经公司章程、股东会授权由董事会决议，可以发行债券；股份有限公司可以发行可转换为股票的公司债券，并规定具体的转换办法。

23. 股东通过股东会行使表决权，决定公司是否可以从税后利润中提取任意公积金

《公司法》第二百一十条第三款规定，"公司从税后利润中提取法定公积金后，经股东会决议，还可以从税后利润中提取任意公积金"。

24. 股东在股东会作出分配利润的决议后，有权在六个月内获得所分配的利润

《公司法》第二百一十二条规定："股东会作出分配利润的决议的，董事会应当在股东会决议作出之日起六个月内进行分配。"

25. 股东通过股东会或间接通过董事会表决，行使对承办公司审计业务的会计师事务所的聘用和解聘的权利

《公司法》第二百一十五条第一款规定，"公司聘用、解聘承办公司审计业务的会计师事务所，按照公司章程的规定，由股东会、董事会或者监事会决定"。

26. 公司被持股90%以上的母公司合并时，被合并公司其他股东的回购权

《公司法》第二百一十九条第一款规定，"公司与其持股百分之九十以上的公司合并，被合并的公司不需经股东会决议，但应当通知其他股东，其他股东有权请求公司按照合理的价格收购其股权或者股份"。

27. 有限公司增资时股东的优先认购权

《公司法》第二百二十七条第一款规定，"有限责任公司增加注册资本时，股东在同等条件下有权优先按照实缴的出资比例认缴出资。但是，全体股东约定不按照出资比例优先认缴出资的除外"。

28. 股东通过股东会表决，决定公司在一定情况下是否继续经营的权利

《公司法》第二百三十条规定，公司因营业期限届满或其他解散事由出现、股东会决议解散时，公司未分配财产的，可以通过修改公司章程或股东会决议决定公司继续存续。

29. 持有公司10%以上表决权的股东特定条件下请求公司解散的权利

《公司法》第二百三十一条规定，"公司经营管理发生严重困难，继续存续会使股东利益受到重大损失，通过其他途径不能解决的，持有公司百分之十以上表决权的股东，可以请求人民法院解散公司"。

二、公司法规定股东的责任

1. 以出资为限承担责任

《公司法》第四条第一款规定，"有限责任公司的股东以其认缴的出资额为限对公司承担责任；股份有限公司的股东以其认购的股份为限对公司承担

责任"。

2. 滥用股东权利的赔偿责任

《公司法》第二十一条规定，股东不得滥用股东权利损害公司或者其他股东的利益，公司股东滥用股东权利给公司或者其他股东造成损失的，应当承担赔偿责任。

3. 股东利用关联关系损害公司利益的赔偿责任

《公司法》第二十二条规定，股东不得利用关联关系损害公司利益，否则给公司造成损失的，应当承担赔偿责任。

4. 控股股东滥用股东权利的赔偿责任

《公司法》第二十三条规定：

（1）股东滥用公司法人独立地位和股东有限责任，逃避债务，严重损害公司债权人利益的，应当对公司债务承担连带责任。

（2）股东利用其控制的两个以上公司实施前款规定行为的，各公司应当对任一公司的债务承担连带责任。

（3）只有一个股东的公司，股东不能证明公司财产独立于股东自己的财产的，应当对公司债务承担连带责任。

5. 公司未设立时的股东连带责任

《公司法》第四十四条规定，公司设立时股东从事的民事活动，当公司未设立的，由股东承担连带债权债务。

6. 股东未足额出资或瑕疵出资责任

《公司法》第四十九条规定，股东未按期缴足注册资本的，应当对公司造成的损失承担赔偿责任。

7. 出资连带责任

《公司法》第五十条规定，公司设立时的股东，对其他股东出资不足或瑕疵出资承担连带责任。

8. 股东抽逃注册资本的补足及赔偿责任

《公司法》第五十三条规定，公司成立后，股东不得抽逃出资；如果抽逃，股东应当返还抽逃的出资；给公司造成损失的，负有连带赔偿责任。

9. 股东未出资的股权转让后补足出资的责任

《公司法》第八十八条第一款规定，"转让已认缴出资但未届出资期限的股权的，由受让人承担缴纳该出资的义务；受让人未按期足额缴纳出资的，转让人对受让人未按期缴纳的出资承担补充责任"。

10. 瑕疵出资的连带责任

《公司法》第八十八条第二款规定，股东将瑕疵出资的股权转让，受让人知道的，二者对瑕疵出资承担连带责任；受让人不知道的，由转让人承担补足出资的责任。

11. 控股股东或实际控制人指示董事、高级管理人员从事损害公司或股东利益的行为的，与其承担连带责任

《公司法》第一百九十二条规定："公司的控股股东、实际控制人指示董事、高级管理人员从事损害公司或者股东利益的行为的，与该董事、高级管理人员承担连带责任。"

12. 公司违法分配利润时股东的返还责任

《公司法》第二百一十一条规定，"公司违反本法规定向股东分配利润的，股东应当将违反规定分配的利润退还公司"。

13. 违法减资时股东的退还责任及赔偿责任

《公司法》第二百二十六条规定："违反本法规定减少注册资本的，股东应当退还其收到的资金，减免股东出资的应当恢复原状；给公司造成损失的，股东及负有责任的董事、监事、高级管理人员应当承担赔偿责任。"

14. 公司通过简易程序注销后未偿还债务的股东的连带责任

《公司法》第二百四十条规定，公司通过简易程序注销公司登记，股东对公司不存在债务或已清偿全部债务承诺不实的，应当对注销登记前的债务承担连带责任。

15. 股东虚假出资或抽逃出资的责任

《公司法》第二百五十二条规定："公司的发起人、股东虚假出资，未交付或者未按期交付作为出资的货币或者非货币财产的，由公司登记机关责令改正，可以处以五万元以上二十万元以下的罚款；情节严重的，处以虚假出资或者未出资金额百分之五以上百分之十五以下的罚款；对直接负责的主管人员和其他直接责任人员处以一万元以上十万元以下的罚款。"

《公司法》第二百五十三条规定："公司的发起人、股东在公司成立后，抽逃其出资的，由公司登记机关责令改正，处以所抽逃出资金额百分之五以

上百分之十五以下的罚款；对直接负责的主管人员和其他直接责任人员处以三万元以上三十万元以下的罚款。"

三、公司法规定的股东的义务

1. 股东应当遵守法律、行政法规、章程的规定

《公司法》第二十四条明确规定，股东应当遵守法律、行政法规、章程的规定。

2. 股东对公司注册资本的按期缴足义务

《公司法》第四十九条明确规定，股东应当足额缴纳公司章程规定的出资。

3. 股东维持公司注册资本的义务

即公司股东不得抽逃注册资本。

4. 特定情形下股东提前缴足出资的义务

《公司法》第五十四条规定："公司不能清偿到期债务的，公司或者已到期债权的债权人有权要求已认缴出资但未届出资期限的股东提前缴纳出资"。

5. 执行公司事务的控股股东对公司有忠实及勤勉义务

《公司法》第一百八十条规定，控股股东实际执行公司事务时，对公司负有忠实义务，应当采取措施避免自身利益与公司利益冲突，不得利用职权牟取不正当利益；对公司负有勤勉义务，执行职务应当为公司的最大利益尽到管理者通常应有的合理注意。

以上是公司法对股东权利、责任、义务的规定，当然义务也是责任，把二者分开来是为了让大家更好地理解。

第二节 股东争议产生的主要原因

从我们历年经手的一些案例来看，股东争议产生的原因多种多样，但归纳起来，主要包括利益分配不均、经营决策分歧以及公司治理结构不健全等。第一，利益分配不均往往是股东争议的直接导火索。在企业经营过程中，股

东们对于公司的盈利和亏损有着不同的预期和诉求。当公司盈利时，如果未公平、合理地分配利润，往往会引发股东之间的矛盾。如果分配方案未能充分照顾到各方的利益，那么争议就在所难免。第二，经营决策分歧也是股东争议的重要来源。股东由于各自的背景、经验和利益诉求不同，对于公司的经营策略、发展方向和重大项目决策往往持有不同的观点。当这些分歧无法通过协商达成共识时，就可能引发激烈的争议。第三，公司治理结构不健全也容易导致股东争议。一个健全的公司治理结构应该包括清晰的权责划分、有效的监督机制和科学的决策流程。然而，在实际操作中，很多公司的治理结构并不完善，导致股东间权责不清、监督失效等问题，从而引发争议。

上述争议，实质归结为以下六点：

1. 公司章程规定不明确，包括股东权利和义务不清晰、利润分配和重大决策机制规定不明确。

2. 投资协议中股东的权利义务、退出机制以及违约责任等条款约定不明确。

3. 公司内部决策机制设置不健全，缺乏明确的决策程序、表决方式和最终决定权。

4. 在公司运营过程中，控股股东是否充分考虑并保护了小股东的利益，防止损害其知情权和其他利益。

5. 公司发展中需要资金时，未明确各股东的出资义务，将筹集资金的责任全部推给运营股东。

6. 公司盈利时，对再投资的约定不清晰，涉及利润分配、剩余利润处理以及再投资决策等方面的问题。

实务中股东间争议产生的原因有很多，无法一一列举。我们从上述六点常见的争议原因出发，讨论如何解决股东间的争议。

第三节　股东争议解决办法

在上文中，我们详细列举了公司法规定的股东的权利义务。对于法律没有明确规定的内容，股东间可以通过公司章程或股东投资协议进行约定。在公司章程及投资协议章节中,我们将简要列举这些文件基本涵盖的一些内容。这些内容既是股东间争议解决的重要依据,也是避免股东间产生争议的重要举措。这里我们就投资协议或章程中应明确约定的七点强调一下:

1. 控股股东和实际控制人要保证其他股东的知情权,并明确约定违反时需要承担的违约责任。

2. 公司利润的分配方式:明确约定净利润在满足什么条件时公司可以进行利润分配、分配的时间以及剩余净利润的处理方式(如进行其他投资或再次分配利润等)。若未按约定进行利润分配,应明确控股股东或负责公司利润分配的管理层应承担的违约责任。

3. 控股股东、实际控制人损害公司利益时应承担的责任:限制表决权、赔偿责任以及运营权转移等。

4. 公司发展需要资金时的解决途径及各股东的责任:明确约定公司发展资金困难时的解决责任方。若某股东不提供借款,则其股权应按照事先约定的办法进行相应调整。

5. 公司增资的约定:明确公司在何种情况下可以进行增资,以及增资后各股东认购新股的权利和程序。

6. 小股东的退出机制:明确在什么情况下小股东有权退出公司,以及退出时股权的处置方式和对价等。

7. 股东未按期出资的违约责任:除了法律规定的除权后果以外,还应事先约定未出资股东的违约责任,以便对全体股东进行约束和对违约股东进行追责。

除了以上方面以外,具体内容可参见公司章程及投资协议相关章节。

第四节　控股股东、实际控制人的自身保护

控股股东、实际控制人虽然容易利用其控制地位损害公司和其他股东的利益,但有时也会受到利益损害,这一节我们重点讨论一下控股股东的自身保护。

1. 控股股东因没有设计好公司的控制权架构,最后失去控制权。

控股股东，通常是公司的发起人之一，对公司的发展几乎投入所有财力和精力。在公司的发展过程中，因为资金不足进行增资导致股权稀释或因为家庭变故导致失去控制权的案例有很多，所以作为控股股东首要任务就是精心设计保证控制权的公司股权架构，无论发生怎样的情况，都要确保自己对公司的控制权。同时在融资过程中，对其中的对赌协议要谨慎对待，一不小心，可能整个公司都送给了别人，如典型的俏江南案例。

2. 控股股东、实际控制人因公司发展资金的需要，将自己家的资产全部押到公司发展中的例子比比皆是，如果最后公司未能成功，家庭将受到很大的拖累，会被家人抱怨，最后导致家庭分裂等。

控股股东、实际控制人由于对公司独特的情怀，不惜将自己的家庭财产全部用于公司的发展。我们非常钦佩企业家的事业精神，但我们给企业家的建议是，企业固然重要，但家庭也同样重要。在发展企业的过程中，一定要规划一部分属于家庭的财产，无论如何也不要去使用，家安企业才得以安。

控股股东可以与公司其他股东约定公司需要资金时共同补进的义务，不要一个人承担所有的风险。当公司盈利时，收益是按比例分配的，那风险也要和其他股东按比例承担。

控股股东在事业发展过程中，对资金的使用一定要有详细的规划，给自己留出时间对外融资。公司创业初期，往往比发展以后更需要律师和财务顾问。

3. 实际控制人用他人名义代持了公司股权，最后被代持人掏空公司的财产而损失惨重。

实际控制人由于某些原因不想自己显名，这时候会找其他人代持自己的股权。代持人具有良好的契约精神还好，如果是过度看重利益的人，有可能将显名持有的股权对外质押或私下转让。转让后控股股东再找其追责时，可能已人去楼空了。所以实际控制人在找人代持自己的股权时，一定要谨慎，同时签订代持协议，应明确双方的权利、责任和义务。建议在代持的情况下，实际控制人最好再找一位代持人不熟悉的人，对其所持有的股权进行质押，这样股权就不会被私自转让。

4. 控股股东、实际控制人同时控制几家公司，且相互之间并没有太多关联关系，但因为其中一家公司无法偿还到期债务而连累其他的几家公司。

如果控股股东或实际控制人同时控制几家公司,那就要做好各家公司之间的风险隔离,不要出现几家公司财产混同的情形。通过协议或物理隔离,将各家公司的财产约定清楚,这样就不会因为一家公司出问题而牵连到其他公司。

5. 控股股东对家庭财产没有做规划,当公司有对外债务无法偿还时,导致家庭财产也受牵连。

控股股东有时会因为公司经营需要贷款而以贷款人或担保人的身份在协议上签字。如果公司对未来资金的偿还具有不确定性,则法定代表人一定不要作担保或用自己的名义贷款给公司使用,要换成其他的融资方式来解决公司资金短缺问题。

6. 控股股东在公司经营过程中没有进行税务规划,导致资金损失。

公司经营中涉及各种税负,公司收购中也一样。因此控股股东要对自己或家庭持有的公司、自己和他人持有的公司,做一个整体规划。规划的目的就是合理减少税负的支出或延后支付,这样可以将更多的资金用于公司再发展或对外投资。咨询专业人士进行税务规划是明智的选择。

第五节 小股东的自我保护

对于公司的小股东,公司法给予了特定情况下要求公司收购其股权的权利,但实际情况下,小股东行使这些权利却是特别困难的,所以小股东既要利用公司法保护自己,也要利用章程和投资协议保护好自己。

我们从以下六点简要分析一下小股东的自我保护。

1. 公司法赋予小股东在公司连续五年不向股东分配利润,而公司该五年连续盈利,并且符合本法规定的分配利润条件下,可以要求公司以合理的价格收购其股权。

这一条中有三个要点导致小股东退出困难,一是公司章程没有规定公司在什么情况下分配利润,导致小股东根本无法利用法律赋予的这项权利退出公司。二是即使章程规定了公司分配利润的条件,但是没有规定什么是合理的价格,并不是持有公司股权对应公司净资产份额的金额就是合理的价格。发展良好的公司可能溢价几倍甚至几十倍,亏损的公司可能半价也没有人要,因此，在章程或协议中明确约定什么是合理的收购价格至关重要。三是公司五年都盈利时也不一定符合分配条件，所以分配条件的约定也很重要。

2. 公司法赋予公司合并、分立、转让主要财产时，异议股东有权要求公司以合理的价格收购。

小股东有时很难利用这一条退出的原因主要有两点，一是公司很少有上述情形发生。二是发生了公司也没有资金去回购小股东的股权，那怎么办？所以小股东要在投资协议中和控股股东约定好，或者约定在章程中。

3. 公司法赋予公司章程规定的营业期限届满或者章程规定的其他解散事由出现、股东会通过决议修改章程使公司存续时，异议股东有权要求公司收购其股权。

现实中小股东很难利用这一条款退出，主要原因就是通常公司在设立时就约定不限定期限，所以永远也不会出现"营业期届满"的情形。再者公司章程对解散事由规定不清，很难找到解散事由，因此，小股东务必在公司章程或投资协议中明确约定公司解散的具体情形。

4. 公司法赋予有限公司的小股东，在控股股东、实际控制人严重损害公司或其他股东利益时，其他股东有权要求公司以合理的价格收购其股权。

这一条是本次公司法修订时新增加的条款，但问题是如何定义"严重"？小股东如何证明控股股东、实际控制人严重损害公司或其他股东的利益？这些问题未来可能成为阻碍小股东利用此条款退出公司的关键因素，因此小股东要在公司章程或投资协议当中明确约定，最好是约定在投资协议当中，否则会造成公司章程内容冗长。

5. 公司法赋予公司在收购自己持有 90% 以上股权的子公司时，子公司的小股东有权要求公司收购自己的股权。

这一条约定的情况发生时，子公司的小股东退出会相对容易。然而，当小股东不愿退出时，应如何将其股权折算为母公司的股权，要事先在投资协议中约定好，否则可能进退两难。

6. 除了公司法赋予小股东上述自我保护条款以外，还有控股股东、实际控制人损害公司利益时应当承担赔偿责任等，即使约定赔偿责任，公司损失也很难计算。比如，控股股东将公司的业务转移到自己控制的其他公司。其他股东知道这种情况都很难举证，举证证明损失就更难。所以小股东要在投资协议当中约定,在什么情况下(比如亲属从事与公司相同业务),控股股东、实际控制人需要对其他股东承担怎样的赔偿责任。

上面六点是小股东保护自己的部分关键内容,实际中根据合作的具体情况和实际控制人协商其他相关的条款。事先进行充分的协商,不仅可以确保双方利益得到保护,还能维护双方的和气。

第六节 一人公司股东的自我保护

本次公司法的修订,删除了一人有限公司的章节,但在第二十三条第三款保留了最关键的一点,即"只有一个股东的公司,股东不能证明公司财产独立于股东自己的财产的,应当对公司债务承担连带责任",这就是我们常说的一人公司股东的连带责任。

实际上,一人股东很难证明公司财产独立于其个人财产,因为现实中这样的情形很少见。以下是经常会出现的情形:

(1)将个人或家庭的费用在一人公司进行报销;

(2)用公司的名义买车用于个人或家庭使用;

(3)公司赚钱后不分红,将公司的钱借给股东或家人使用;

(4)不是公司员工的家庭成员,由公司支付其工资;

(5)将公司的业务款直接用股东或家人的私人账户收款。

上述现象均表明公司股东财产与公司财产存在混同。当出现这些情形时,意味着一人公司的财产并非独立于股东的个人财产。当一人公司出现到期债务无法偿还时,该股东对公司的债务承担连带责任。

一人公司股东可能会说,我自己的公司,业务范围很小,收入不多,也没有请员工,所以不会有什么债务产生;或者业务有一定的规模,但业务单一,不会出现违约赔偿的现象,员工也不多。如果情况确实如此,那么维持一人公司的形式确实风险较小。如果你的公司请了员工,业务也有一定的规模,那就可能出现新入职的员工还没有买社保,突然发生工伤死亡,或因违反合约给客户造成损失而被客户索赔,导致公司需要承担责任并被追偿。当一人公司的财产不足以支付到期债务时,股东需对公司的债务承担连带责任。

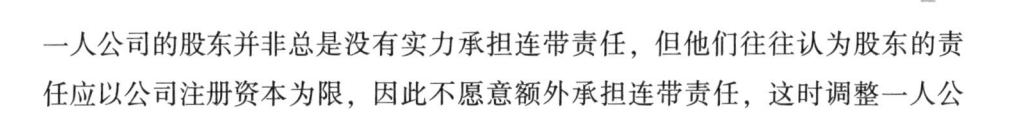

一人公司的股东并非总是没有实力承担连带责任，但他们往往认为股东的责任应以公司注册资本为限，因此不愿意额外承担连带责任，这时调整一人公司转为非一人公司就很重要了。

一人公司是指只有一个股东的公司。但需要注意的是，并非所有有两个以上股东的公司就不是一人公司。下面这些公司在发生诉讼争议时，可能会被法院认定为一人公司：

（1）夫妻股东的公司；

（2）兄弟股东的公司；

（3）母子或父子股东的公司。

因此，不能简单地认为只要股东人数超过一人就不是一人公司，上面这三类公司并不能有效避免一人公司的风险。

如果一人公司发生诉讼，股东被要求对公司的债务承担连带责任时，股东如何证明公司财产独立于股东财产呢？这就需要聘请审计公司作出专项审计报告，在审计报告中清楚说明公司未出现本文中提到的公司财产用于家庭支出现象等，并最后作出公司财产独立于股东财产的专项审计报告。

一人公司的股东，如果不打算转为非一人公司，则需要每年对公司的财务进行审计，并出具审计报告。在每年的审计报告当中，建议写清公司财产独立于股东财产的结论。一人公司作出决定的，虽然只有一个股东，建议也出具书面的股东决定，并置备于公司。这样以后发生争议时，就相对比较容易证明公司财产独立于股东财产。

一人公司的股东有时并不愿意让外人加入自己的公司，怕引起以后的麻烦，这其实非常好解决。举例如下：

甲是一人公司 A 公司的唯一股东，持有 100% 的股权。为了避免一人公司的风险，甲可以将其中 1% 的股权转让给非家庭成员的乙，并与乙签订股权代持协议。这样，对外来看 A 公司就不再是一人公司，但实际上乙只是代甲持有这部分股权，并不参与公司的经营和决策。

法律依据

《中华人民共和国公司法》（2023 年修订）

第二十三条 公司股东滥用公司法人独立地位和股东有限责任，逃避债务，严重损害公司债权人利益的，应当对公司债务承担连带责任。

股东利用其控制的两个以上公司实施前款规定行为的，各公司应当对任一公司的债务承担连带责任。

只有一个股东的公司，股东不能证明公司财产独立于股东自己的财产的，应当对公司债务承担连带责任。

第六十条 只有一个股东的有限责任公司不设股东会。股东作出前条第一款所列事项的决定时，应当采用书面形式，并由股东签名或者盖章后置备于公司。

第七节 股东失权

新公司法规定了公司董事对股东出资的核查义务，以及对有限公司股东到期应缴未缴的出资进行催缴的义务。如果董事未履行上述义务，将对给公司造成的损失承担赔偿责任。如果到期未出资的股东没有同时担任公司的唯一执行董事，那么他基本上会被催缴出资。

如果股东出资不足、抽逃出资、到期应当出资未出资，则公司会先发出书面通知，要求股东补足出资、返还出资或缴纳出资，并给予不少于60日的宽限期。宽限期届满，股东仍未履行出资义务的，公司经董事会决议可以向该股东发出失权通知，通知应当以书面形式发出。自通知发出之日起，该股东丧失其未缴纳出资部分的股权。

这就解决了公司有的股东只出资一部分，不出资剩余部分时，导致公司没有办法除名的问题。现在，公司可以依据股东失权条款收回未出资部分的股权，并进行转让或注销，从而降低该股东持有公司的股权比例。

股东的失权制度，不仅适用于到期应当出资经催缴仍未出资的股东，也适用于股东出资瑕疵，经公司催缴后仍未补足出资的股东，以及抽逃出资的股东。另外，建议股东在章程中明确规定，当股东出现上述情况时的违约责任，比如对其已缴纳出资部分的股权，公司有权以什么样的价格回购，并将其除名。如果股东并非因为资金紧张而到期未出资，从而出现上述三种情况之一的，那该股东可能对公司的发展并不乐观。在这种情况下，尽快解决股东间的问题或调整股权结构可能是更好的选择，以避免后期合作中矛盾加剧。

如果公司控股股东是公司唯一的董事，且该股东恰恰是认缴出资到期未出资的股东，股东又是公司的法定代表人，公司也不会向其催缴。股东的失权通知是董事会决议发出的，该股东是公司唯一的董事，不会作出对自己不利的失权决议。如果公司章程规定股东以认缴出资比例行使表决权及公司利润的分红权，其他已完成出资的股东面对控股股东不完成出资的情况怎么办？

下面我们通过一个股权持股比较极端的有限公司的案例来和大家讨论一下解决方案。

案例：控股股东认缴出资期限届满时拒绝出资

A有限公司设立于2024年7月16日，注册资本为1000万元。其中甲认缴出资900万元，实缴出资100万元，持有公司90%的股权；乙认缴出资100万元，实缴出资100万元，持有公司10%的股权。公司章程规定甲未缴纳的出资于公司成立一年内缴足，股东表决权按股东认缴的出资比例行使，公司按股东认缴的出资比例进行利润分配，公司不设董事会，设一名执行董事，由股东会过半数以上表决权选举通过，现由甲担任公司法定代表人及执行董事。股东按认缴出资比例行使公司增资的优先认购权。股东甲与股东乙之间没有签订投资协议。

A公司经营第一年内，股东间没有矛盾产生，公司当年实现盈利。

2025年7月15日，甲认缴未实缴的出资期限届满，应当向公司缴纳800万元出资，但甲认为公司目前盈利，即使其不缴出资，公司也可以正常运营，于是决定先不缴纳出资。乙发现甲到期不缴纳出资后询问甲，甲以公司盈利且目前也不需要资金为由不愿按公司章程的规定缴纳出资，乙心中不快，毕竟甲享有的是90%的表决权和分红权，而实际和自己的出资是一样的。甲觉得虽然自己剩下800万元没有出资，但对于公司的运营出的力更多，理所当然享有高比例的表决权及分红权。

现在，如果您是股东乙，您怎么办？

首先我们分析一下公司的基本情况。

A公司章程的规定是符合公司法的，股东间可以约定以认缴的出资比例行使表决权及分红权。如果乙召开股东会修改公司章程，则乙的表决权比例仅有10%。甲是公司执行董事及法定代表人，不可能向自己进行出资催缴及发出失权通知书。如果公司一直盈利，没有到期无法偿还的对外债务，甲认缴未出资部分也没有外部债权人进行追讨。

我们分析一下甲的行为：甲认缴出资期限到期后有出资的义务，甲到期未出资需要对给公司造成的损失承担赔偿责任。

乙面临这种情况，需要作出选择。方案1：乙选择退出A公司的经营；方案2：选择继续与甲一起经营A公司。

如果乙选择退出公司经营，则其依据《公司法》第八十九条第三款"公司的控股股东滥用股东权利，严重损害公司或者其他股东利益的，其他股东有权请求公司按照合理的价格收购其股权的规定"，可以向法院提起诉讼，要求A公司收购其股权。甲作为公司的控股股东、法定代表人、执行董事，其行为已经严重损害公司及其他股东的利益。公司即使盈利，股东也应当到期缴足出资，公司多余的资金可以扩大经营或进行其他投资，因此股东甲的行为严重损害公司及其他股东的利益，乙有权要求公司收购其股权。

如果乙选择继续与甲经营公司，则即使甲未缴足的部分失权，甲、乙将是各占50%持股比例的状况，公司在以后的经营过程中也会矛盾不断，无法解决。所以乙如果决定继续与甲一起经营A公司，最好能持有公司51%以上的股权。我们建议乙通过以下方式来维护自己的权益。

股东乙首先提议召开临时股东会，并提出以下三个股东会表决事项：

（1）因甲在认缴出资到期后未按期缴足其出资，要求限制其表决权及股东对公司增资部分的优先认购权，直至其完成出资为止，作为关联股东的甲应当回避此项表决。

（2）选举公司新的执行董事由乙指定人员担任。

（3）决议公司增发注册资本30万元，乙认缴30万元，并于10日内实缴30万元。

上面三个表决事项顺序要保持与序号一致。当进行第1项表决时，因为作为关联股东的甲需要回避，乙的表决权就是股东可以行使的100%表决权。

当第1项表决完成后进行第2项表决，选举乙指定的人员为公司执行董事，即公司的法定代表人。然后进行第3项表决，增发注册资本30万元，乙认缴并实缴新增注册资本后，其持股比例将达到56.52%（假设甲失权）。

股东会决议后，新的法定代表人代表公司向甲发出催缴通知。甲如果接到通知后 60 日内补足了出资，甲依旧实际控制公司；如果甲没有限期出资，则 60 日后，公司向甲发出失权通知，并要求甲对公司作出赔偿，此时乙就掌控了公司。

我们不建议乙选择第 2 种方案，因为其一旦选择第 2 种方案，甲与乙就会产生矛盾，公司继续发展就会产生障碍。而且甲如果于 60 日内补足出资，乙也不可能控制公司。另外，上述临时股东会表决事项中第一项表决后，甲基本会向法院提起撤销股东会决议的诉讼，不会轻易交出公司的控制权的，甲与乙的矛盾就加剧了，公司将进入发展困难阶段，对甲、乙可能均不利。

法律依据

《中华人民共和国公司法》（2023 年修订）

第五十二条　股东未按照公司章程规定的出资日期缴纳出资，公司依照前条第一款规定发出书面催缴书催缴出资的，可以载明缴纳出资的宽限期；宽限期自公司发出催缴书之日起，不得少于六十日。宽限期届满，股东仍未履行出资义务的，公司经董事会决议可以向该股东发出失权通知，通知应当以书面形式发出。自通知发出之日起，该股东丧失其未缴纳出资的股权。

依照前款规定丧失的股权应当依法转让，或者相应减少注册资本并注销该股权；六个月内未转让或者注销的，由公司其他股东按照其出资比例足额缴纳相应出资。

股东对失权有异议的，应当自接到失权通知之日起三十日内，向人民法院提起诉讼。

第八节　公司或股东利益受到损害时的司法救济

当公司或股东利益受到损害时，公司法提供了明确的司法救济程序。如果不按程序进行，法院会驳回原告的起诉。

一、公司受到损害时的司法救济

公司受到损害时，公司的股东是间接受到损害的人，所以股东需要一定的程序来通过司法途径维护公司的利益，司法救济具体程序如下：

1. 董事、高级管理人员违反法律、行政法规或者公司章程给公司造成损失的：

（1）有限责任公司的股东、股份有限公司连续一百八十日以上单独或者合计持有公司百分之一以上股份的股东，书面请求监事会向人民法院提起诉讼；

（2）监事会收到请求30日内提起诉讼；

（3）监事会拒绝提起诉讼或自收到请求之日30日内未提起诉讼的，上述股东可以以自己的名义直接向人民法院提起诉讼；

（4）情况紧急、不立即提起诉讼将会使公司利益受到难以弥补的损害的，上述股东可以不书面请求监事会，直接以自己的名义向法院提起诉讼。

2. 监事违反法律、行政法规或者公司章程给公司造成损失的，则将第1条中的监事会更改为董事会，其他程序相同。

3. 当他人损害公司利益时，则将第1条中的监事会改为董事会或监事会。

4. 公司全资子公司的董事、监事、高级管理人员损害全资子公司利益时，或者他人侵犯公司全资子公司合法权益造成损失的，第1条中的股东可以按第1—3条的程序向全资子公司的董事会或监事会提出书面请求，或紧急情况下以自己的名义直接提起诉讼。

二、股东利益受到损害时的司法救济程序

当董事、高级管理人员违反法律、行政法规或者公司章程的规定，损害股东利益的，股东可以向人民法院提起诉讼。因为股东是直接受到损害的人，所以其直接向人民法院提起诉讼即可。

三、公司的控股股东、实际控制人、董事、监事、高级管理人员利用关联交易损害公司利益时的司法救济

如果公司没有提起诉讼，则依据《最高人民法院关于适用〈中华人民共和国公司法〉若干问题的规定（五）》（以下简称《公司法司法解释五》）

的规定，第 1 条中的股东按照第 2 条、第 3 条的程序进行。

现在我们来看实务中如何进行更有效率。

当公司股东发现董事、监事、高级管理人员、其他股东损害公司利益时，如果按上面的程序，需要向董事会或监事会发出书面申请，要证明已发出申请，董事会或监事会收到后要等待 30 日，30 日到期公司没有提起诉讼时才能以自己的名义提起诉讼，这期间基本会耗时 45 日左右，有时可能会更长。如果股东以情况紧急、不立即提起诉讼会导致公司利益严重受损为由，直接以自己的名义向法院提起诉讼，则需要证明情况紧急，而现实中这个证明是有些难度的。那么作为股东，如何最高效地提起诉讼呢？

《全国法院民商事审判工作会议纪要》（《九民纪要》）第二十五条规定，根据《公司法》第一百五十一条的规定（2023 年修订后的第一百八十九条），股东提起代表诉讼的前置程序之一是，股东必须先书面请求公司有关机关向人民法院提起诉讼。一般情况下，股东没有履行该前置程序的，应当驳回起诉。但是，该项前置程序针对的是公司治理的一般情况，即在股东向公司有关机关提出书面申请之时，存在公司有关机关提起诉讼的可能性。如果查明的相关事实表明根本不存在该种可能性的，人民法院不应当以股东未履行前置程序为由驳回起诉。

在上述规定中，哪种情形属于根本不存在股东向有关机关（董事会或监事会）书面申请的可能性呢？在实践中，当董事会、监事会人员都损害公司利益时，股东就没有书面申请的可能性了，尤其是一般规模不大的有限公司只有一名执行董事或监事，股东高效提起诉讼的办法就是自己作为原告，把损害公司利益股东，连同公司董事、监事作为共同被告，公司列为第三人，直接向法院提起诉讼即可。

法律依据

《中华人民共和国公司法》（2023 年修订）

第二十一条 公司股东应当遵守法律、行政法规和公司章程，依法行使股东权利，不得滥用股东权利损害公司或者其他股东的利益。

公司股东滥用股东权利给公司或者其他股东造成损失的，应当承担赔偿责任。

第二十二条 公司的控股股东、实际控制人、董事、监事、高级管理人员不得利用关联关系损害公司利益。

违反前款规定，给公司造成损失的，应当承担赔偿责任。

第一百八十八条 董事、监事、高级管理人员执行职务违反法律、行政法规或者公司章程的规定，给公司造成损失的，应当承担赔偿责任。

第一百八十九条 董事、高级管理人员有前条规定的情形的，有限责任公司的股东、股份有限公司连续一百八十日以上单独或者合计持有公司百分之一以上股份的股东，可以书面请求监事会向人民法院提起诉讼；监事有前条规定的情形的，前述股东可以书面请求董事会向人民法院提起诉讼。

监事会或者董事会收到前款规定的股东书面请求后拒绝提起诉讼，或者自收到请求之日起三十日内未提起诉讼，或者情况紧急、不立即提起诉讼将会使公司利益受到难以弥补的损害的，前款规定的股东有权为公司利益以自己的名义直接向人民法院提起诉讼。

他人侵犯公司合法权益，给公司造成损失的，本条第一款规定的股东可以依照前两款的规定向人民法院提起诉讼。

公司全资子公司的董事、监事、高级管理人员有前条规定情形，或者他人侵犯公司全资子公司合法权益造成损失的，有限责任公司的股东、股份有限公司连续一百八十日以上单独或者合计持有公司百分之一以上股份的股东，可以依照前三款规定书面请求全资子公司的监事会、董事会向人民法院提起诉讼或者以自己的名义直接向人民法院提起诉讼。

第一百九十条 董事、高级管理人员违反法律、行政法规或者公司章程的规定，损害股东利益的，股东可以向人民法院提起诉讼。

《最高人民法院关于适用〈中华人民共和国公司法〉若干问题的规定（五）》

第一条 关联交易损害公司利益，原告公司依据民法典第八十四条、公司法第二十一条规定请求控股股东、实际控制人、董事、监事、高级管理人员赔偿所造成的损失，被告仅以该交易已经履行了信息披露、经股东会或者股东大会同意等法律、行政法规或者公司章程规定的程序为由抗辩的，人民法院不予支持。

公司没有提起诉讼的，符合公司法第一百五十一条第一款规定条件的股

第七章　股东权益与自我保护

东，可以依据公司法第一百五十一条第二款、第三款规定向人民法院提起诉讼。

第二条　关联交易合同存在无效、可撤销或者对公司不发生效力的情形，公司没有起诉合同相对方的，符合公司法第一百五十一条第一款规定条件的股东，可以依据公司法第一百五十一条第二款、第三款规定向人民法院提起诉讼。

《全国法院民商事审判工作会议纪要》

25. 根据《公司法》第151条的规定，股东提起代表诉讼的前置程序之一是，股东必须先书面请求公司有关机关向人民法院提起诉讼。一般情况下，股东没有履行该前置程序的，应当驳回起诉。但是，该项前置程序针对的是公司治理的一般情况，即在股东向公司有关机关提出书面申请之时，存在公司有关机关提起诉讼的可能性。如果查明的相关事实表明，根本不存在该种可能性的，人民法院不应当以原告未履行前置程序为由驳回起诉。

（注：《公司法司法解释五》及《九民纪要》中所称《公司法》的第二十一条为2023年修订后的《公司法》的第二十二条；《公司法》第一百五十一条为2023年修订后的《公司法》的第一百八十九条。）

第九节　家庭与企业财产风险隔离

在现代社会，随着经济的不断发展，越来越多的家庭选择涉足商业领域，成立公司或参与企业投资。然而，随之而来的风险也不容忽视。家庭财产与企业财产的风险隔离，作为一道重要的防火墙，对于保护家庭财产安全、维护企业稳定运营具有至关重要的作用。特别是在公司法规定的股东连带责任方面，家庭财产与企业财产的隔离显得尤为重要。

首先，从公司设立时的股东出资连带责任来看，家庭财产与企业财产的隔离是避免家庭财产受损的关键。根据公司法的规定，股东应当按期足额缴纳公司章程中规定的各自所认缴的出资额。股东以货币出资的，应当将货币出资足额存入有限责任公司在银行开设的账户；以非货币财产出资的，应当依法办理其财产权的转移手续。股东未按期足额缴纳出资的，除应当向公司足额缴纳外，还应当对给公司造成的损失承担赔偿责任。有限责任公司设立时，股东未按照公司章程规定实际缴纳出资，或者实际出资的非货币财产的实际价额显著低于所认缴的出资额的，设立时的其他股东与该股东在出资不足的范围内承担连带责任。这意味着，如果股东未能履行出资义务，不仅会给公司造成损失，还可能使家庭财产面临被追偿的风险。因此，设立公司时要充分考虑到可能给家庭财产带来的风险，并将风险进行有效隔离是非常重要的，以免股东个人财产因公司债务而受损。

其次，在股权转让过程中，家庭财产与企业财产的隔离同样重要。《公司法》第八十八条第一款规定，"股东转让已认缴出资但未届出资期限的股权的，由受让人承担缴纳该出资的义务；受让人未按期足额缴纳出资的，转让人对受让人未按期缴纳的出资承担补充责任"。这意味着，即使股权已经转让，出让方仍然可能因受让方到期未缴足出资而面临补足出资的责任风险。因此，有效避免股权转让的风险，有助于保护出让方家庭财产的安全，避免因公司债务问题而使家庭财产受损。

最后，一人公司股东对公司债务的连带责任风险也是家庭财产与企业财产风险隔离不可忽视的方面。《公司法》第二十三条第三款规定，"只有一个股东的公司，股东不能证明公司财产独立于股东自己的财产的，应当对公司债务承担连带责任"。这一规定对于一人公司的股东提出了更高的要求，要求其在公司经营过程中保持公司财产的独立性。如果股东未能做到这一点，不仅会影响公司的正常运营，还可能使家庭财产面临被追偿的风险。因此，对一人公司的股东而言，应当避免公司风险波及家庭财产。

综上所述，家庭财产与企业财产做风险隔离的必要性不容忽视。股东在经营公司过程中，要有效避免股东因公司债务而面临的连带责任风险，以保护家庭财产的安全。同时，这也有助于维护企业的稳定运营。

·第八章·
股东知情权

第八章 股东知情权

第一节 有限公司股东的知情权

公司法明确规定了有限公司股东有以下知情权：

1. 查阅并复制权：公司章程、股东名册、股东会会议记录、董事会会议决议、监事会会议决议和财务会计报告。

2. 查阅权：会计账簿、会计凭证。

有限公司股东如果要求查阅公司会计账簿、会计凭证，需要符合公司法规定的程序：

1. 应当向公司提出书面请求，说明目的。

2. 公司有合理根据认为股东查阅会计账簿、会计凭证有不正当目的，可能损害公司合法利益的，可以拒绝提供查阅，并应当自股东提出书面请求之日起 15 日内书面答复股东并说明理由。

3. 公司拒绝提供查阅的，股东可以向人民法院提起诉讼。

上面的程序要求有限公司股东向法院提起股东知情权诉讼前，需要向公司发出请求，在公司收到后 15 日内拒绝提供查阅时，股东方可提起诉讼。当有限公司股东要求查阅公司会计账簿、会计凭证时，很多时候是小股东认为大股东损害公司利益。这时候一般公司在大股东的控制之下，会拒绝股东的查阅。

当股东通过提起诉讼获得法院支持后对会计账簿、会计凭证进行查阅时，作为股东，可能对财务并不了解，需要聘请专业财务人员协助进行查阅。但无论是股东自己，还是律师、财务专业人员在查阅公司会计账簿、会计凭证时，都是不允许复制的，也不允许拍照，只能拿笔记下重要的信息。然而到法庭上时，他们并没有具体证据可以提供，只得向法院申请调取公司特定的会计账簿、会计凭证，这给股东的诉讼带来很大的障碍。

作为有限公司的股东，如何打破这类障碍呢？有限公司的小股东，如果不参与公司的实际经营，又担心大股东损害公司利益，在加入公司时，建议在章程中规定股东对会计账簿、会计凭证有复制的权利。这样股东在行使知情权时就可以复制公司的会计账簿、会计凭证。复制后可以进行审计，从而有效地获得大股东是否有损害公司利益的证据。在司法实践中，如果有限公司章程中明确规定股东可以查阅并复制公司的会计账簿、会计凭证,法院是支持股东查阅并复制的,因为这并不违反法律的强制性规定。

其实如果要证明大股东损害公司利益,仅仅查询会计账簿、会计凭证是不够的。根据公司业务性质的不同,还需要其他材料的查阅复制权。因为行业不同,所需材料差别很大,所以我们不在此详细讨论。

股东或接受股东委托的律师、财务人员查阅复制公司材料时,应当遵守有关保护国家秘密、商业秘密、个人隐私、个人信息等法律、行政法规的规定。

有限公司母公司的全资子公司是现有全体股东独立拥有的财产,并不涉及公司股东以外的权益主体;非全资的子公司部分股权属于母公司全体股东的财产,另外还有公司股东以外的权益主体的财产。因此,作为有限公司的全资子公司,母公司的股东可以对全资子公司行使以上全部知情权。

如果有限公司的实际控股股东不希望公司的其他股东过多干预公司的经营,那么建议在对外投资时不要选择全资子公司的模式。这样就可以规避现有公司的股东对子公司行使股东知情权。

如果有限公司的其他股东希望了解母公司对外投资的非全资子公司的经营情况,并希望能行使像对母公司一样的知情权,其实实现这个并不困难,也要借助章程。股东可以在章程中规定如下内容:

1. 有限公司股东有权要求公司实际控制人提供子公司的章程、股东名册、股东会会议记录、董事会会议决议、监事会会议决议和财务会计报告、会计账簿、会计凭证供其查阅并复制。

2. 在股东提出书面要求行使上述知情权时,如果公司实际控制人或控股股东没有提供或拒绝提供相关资料,股东有权代表公司对子公司提起诉讼要求行使公司的上述查阅复制材料的权利。

上述股东知情权行使的有效辅助工具就是公司的章程。因为章程里有明确的规定,可以很好地保护股东权利的行使。我们在公司章程一章中会做专门介绍。

法律依据

《中华人民共和国公司法》(2023年修订)

第五十七条 股东有权查阅、复制公司章程、股东名册、股东会会议记录、董事会会议决议、监事会会议决议和财务会计报告。

股东可以要求查阅公司会计账簿、会计凭证。股东要求查阅公司会计账簿、会计凭证的，应当向公司提出书面请求，说明目的。公司有合理根据认为股东查阅会计账簿、会计凭证有不正当目的，可能损害公司合法利益的，可以拒绝提供查阅，并应当自股东提出书面请求之日起十五日内书面答复股东并说明理由。公司拒绝提供查阅的，股东可以向人民法院提起诉讼。

股东查阅前款规定的材料，可以委托会计师事务所、律师事务所等中介机构进行。

股东及其委托的会计师事务所、律师事务所等中介机构查阅、复制有关材料，应当遵守有关保护国家秘密、商业秘密、个人隐私、个人信息等法律、行政法规的规定。

股东要求查阅、复制公司全资子公司相关材料的，适用前四款的规定。

第二节　股份公司股东的知情权

未上市股份公司股东有下列知情权：

1. 股东有权查阅、复制公司章程、股东名册、股东会会议记录、董事会会议决议、监事会会议决议、财务会计报告，对公司的经营提出建议或者质询。

2. 连续180日以上单独或者合计持有公司3%以上股份的股东（以下简称特定股东）有权要求查阅公司的会计账簿、会计凭证。

3. 特定股东行使查阅权时，需要履行和有限公司股东一样的程序，即书面请求，公司收到后15日内拒绝的，特定股东可以提起诉讼。

4. 对于特定股东的持股比例要求，章程有较低规定的，从其规定。也就是说，如果法律要求是持有3%以上股份的股东，而章程规定持有1%以上股份的股东有权要求查阅公司的会计账簿、会计凭证，则依照公司章程规定即可。对于法律要求特定股东是"连续180日以上单独或者合计持有"公司一定比例的股权，如果章程中的规定提高了特定股东的身份要求，如"连续200日以上单独或合计持有公司4%以上股份"，则规定无效。

对于全资子公司的查阅权，和有限公司规定一样，上述股东可以要求查阅、复制公司全资子公司相关材料。

《证券法》对上市公司的信息披露有严格的要求，上市公司需要按照其规定履行信息披露义务。公众可以在各个板块的交易所网站上查看详细的披露信息，并可以自行查阅、下载。法律也明确规定经过披露的信息需要在证券交易所、公司住所置备供公众查阅，但一般公众通常是通过证券交易所网站获取披露的信息。

法律依据

《中华人民共和国公司法》（2023 年修订）

第一百一十条 股东有权查阅、复制公司章程、股东名册、股东会会议记录、董事会会议决议、监事会会议决议、财务会计报告，对公司的经营提出建议或者质询。

连续一百八十日以上单独或者合计持有公司百分之三以上股份的股东要求查阅公司的会计账簿、会计凭证的，适用本法第五十七条第二款、第三款、第四款的规定。公司章程对持股比例有较低规定的，从其规定。

股东要求查阅、复制公司全资子公司相关材料的，适用前两款的规定。

上市公司股东查阅、复制相关材料的，应当遵守《中华人民共和国证券法》等法律、行政法规的规定。

第二百零九条 有限责任公司应当按照公司章程规定的期限将财务会计报告送交各股东。

股份有限公司的财务会计报告应当在召开股东会年会的二十日前置备于本公司，供股东查阅；公开发行股份的股份有限公司应当公告其财务会计报告。

《中华人民共和国证券法》

第八十六条 依法披露的信息，应当在证券交易场所的网站和符合国务院证券监督管理机构规定条件的媒体发布，同时将其置备于公司住所、证券交易场所，供社会公众查阅。

第八章　股东知情权

第三节　合伙企业投资人的知情权

合伙企业作为企业主体形式之一，现在越来越多，但合伙人的知情权在实际操作中往往没有得到有效的行使。那么作为合伙人如何行使自己的知情权呢？

《合伙企业法》规定合伙人有权查阅合伙企业会计账簿等财务资料，但并没有明确规定合伙人是否有复制这些资料的权利。同时合伙企业法也没有规定合伙人查阅财务资料需要履行哪些具体程序，比如是否需要提出书面请求等。因此，当合伙人被执行事务合伙人拒绝查阅时，他们可以直接向法院提起诉讼来维护自己的权益。如果合伙人希望复制合伙企业的财务资料，那么，可以在合伙协议中进行明确的约定，以确保自己的权益得到保障。

很多有限合伙企业主要是作为持股平台存在，并非真正经营实际业务的实体。在这种情况下，合伙人通常是通过合伙企业间接持有主体公司的股权。因此，他们更关心的往往是主体公司的经营情况，而非合伙企业本身的经营状况。

那么合伙企业的合伙人如何才能掌握主体公司的经营状况信息呢？有限合伙企业的执行事务合伙人，通常对主体公司的经营情况有所了解，但其往往也是主体公司实际控制人的关联方。在很多情况下，他们可能并不愿意将主体公司的相关材料提供给其他合伙人查阅。而根据合伙企业法的规定，其他合伙人通常只能查阅合伙企业的财务资料，而无法直接获取主体公司的详细信息。

解决这个问题的方法，与解决公司股东类似问题的方法是一致的。对于公司而言，章程是股东之间的约定，而对合伙企业来说，合伙协议则是合伙人之间的约定。因此，如果合伙人希望了解主体公司的经营情况，就必须在合伙协议中作出明确且具体的约定，以保障自己的知情权得以实现。

在合伙协议中各合伙人可以作出如下约定：一是当执行事务合伙人代表合伙企业与主体公司签订相关协议时，必须明确要求主体公司同意定期向合伙企业提供会计账簿、会计凭证等资料供其查阅；二是执行事务合伙人需要定期（如每季度）将主体公司的股东会会议记录、董事会会议决议、监事会会议决议以及财务会计报告等资料在指定时间内（如季度终了后30日内）提供给全体合伙人查阅；三是如果执行事务合伙人未能履行前述两项义务，且在其他合伙人提出要求后15日内仍未履行相关职责的，则其他合伙人可以代表合伙企业直接向主体公司提起有关知情权的诉讼，并同时要求执行事务合伙人按照合伙协议的约定承担违约责任。

通过这些明确的约定，执行事务合伙人就必须按期将相关资料提供给其他合伙人查阅。如果未能按期提供，则需要承担违约责任，并且其他合伙人有权代表合伙企业直接向法院对主体公司提起有关知情权的诉讼。在提起诉讼时，需要依据法律规定提出书面请求，并等待15天的答复期限。如果在此期间内被拒绝提供相关资料，则其他合伙人有权直接向法院提起诉讼来维护自己的合法权益。

法律依据

《中华人民共和国合伙企业法》（2006年修订）

第二十八条　由一个或者数个合伙人执行合伙事务的，执行事务合伙人应当定期向其他合伙人报告事务执行情况以及合伙企业的经营和财务状况，其执行合伙事务所产生的收益归合伙企业，所产生的费用和亏损由合伙企业承担。

合伙人为了解合伙企业的经营状况和财务状况，有权查阅合伙企业会计账簿等财务资料。

第九章
公司章程与股东投资协议

第九章 公司章程与股东投资协议

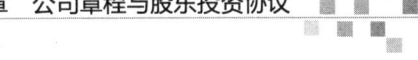

第一节 公司章程及投资协议的重要性

随着网络时代的发展,为了提高公司登记注册的效率,现在坐在家里就可以进行公司的注册登记。高效便利的同时也带来了一些问题。由于公司在网上进行工商登记时,均使用市场监督管理机构提供的模板,这就导致公司的章程也采用一些标准条款。当股东发生争议时,发现没有办法解决。

有的公司股东对章程的重要性比较了解,就会在公司注册后去修改公司章程。但大部分的股东对公司法及章程了解不多,结果股东修改后的章程,虽然不再是完全采用市场监督管理机构提供的标准化章程范本,但修改的内容与原版区别很小。另外,有的股东投资时也没有进行股东间的特别约定,最后股东间出现争议时,发现通过章程无法解决,以至于很多公司股东间出现僵局时找不到解决的办法。

公司章程,对公司来说就是股东、董事、监事、高级管理人员的行事规则。除了法律赋予的权利、要求履行的义务以外,章程就是公司最高效力的规范,是上述人员行使权利、履行义务的依据。因此,章程的制定需要全面、细致、周到的考虑。

由于章程内容的局限性,股东间在合作时,建议另行签订投资协议,详细约定各方的权利义务、股东间出现争议如何解决、股东退出机制、股权转让约定等内容,具体我们将在后面的章节中进行讨论。当投资协议对股东间权利义务进行详细约定后,股东间再出现争议时就比较容易解决了。

所以对股东来说,不仅要重视公司章程的制定,也要做好股东间投资协议的约定,二者对股东都很重要。

第二节 公司章程的主要内容

首先我们简单梳理一下法律规定公司章程的适用范围及具体哪些事项由章程规定或者可以由章程规定,以及如何与公司的内部文件配合使用。

一、公司章程的适用范围

《公司法》第五条规定，公司的章程对公司、股东、董事、监事、高级管理人员具有约束力。

对于上述前4项的身份不会有什么异议，那么何为高级管理人员呢？包括公司的总裁、副总裁、总经理、副总经理、董事会秘书、财务总监，还包括公司其他总监及副总监级别的人员。但有时会产生争议，所以建议公司出具专门内部文件，明确规定公司哪些岗位的哪些职务属于公司高级管理人员，受公司章程约束。职员入职时明确其是否属于公司高级管理人员并受公司章程约束。这样如果这个职员以后违反公司章程规定时，就有了对其追究责任的依据；同样公司违反章程规定损害其利益时，这个职员也可以依据公司章程要求公司赔偿。

二、公司的经营范围由公司章程规定，其中属于法律、行政法规规定须经批准的项目，应当依法经过批准

这一项是公司主营业务及其他业务的公示。一般建议不要弄得大而全，尤其是一些小公司，一堆经营范围反而告诉他人公司业务不专业。大的公司这方面就做得比较好，集中体现了公司的主营业务。

三、公司的法定代表人由章程规定

公司的法定代表人由执行事务的董事或经理担任，一般由董事长或执行董事担任，少数由总经理担任。

公司的法定代表人对外代表公司，对于一般的有限公司，其实际上也管理着公司的日常运营，是我们通常所说的掌权人。如果您和别人合作，担任某公司的法定代表人，那么首先要看一下这个法定代表人是否能被股东会或董事会重选而取代。如果是，则说明这个法定代表人并不能真正掌控公司，别人说由您担任法定代表人以保证您的权利，那是一种欺骗，随时可以另选

他人而取代您。所以法定代表人一定要读懂章程中法定代表人的产生办法。

四、章程对法定代表人的约束

由于法定代表人对外代表公司，有很强的公信力，让公司以外的人认为其可以全权代表公司，因此股东对法定代表人的行为要有一定的约束。建议在章程中专门规定法定代表人未经股东会或董事会授权时的行事权利范围，以及违反章程规定时的违约责任。章程规定后对法定代表人就是一种约束，如果法定代表人违反了章程的规定，公司就有权要求法定代表人承担违约责任。尤其是当法定代表人违反章程规定对外进行担保给公司造成损失时，除了承担损失赔偿以外，可以依据章程要求法定代表人承担违约责任。

五、公司担保

公司法规定公司对内（对股东、实际控制人）担保，须经股东会决议；对外担保须经董事会或股东会决议，具体由章程规定。

也就是说对内担保必须经股东会决议，如果章程规定经董事会决议则属于无效规定。并且如果是为某一股东进行担保时，该股东不能参加表决；如果是为实际控制人进行担保时，则实际控制人及其控制的股东均不得参加表决，由其他股东过半数表决权通过。而对外担保究竟是由股东会表决还是由董事会表决，则由公司章程规定。

章程也可以规定对内担保和对外担保的数额限制，还可以约定禁止对内或对外担保。

公司章程对担保的规定，是对法定代表人及全体股东、董事的担保行为的约束。例如，如果公司章程规定不得进行担保，则董事会就不能对担保事项进行表决，一旦表决就将承担全部责任，公司或股东可以向其追责。如果公司规定不得对外担保，大股东为了自己利益依旧对外进行担保而损害小股东的利益的，小股东有权依据公司法要求公司收购其股权，以保护自己的利益。

所以公司章程中关于担保的规定非常重要，可以保护公司及股东的利益。

六、公司对外投资

公司对外投资由董事会或股东会决议表决，具体由公司章程规定。公司对外投资的单项金额或总额由章程规定。

公司章程应当明确对外投资具体由董事会决定还是由股东会决定，并规定对外投资的单项金额及总额。

公司是否应对外投资，以及可以投资哪些领域，这些问题常常是引发股东争议的来源。公司对外投资，有时也是大股东或实际控制人损害公司利益的方式之一。一旦利用这种方式，其他股东也很难找到证据。股东会授权董事会对外投资时，又担心对董事会失控。

所以建议公司章程明确规定公司对外投资是否应当由董事会决议，以及董事会和股东会各自决议对外投资的金额范围，这样既可以对董事会放权，也可以限定放权的范围。如果对外投资涉及股东或董事的关联企业，则关联的董事或股东不能参与表决。

七、股东违反公司章程的损害赔偿责任

《公司法》第二十一条第二款规定，"公司股东滥用股东权利给公司或者其他股东造成损失的，应当承担赔偿责任"；第八十九条第三款规定"公司的控股股东滥用股东权利，严重损害公司或者其他股东利益的，其他股东有权请求公司按照合理的价格收购其股权"。其他股东依据《公司法》第八十九条要求公司收购其股权时，首先要证明控股股东滥用股东权利，其次要证明严重损害公司或其他股东权利，这两项证明都是有难度的，所以事先在章程中进行规定就很重要。

何为滥用股东权利？公司章程可以规定滥用股东权利的情形包括作为执行董事的股东不按期召开股东会、不按期向股东报送公司财报、未经股东会批准签订担保协议、挪用公司资金、利用职务便利为自己谋取利益等。

同样，章程中可以明确规定严重损害公司及其他股东权利的情形。这样在产生争议时，公司和其他股东比较容易举证。在进行有关规定时，由于无

法进行全面的规定,所以最后可以规定一项"其他滥用股东权利的情形""其他严重损害公司及股东权利的情形"。

八、股东会、董事会、监事会的权利范围、召开程序、表决方式及议事规则

公司法明确规定了股东会决议、董事会决议在什么情况下不成立、无效、可撤销,配套的公司章程就要规定清楚法律规定以外的情形。

股东会、董事会规决议内容违反法律、行政法规的无效;股东会、董事会的决议内容违反公司章程的,属于可撤销情形;股东会、董事会会议召开程序、表决方式违反法律、行政法规或者公司章程规定的,属于可撤销决议,这些属于法定。

那么章程能够规定什么呢?其可以规定股东会、董事会会议的召开程序、表决方式。比如,可以规定"股东会、董事会会议召开前10日必须将拟表决事项送达所有股东,否则不得召开。如果违反此项规定仍旧召开的,视为未召开"。这样就可以保证股东收到所有股东会会议和董事会会议拟表决的事项,以行使自己的权利;同时这一项是为了使违反公司章程这一条规定的股东会和董事会决议不成立,因为公司法相关条款明确规定股东会决议、董事会决议不成立的情形之一即为"未召开"的情形。

此外,建议公司另行制定详细的股东会、董事会、监事会的议事规则。公司章程的内容相对比较简单,如果把详细规则搬到其中,则章程会过于冗长,因此建议公司另行制定议事规则,以指导并确保股东会会议、董事会会议有效地召开。

由于上市公司有严格的信息披露义务,所以其章程不适用上述"未召开"的规定,也不必规定这一项。股东会、董事会的权利范围,要在章程中明确规定,这样其股东会、董事会才能在各自的范围内行使权利。同时,章程规定对于董事会超出权利范围的表决,虽然该表决在法律上可被撤销,但董事会应当承担明确的违约责任,比如股东会有权立即将其辞退等。章程还可以规定股东会超出章程规定事项的表决必须经全体股东所持有的表决权中三分之二以上通过等。

九、公司注册资本、增减资、股东出资额、出资方式及有限公司股东的出资日期

这其中有两个关键事项：一是出资方式，二是有限公司股东的出资日期。《公司法》第四十八条明确规定，出资方式既可以是货币出资，也可以用实物、知识产权、土地使用权、股权、债权等用货币估价并可以依法转让的非货币财产作价出资。但没有规定股东以非货币财产出资时，如果没有按约定的时间完成出资手续应当承担怎样的违约责任。在过去司法实践中，股东未按期缴足出资的，一般只需承担延期出资期间的利息，但这完全无法弥补对公司造成的损失，而公司又很难证明对其直接造成的损失。另外，如果股东的非货币出资属于严重出资不足时，公司损失也很难被证明。所以建议公司章程对这一点进行明确的规定，或者股东间在投资协议中进行明确的约定。

关于有限公司股东的出资日期，新公司法规定自公司成立之日起5年内缴足。在公司经营过程中，经常遇到股东的出资期限未届满，但公司运营资金已明显不足的情形。如果股东想通过修改公司章程的方式，将股东的出资日期提前，有的股东会明确反对。这一项属于股东间事先的约定，不能通过修改公司章程来实现。过去因股东出资未到期而公司又需要运营资金而导致股东间产生矛盾的案例很多。那么对于这个问题的解决方案就要事先规定在公司章程中。对于有限公司，公司章程可以规定"当公司流动资金低于多少金额"或"当公司亏损达到多少金额"时，所有股东的出资需要加速到期。

公司增资会稀释现有股东的股权，为维持股权比例而进行同比例增资的话，小股东没有能力继续出资，因此股东间会因为增资产生矛盾。对于增资，除了在章程中规定需要三分之二以上表决权的股东表决同意以外，建议股东在投资协议中明确规定增资的事宜，以减少股东间的矛盾。

十、公司机构及其产生办法、职权、议事规则

这一项主要是对股东会、董事会的职权及议事规则、经理的产生办法及职权进行规定。公司内部机构的设置、规章制度的制定一般是董事会的权利

范围。如果公司章程规定董事会下设其他委员会的，则需明确规定这些委员会的产生办法及议事规则等。

公司法规定"经理由董事会聘任或解聘，经理的职权由章程规定或由董事会授权"，因此公司章程要明确规定经理的职权范围究竟是由章程规定，还是由董事会授权。

公司法规定公司财务负责人由经理提名、董事会决定。但规模小的有限公司可能不设经理，那财务负责人由谁来提名并决定呢？其实有时为了互相监督，财务负责人的提名会约定在投资协议当中，如果由主要的股东指定人员，在公司章程中规定的董事会的职权范围就去掉这一项。

十一、公司利润分配办法

有限公司股东间的争议，有时是因为公司盈利后一直不进行利润分配，股东基于此要求回购其股份的诉讼一般不会得到法院的支持，因为公司章程中没有规定公司在什么情况下要进行利润分配。

所以在公司章程中要明确规定利润分配办法，以及公司在符合什么情况下需要向股东分配利润、分配多少比例的利润等。同时利用股东间投资协议可以约定，如果控股股东促使公司在连续 2 年符合利润分配条件而不进行利润分配时，其他股东有权要求控股股东按约定的价格回购其股权；也可以约定其他惩罚性办法。同时有限公司的股东可以约定公司的利润不按实缴的比例分配，比如可以约定按认缴的比例分配利润，也可以约定为"甲实缴出资比例为 60%，利润分配比例为 50%"等。

十二、股东出资的核查义务及有限公司股东出资的催缴义务

公司法规定了董事对公司股东的出资具有核查义务，有限公司的董事对到期股东的出资有催缴义务；并且规定了未履行义务时，负有责任的董事应当承担赔偿责任。

那么，怎样界定是否履行了核查义务、完成了催缴义务，以及谁是有责任的董事？公司法对此没有明确的规定，需要由公司章程规定或公司以文件

形式出台相应的规定。比如，公司制定《公司资本核查及催缴规范》，在文件中规定核查程序及要求、催缴程序及要求、核查责任人、催缴责任人；规定如果股东失权时公司如何处理后续事宜。同时在文件中规定，没有按照规范履行职责的董事应当承担怎样的赔偿责任。这样既能督促也能指导董事履行自己的职责，并知晓未履行的后果。

十三、公司章程的修改

公司因为一些情况可能需要修改公司章程，比如，公司地址搬迁、经营范围变更等。公司章程的修改需要股东会持三分之二以上表决权的股东表决通过，当公司出现股东争议时，可能有的股东就不配合公司章程的修改。因此，在公司章程或股东投资协议中可以约定，如果股东恶意阻止公司章程的修改，则对公司及其他股东承担怎样的赔偿责任，以防止股东恶意行使自己的表决权。

十四、有限公司股东的表决权

股份公司一般要求同股同权，部分可以同股不同权，如科创板上市企业等。关于有限公司股东的表决权，如果没有约定，则和持股比例一致。公司章程可以规定股东的表决权和持股比例不一致，如"甲持有 A 公司 30% 的股权，享有 70% 的表决权；乙持有 A 公司 70% 的股权，享有 30% 的表决权"。有限公司章程通过表决权的特别规定，可以保证控股股东的控制权。公司章程也可以规定在什么情况下，股东失去特殊表决权或限制全部表决权。比如，股东损害公司利益时，限制其表决权的行使。

十五、有限公司董事长及副董事长的产生办法

公司法规定股份公司的董事长及副董事长由董事会过半数选举产生，公司章程不能另行规定产生办法。《公司法》第六十八条规定有限公司的董事长及副董事长的产生办法由章程规定，所以有限公司如果设有董事会，则在公司章程中规定董事长和副董事长的产生办法。

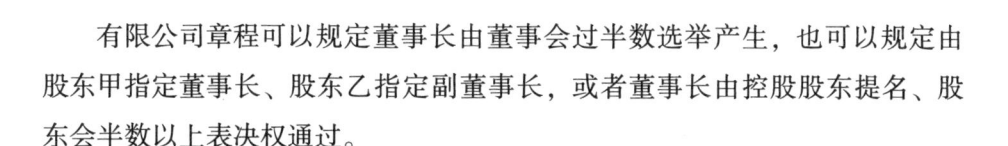

有限公司章程可以规定董事长由董事会过半数选举产生，也可以规定由股东甲指定董事长、股东乙指定副董事长，或者董事长由控股股东提名、股东会半数以上表决权通过。

十六、董事的产生办法

公司法规定董事由股东会选举产生，但董事由谁提名呢？法律没有规定，因此有限公司的章程可以规定谁对董事有提名权，或者全体股东一致同意由谁指定几名董事。

十七、董事长及董事的任期

公司法规定董事长及董事的任期均为3年，可以连选连任。也就是说他们的最长一届任期为3年，也可以是1年或2年。如果公司董事会人数较多，建议将董事长的任期与董事的任期错开，以确保公司的稳定经营。比如"董事长每届任期3年，董事每届任期2年；当半数以上董事与董事长任期同时到期时，董事长的任期自动连任，股东会表决不同意连任的除外"等。

十八、监事会或审计委员会的议事规则

规模小的有限公司可能只有一名监事或不设监事，达到一定规模的有限公司要么设有监事会，要么董事会下设审计委员会行使监事会的职权。股份公司则是监事、监事会、审计委员会三者必有其一。公司章程中需要规定监事会或审计委员会的职权范围、召开程序及表决方式以及议事规则。议事规则可以和股东会、董事会议事规则一样，公司另制定详细的规则文件。

十九、公司股东转让股权的规定

公司法规定有限公司股东间可以相互转让股权，如果股东对外转让股权时，其他股东有优先购买权，但章程另有规定的，从其规定。因此，有限公

司章程可以对股东转让股权进行规定，如多长时间内不得对外转让股权、股东间转让股权时控股股东有优先购买权及以多少价格行使优先购买权等。股东间对于股权转让的约定，建议在投资协议当中进行详细的约定。如果都写在章程中，会导致章程太长。另外，章程是可以被外部人员调取的，而股东投资协议是不公开的，所以写在投资协议当中更合适。

股份公司股东对外转让其所持有的股份时，其他股东有优先购买权。股份公司的章程也可以对股东转让股份作出限制。针对上市公司，有明确的股东转让股权的限制性规定。

二十、股东的股权继承

有限公司讲究的是人合性，如果有股东因故离世，其股权是否由其继承人继承可以事先在章程中规定。如果章程规定不可以继承股权，则明确规定股权对价及支付方式。

二十一、股东、董事的有效联系方式

建议将股东、董事的联系方式、联系地址等明确规定在有限公司的章程当中，这样无论是召开会议还是送达文件，就有了明确的送达地址，否则公司可能因为没有送达某些文件而产生额外的纠纷或诉讼，而且不会得到法院支持。比如对股东发送股东会会议通知、股东会决议、董事会决议、有限公司股东出资的催缴通知、有限公司股权到期未缴出资导致失权的通知等，均需要向有效的地址进行送达，所以规定明确的股东联系方式或联系地址就非常重要。

如果公司章程没有规定股东的具体联系方式或联系地址，公司与股东可以单独用文件进行补充约定。

二十二、董事、监事、高级管理人员及其近亲属、实际控制公司与本公司发生交易时的规定

公司法明确规定了董事、监事及高级管理人员的忠实及勤勉义务，公司

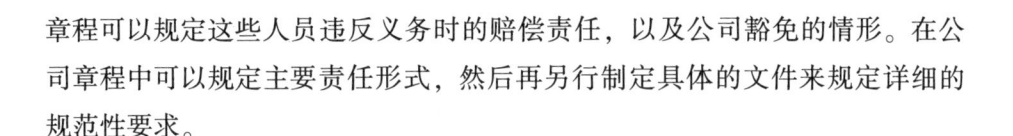

章程可以规定这些人员违反义务时的赔偿责任，以及公司豁免的情形。在公司章程中可以规定主要责任形式，然后再另行制定具体的文件来规定详细的规范性要求。

二十三、董事、监事、高级管理人员执行职务故意或重大过失损害公司利益的赔偿责任

公司法规定董事、监事、高级管理人员执行职务对其他方造成损害时，由公司承担责任。如果前述人员因为故意或重大过失损害公司利益，则可以在章程中明确规定如何承担赔偿责任。

二十四、公司发行债券及股份公司发行股份

公司可以公开发行债券，也可以非公开发行债券。发行债券需要遵守相关法律法规的规定，同时也可以在章程作出相关规定。

股份公司发行股份的，基本是以公开发行为主。公司章程中说明公司发行股票的种类、是否为面值股、面值是多少、发起人的名称、认购股数、出资情况等。

二十五、公司章程规定或股东会授权董事会发行股份

《公司法》第一百五十二条第一款规定："公司章程或者股东会可以授权董事会在三年内决定发行不超过已发行股份百分之五十的股份。但以非货币财产作价出资的应当经股东会决议。"那么是由公司章程规定还是由股东会授权给董事会比较好呢？这里建议由股东会授权给董事会。因为公司章程的修改需要程序及时间，而股东会授权则通过召开临时股东会并决定就可以了，不用每次都去修改公司的章程。

二十六、公司营业期限、解散条件

在公司章程中对营业期限明确作出规定。现在公司章程一般规定营业期

限为"不约定期限",也就是公司可以永续经营,直至解散。

正是因为公司章程没有规定公司营业结束的期限,也没有规定公司在什么情况下需要解散,结果当实际控制人失踪时或公司根本没有实际经营时,小股东向法院提起公司解散之诉时,很难得到法院的支持,导致公司无法经营,注销也困难。

所以建议在设立公司时,在公司章程中规定在何种情形下,公司应当解散,谁有权提出解散等事宜,以解决公司僵局或公司实际不经营时无法注销的问题。

以上对公司章程做了简要概述,公司股东可以根据公司的实际情况增加或减少相应的内容。

法律依据

《中华人民共和国公司法》(2023年修订)

第五条 设立公司应当依法制定公司章程。公司章程对公司、股东、董事、监事、高级管理人员具有约束力。

第九条 公司的经营范围由公司章程规定。公司可以修改公司章程,变更经营范围。

公司的经营范围中属于法律、行政法规规定须经批准的项目,应当依法经过批准。

第十条 公司的法定代表人按照公司章程的规定,由代表公司执行公司事务的董事或者经理担任。

担任法定代表人的董事或者经理辞任的,视为同时辞去法定代表人。

法定代表人辞任的,公司应当在法定代表人辞任之日起三十日内确定新的法定代表人。

第十一条 法定代表人以公司名义从事的民事活动,其法律后果由公司承受。

公司章程或者股东会对法定代表人职权的限制,不得对抗善意相对人。

法定代表人因执行职务造成他人损害的,由公司承担民事责任。公司承担民事责任后,依照法律或者公司章程的规定,可以向有过错的法定代表人追偿。

第十五条 公司向其他企业投资或者为他人提供担保，按照公司章程的规定，由董事会或者股东会决议；公司章程对投资或者担保的总额及单项投资或者担保的数额有限额规定的，不得超过规定的限额。

公司为公司股东或者实际控制人提供担保的，应当经股东会决议。

前款规定的股东或者受前款规定的实际控制人支配的股东，不得参加前款规定事项的表决。该项表决由出席会议的其他股东所持表决权的过半数通过。

第二十一条 公司股东应当遵守法律、行政法规和公司章程，依法行使股东权利，不得滥用股东权利损害公司或者其他股东的利益。

公司股东滥用股东权利给公司或者其他股东造成损失的，应当承担赔偿责任。

第二十四条 公司股东会、董事会、监事会召开会议和表决可以采用电子通信方式，公司章程另有规定的除外。

第二十六条 公司股东会、董事会的会议召集程序、表决方式违反法律、行政法规或者公司章程，或者决议内容违反公司章程的，股东自决议作出之日起六十日内，可以请求人民法院撤销。但是，股东会、董事会的会议召集程序或者表决方式仅有轻微瑕疵，对决议未产生实质影响的除外。

未被通知参加股东会会议的股东自知道或者应当知道股东会决议作出之日起六十日内，可以请求人民法院撤销；自决议作出之日起一年内没有行使撤销权的，撤销权消灭。

第二十七条 有下列情形之一的，公司股东会、董事会的决议不成立：

（一）未召开股东会、董事会会议作出决议；

（二）股东会、董事会会议未对决议事项进行表决；

（三）出席会议的人数或者所持表决权数未达到本法或者公司章程规定的人数或者所持表决权数；

（四）同意决议事项的人数或者所持表决权数未达到本法或者公司章程规定的人数或者所持表决权数。

第四十六条 有限责任公司章程应当载明下列事项：

（一）公司名称和住所；

（二）公司经营范围；

（三）公司注册资本；

（四）股东的姓名或者名称；

（五）股东的出资额、出资方式和出资日期；

（六）公司的机构及其产生办法、职权、议事规则；

（七）公司法定代表人的产生、变更办法；

（八）股东会认为需要规定的其他事项。

股东应当在公司章程上签名或者盖章。

第三节 投资协议的主要内容

投资协议是股东间重要的约定。如前文所述，公司章程是对外公示的，而股东投资协议是不公示的。公司章程的条款内容有限，如果章程中规定太多内容，在工商备案时有时也会有问题。公司章程的修改需要遵守法律规定的程序，而股东间投资协议的修改只要股东都同意，就可以随时达成，也不用办理行政备案手续。股东间往往是因为章程规定的股东权利义务不明确，导致争议不断，而股东投资协议可以明确约定股东间的权利义务以及违约责任。

一般股东投资协议包括以下内容：

一、股东的出资额、出资方式、出资期限、未出资的违约责任

公司法虽然规定了股东的违约责任，但对于赔偿责任并不明确，这需要股东间进行约定。股东违约责任可以约定在公司章程中，也可以约定在股东投资协议中。

二、股东的权利、义务

股东有出资责任，还有其他方面的权利和义务；除了法律赋予的以外，可以详细约定在股东投资协议中。

比如，股东对公司运营的具体权利、负责内容、承担责任等。股东也可以约定股东知情权的具体内容以及公司如何保证股东知情权的行使。

如果股东对特别事项需约定，比如对股东会表决权、董事会表决事项等，可以约定在股东会或董事会的特别事项中，但不建议股东为了限制原始股东的权利而要求一票否决权，那对企业多数是有百害而无一利。投资入股的股东，更多时候对原始股东给予尊重对企业未来发展更有利。

三、公司利润分配办法

股东可以在投资协议中约定公司发展前期利润如何分配、公司发展成熟后利润又如何分配以及公司未分配利润再投资的决策机制等。

四、股权转让条件及限制转让的约定

股东刚开始合作时，一般会约定三年内或更长时间内股东不得对外转让股权。同时为了确保控股股东的控制权，也会约定股权转让时，控股股东有优先购买权。并约定行使购买权的价格，比如约定以最后一期融资的价格或股权对应公司净资产份额为转让价格。还可以约定控股股东多久未行使优先购买权视为放弃优先购买权等。

另外，公司控股股东在公司经营一定期限后，可能存在对外转让股权退出经营的情况，而小股东之所以入股公司，很多时候是因为信任控股股东。如果控股股东对外转让股权，可能小股东也不希望继续持有公司的股权，所以小股东可以在投资协议中约定控股股东对外转让股权时，需要将小股东的股权一并对外转让。

五、退出机制

退出机制主要是约定股东在公司满足什么条件下，或股东出现什么情况下，股东可以退出公司；退出公司时，退出股东的股权如何处理、股东以什么价格退出。

公司在对员工进行股权激励时会有明确的退出机制，股东投资公司时，也可能约定明确的退出机制。

六、业绩对赌条款

一般投资机构进入时，会和公司及控股股东约定对赌条款。与公司签订对赌条款后，公司回购会产生法律障碍，而控股股东的回购则没有法律障碍，因此，可以在投资协议中明确约定公司不能回购时控股股东的回购责任。

七、股东违反投资协议时的小股东保护

投资协议可以约定在什么情况下，控股股东必须收购小股东的股权。比如控股股东决定对公司进行增资时、控股股东损害公司利益时、公司盈利连续两年未分配利润时、控股股东不允许小股东查看公司账目时等。

投资协议要明确约定在什么情况下，控股股东的行为属于严重损害公司及其他股东利益的行为；其他股东在要求控股股东提供哪些公司材料，而控股股东拒绝提供的情况就属于严重损害。如果不予明确约定，则其他股东很难证明损害的存在。

八、股东投资前公司债务的责任承担约定

对于后进入公司的股东，在股东投资协议或股权转让协议中，明确约定股东进入公司前公司的债务由谁承担。现股东如果隐瞒公司债务如何处理，承担怎样的违约责任。

九、公司现状的承诺

如果是后进入公司的股东，在进入公司前，可能无法了解公司的现状，投资前也没有请专业的团队对公司现状进行调查，则需要公司前股东对公司的现状作出承诺，并明确虚假承诺的违约责任等。

十、股东的违约责任

投资协议中应当明确约定股东违约时应当承担怎样的违约责任。公司章程并不适合对股东的违约责任进行详细的规定，而投资协议则方便股东间进行约定。投资协议中的违约责任主要针对股东未履行投资协议中约定的股东义务的行为，如控股股东对其他股东知情权的保护，控股股东损害公司及其他股东利益时的赔偿责任及违约责任，或者股东承诺未兑现时应当承担的违约责任。

十一、各股东的有效联系地址、争议解决办法及争议管辖

股东间文件送达、股东争议时的文书送达，都需要有效的联系地址，法律上称为送达地址。所以凡是协议，这一条款是不可或缺的。股东间的争议如何解决，协商无法解决时是去法院诉讼还是仲裁，去哪个法院或仲裁委，都应在这一项中明确约定，以缩短争议解决时间。

十二、股东协议的生效条件

股东间协议可以是签字即生效，也可另行约定生效条件。比如，约定"股东投资款在协议签订后 10 日内到达公司账户时协议生效"等。

以上只是一些基本条款，具体要根据公司项目的特点、股东加入公司的条件、公司的现状、公司发展的需求等进行个性化的约定。这里需要注意的是，在股东投资协议当中，一定要约定"当股东签署的公司章程与投资协议不一致时，以投资协议为准"。这条约定非常重要，因为往往先约定股东间投资协议，后制定公司章程（公司章程是全体股东签字或盖章，是股东间的约定）。如果投资协议中没有这句话，则当公司章程与投资协议不一致时，就视为股东间对投资协议进行了变更。

第四节　公司章程中未设股东会的争议案例解决方案

如果公司章程中没有规定公司是否设有股东会，后来发生争议如何解决，我们来具体分析一下。

案例1：公司章程没有规定是否设股东会，规定董事会是公司最高权力机构

K公司设立于2018年，注册资本为1000万元，股东甲实缴1000万元，在公司经营过程中向公司提供借款1000万元。由于公司还在研发阶段，没有形成可转化为产品的研发成果。

2020年6月，L投资机构（以下简称L机构）看好K公司的项目，经过调查后决定投资1000万元。投资后K公司估值为1亿元，L机构持有公司10%的股权。L机构投资时，乙、丙作为机构的介绍人，甲分别赠送了二人1%的股权。L机构入股后，K公司的股权结构为甲持有公司88%的股权，L机构持有公司10%的股权，乙持有公司1%的股权，丙持有公司1%的股权。

L机构投资时，和K公司约定：如果公司三年内未实现盈利，则L机构的投资作为借款，由K公司返还；L机构从甲受让的股权，返还给甲后退出公司。

L机构投资时，修改了公司的章程。K公司章程规定：公司最高权力机构为董事会，董事会成员3人，由甲委派2人、L机构委派1人。每名董事对董事会的决议均有一票否决权。

L机构投资入股一年后，K公司的研发依旧没有成果，K公司一直处于亏损当中。L机构开始后悔当初的投资，希望K公司可以提前返还其出资。由于K公司资金紧张，于是拒绝了L机构的要求。

2021年12月，K公司资金短缺，决定引进第2名投资者王某，协商一致后K公司向王某增资，王某出资500万元，持有公司10%的股权，K公司依旧是溢价增资。

2021年12月底，K公司通知各董事召开董事会，对新一轮增资事宜进行表决。L机构明确表示，要求K公司返还其投资款，否则就对新一轮的增资投反对票，行使一票否决权。

面对K公司现在的局面，甲不知道如何解决。拿到材料后，我们给出两个解决方案。

方案一：K公司继续经营。

为避开L机构的一票否决权，甲将自己持有的K公司的股权的10%转让给王某，王某的出资归K公司所有，公司继续经营。

方案二：K公司结束经营。

K公司目前最值钱的就是研发中的部分阶段性成果，即使公司关闭，也不会导致研究成果损失。甲可以立即成立一家新公司，将现有的员工转移到新公司，由新公司继续研发，并用新公司引进投资者。

甲担心L机构的继续存在会阻碍公司的发展，于是选择后者。

K公司如果结束经营，需要通过董事会决议，而L机构这时又会提出必须返还其投资款，否则就不同意公司结束经营。

为了打破这个局面，我们充分利用公司法赋予股东会的权利。

公司法规定股东会是公司的权力机构，没有规定董事会是权力机构；同时公司法没有规定公司可以不设股东会，因此无论公司章程是否规定公司股东会的权利，也不影响法律赋予股东会的权利。

为了解决L机构的一票否决权，K公司召开了第一次临时股东会，对修改公司章程进行表决。修改的内容就是重新将股东会写入章程，并取消董事会对重大事项的表决权，收回由股东会表决；同时废除董事会的一票否决权，改为一人一票，半数通过。因为甲持有公司88%的表决权，加上乙、丙的表决权，最后股东会决议以90%赞成、10%反对通过了修改章程的决议。

关于章程修改的股东会决议通过后不久，K公司又召开了第二次临时股东会会议。第二次股东会表决事项是K公司结束经营，进行清算。甲凭借持有的88%的表决权，使第二次股东会决议顺利通过。K公司进入清算程序，成立由股东组成的清算组。

由于K公司一直亏损，所以净资产一直是负数，项目也还在研发阶段，没有形成无形资产，因此K公司清算后没有可分配财产，公司进入注销流程。

案例 2：公司章程明确规定不设股东会，董事会是公司最高权力机构

M 公司设立于 2002 年，注册资本 3000 万元，有股东三人，甲实缴 1050 万元，持有公司 35% 的股权；乙实缴 900 万元，持有公司 30% 的股权；丙实缴 1050 万元，持有公司 35% 的股权。

M 公司经营至 2021 年，乙、丙不想继续经营，但甲执意不肯清算公司，公司印鉴也都在甲的手中。这时公司的净资产约 8000 万元。

M 公司章程规定：公司不设股东会，董事会是最高权力机构；公司董事会共 3 人，分别由甲、乙、丙各指定一人；董事会为一人一票制，所有事项需董事半数以上表决通过，董事长由董事会选举，半数以上表决通过；董事长及董事的任期均为三年；公司法定代表人由董事长担任；公司的经营期限是不约定期限。

2021 年股东发生争议时，甲、乙、丙均为公司董事，其中甲为董事长。M 公司董事长及董事任期均已届满，没有再进行改选。

在这个案例中，如何将 M 公司注销呢？

在这个案例中，乙、丙是一起的，合计持有的表决权是 65%，如果用股东会表决去结束公司运营，表决权比例不够。甲单独持股 35%，无法达到修改公司章程所需的表决权比例。所以这个案例就是将错就错。

我们给出以下解决方案：

既然公司章程规定法定代表人由董事长担任，目前董事长任期已满，所以第一步是召开董事会，重新选举董事长。最后选举乙担任董事长。

选出新的董事长后，通知甲配合做工商变更，并移交公司印鉴等，甲不配合。这时向法院提起工商登记变更诉讼，要求变更公司法定代表人，并要求原法定代表人交出公司所有印鉴。新公司法于 2024 年 7 月 1 日生效后，法定代表人的变更，只要新的法定代表人到市场监督管理机构办理变更手续即可，也不需要原法定代表人签字。

经过法院一审及二审，甲只能移交公司印鉴等资料。这时公司由乙、丙掌控。乙、丙遣散公司的员工，迫使公司进入停业状态。

这时不能用董事会表决作出公司清算的决议，一旦市场监督管理机构不认，则浪费时间。公司清算的主要工作之一是对现有资产进行变卖。所以这时乙、丙需要召开董事会决议，对公司资产进行变卖。因为二人占董事会半数以上票数，所以变卖公司资产的决议就很容易通过，甲也无法阻止公司资产变卖。对超出注册资本的部分，将变卖的资产大部分按持股比例进行股东间分配。这时公司仅剩下注册资本部分没有分配，这部分不能分配，否则就是抽逃注册资本了。公司到了这种程度，甲为了取回自己原始投资的1050万元，最后也只能配合公司进行清算。

上面两个公司的章程，都是将董事会规定为公司最高权力机构，但是针对不同的情形，要采用不同的办法，关键是找出对自己有利的条款来充分利用，不是说一定要纠正章程的错误，也不是说一定恢复股东会。

第十章
公司控制权的设计与节税安排

第一节 公司控制权稳定的意义

公司控制权稳定是一家公司长久稳定发展的保障。如果一家公司控制权不稳定，则投资者基本不会考虑投资，原因也在于此。这也是公司上市的重要条件之一，即控制权清晰且稳定。当公司控制权发生变化时，常常会给公司经营带来巨大风险，也会使供应商、合作伙伴、员工、投资者的信心均受到重创。公司因被收购而导致控制权发生变化的情形会有所不同。当一家公司被善意收购时，可能会助力企业的长久发展；当一家公司被恶意收购时，则基本是以结束公司为目标。为了避免创始团队在公司发展过程中因不断融资被稀释股权而失去控制权，事先进行控制权的设计就尤为重要。香港证券交易所、科创板及其他上市板块先后允许上市企业的股份公司实行同股不同权的制度，其宗旨还是在公司发展过程中进行融资及在公开发行股票后导致创始团队股份持有比例下降的情况下，仍然可以控制公司，以确保公司控制权的稳定。下面我们通过几个案例来了解一下控制权对公司发展的意义。

案例1：恶意收购熊猫洗衣粉品牌

1958年熊猫洗衣粉由北京糖醛化学厂推出，进入中国千万家庭，成为中国家喻户晓的品牌，深受大家欢迎。

北京糖醛化学厂于1970年更名为北京日用化学二厂，1980年1月5日进行了商标注册。

1994年，美国宝洁公司与北京日用化学二厂成立合资公司，即北京熊猫宝洁洗涤用品有限公司，宝洁公司持有合资公司75%的股权，并购买了熊猫品牌50年的使用权。

收购后宝洁公司提高熊猫洗衣粉的价格，同时以优惠价格推出自己旗下品牌汰渍和碧浪洗衣粉，熊猫洗衣粉的客户市场迅速更换为汰渍和碧浪洗衣粉的市场。

1999年，宝洁公司收购了合资公司剩余的股权，至此不再生产熊猫洗衣粉。

2000年，北京日用化学二厂收回熊猫品牌，但已很难重振市场。

2024年1月6日，北京一轻日用化学有限公司将商标转让给了北京金鱼科技有限责任公司（其旗下的全资子公司）。

2024年3月2日，笔者在淘宝上搜索了一下这个品牌的洗衣粉，只有一家店铺销售，销量也不好。

当国内商场专柜还是重要销售渠道的时候，欧莱雅集团看中了小护士的线下销售渠道，于是2003年收购了小护士品牌，导致目前市场上几乎看不到该品牌身影。国内还有类似几乎被消灭的品牌，也是同样被收购的命运，这就是恶意收购导致实际控制人变更后带来的后果。

案例2：坚守发展自己之路的国货品牌——百雀羚

百雀羚成立于1931年，是中国著名的草本护肤品牌之一。

"百雀羚"的创始人姓顾，叫顾植民。顾植民生于1903年，上海原嘉定黄渡乡人。十四岁就从乡里出来，到上海城里谋生计。1929年，他通过应聘，当上了大名鼎鼎的上海先施百货公司营业员，负责化妆品销售工作。1931年，顾植民先生辞去原来的差事，创办了属于自己的企业——上海富贝康化妆品无限公司（百雀羚公司前身）。

20世纪30年代开始，百雀羚引领了护肤时尚风潮，其独有的芳香伴随着阮玲玉、周璇、胡蝶等璀璨巨星引领着一个时代的芳华；甚至当年流连沪上的宋氏三姐妹以及英、德、法等国的驻华使节夫人们也都推崇使用。由此百雀羚以"东方美韵，护肤精品"享誉海内外。

20世纪80年代后，百雀羚开始由单纯的"保护"诉求，进入全面"护理、滋养"的护肤新理念，百雀羚旗下的技术人员成功研制了凤凰珍珠霜、凤凰胎盘膏等系列产品。

此后，百雀羚陆续推出水嫩倍现保湿系列、水嫩精纯系列、水能量系列，逐步完善草本保湿系列。2015年，百雀羚肌初赋活系列上市，持续以草本能量打造抗老系列，以更丰富的草本护肤佳品制造国内化妆品市场新的巅峰。

在2012—2015年，百雀羚陆续起用莫文蔚、周杰伦、李冰冰等多位代言人；众多美妆行业奖项印证了其良好的产品口碑，全年线上、线下销售持续领跑，成为中国草本护肤头部品牌。

自2000年起，百雀羚的产品和技术不断升级，百雀羚止痒润肤露、号称"中国小黄油"的凡士林霜、甘油一号、SOD蜜、护发素等成为明星产品。

2017年，百雀羚成为国际化妆品化学家联合会（IFSCC）在中国的首个金级会员。2021年,在"Brand Finance"全球最有价值的50个化妆品和个护品牌排行榜中,百雀羚跻身全球Top15,成为中国美妆品牌的佼佼者。近20年,其实际控制人没有发生变化,其品牌在现在实际控制人的手中不断发展壮大。

案例3:1号店的收购与发展

1号店创立于2008年,经过平安集团和沃尔玛集团的两次收购,创始团队失去了控制权,但两次均为善意收购。自2011年被沃尔玛集团收购后,控制权一直到今天没有发生变化。2016年,1号店与京东达成战略合作,进一步推动了双方的发展。

上面3个案例说明在企业发展过程中,控制权是企业长久发展的关键因素之一,也是重要因素之一。

第二节　股东会与董事会在公司控制权中的意义

在讨论公司控制权时,我们先讨论一下何为控制公司。

财务上通常讲的控制是指有权决定一家企业的财务和经营政策,并能据以从该企业经营活动中获得利益。财务上的控制主要是为了决定企业与其投资公司间是否应当合并财务报表。

商业上我们一般将股东对企业的影响分为以下三种:

一、绝对控制

无论公司的其他股东是否同意,实际控制人都有权决定公司的战略及对外投资、利润分配、增资、减资、修改公司章程等。股东的表决权需要在三分之二以上,且其他股东没有特殊的表决权。

二、相对控制

除了增资、减资、修改公司章程、有限公司出售重大资产以外,实际控制人可以决定其他与公司有关的事项。实际控制人需要持有公司半数以上表决权，且其他股东没有特殊的表决权。

三、重大影响

一般指对增资、减资、修改公司章程等公司重大事项具有影响。股东需持有表决权在三分之一以上；有时持有比例可以比较低，比如5%左右，但公司章程规定对重大事项具有一票否决权，比如 ofo 小黄车的一票否决权。公司股东持有的一票否决权是为了限制实际控制人权利，但对公司的发展，关键时候可以直接终止公司的前行之路，ofo 小黄车的一票否决权就是典型的案例。2021 年，我提供法律顾问服务的一家公司，因为机构投资者的一票否决权导致在园区整体企业迁移的情况下，投资机构以退出公司经营为条件同意公司搬迁决议，最后导致公司结束运营。一票否决权的存在大多是因为公司发展过程中资金短缺，引进外部投资者时，创始团队处于弱势局面导致的，而投资机构以为自己的一票否决权可以在关键时候保护自己的利益，但实际往往事与愿违。

股东会并不负责公司运营决策与管理，直接参与公司运营决策的是董事会，那么为什么上文的公司控制内容均以股东会为基础来分析呢？这是因为在通常情况下，控制了股东会就控制了董事会，最终目的还是控制董事会。阿里集团就是持股比例不高的团队通过控制董事会而掌控整个集团的典型，也是中国首个同股不同权的股份公司在国外上市的企业。也正是阿里的影响，带动了香港证券交易所和国内其他证券交易所的上市企业同股不同权制度的设立。

股东会与董事会在控制权方面的影响究竟有哪些呢？上文控制权所说的比例都是从股东会权利上去分析的，那么是不是控股股东会就控制了公司呢？我们来看一下法律赋予股东会与董事会的不同权利。

《公司法》第五十九条第一款规定："股东会行使下列职权：（一）选举和更换董事、监事，决定有关董事、监事的报酬事项；（二）审议批准董事会的报告；（三）审议批准监事会的报告；（四）审议批准公司的利润分配方案和弥补亏损方案；（五）对公司增加或者减少注册资本作出决议；（六）对发行公司债券作出决议；（七）对公司合并、分立、解散、清算或者变更公司形式作出决议；（八）修改公司章程；（九）公司章程规定的其他职权。"

股东会的第一项权利就是选举和更换董事，股东对这项权利的影响决定了能否控制董事会；股东会第二项重要权利是与公司资本有关的权利，如增资、减资、发行债券等；股东会第三项重要权利是与公司主体相关的权利，如合并、分立、解散、清算或变更公司形式。修改公司章程往往是因这些原因导致公司章程变化而修改。上面所有权利均不包括公司日常运营中对财务和管理政策决定的权利。

《公司法》第六十七条第二款规定："董事会行使下列职权：（一）召集股东会会议，并向股东会报告工作；（二）执行股东会的决议；（三）决定公司的经营计划和投资方案；（四）制订公司的利润分配方案和弥补亏损方案；（五）制订公司增加或者减少注册资本以及发行公司债券的方案；（六）制订公司合并、分立、解散或者变更公司形式的方案；（七）决定公司内部管理机构的设置；（八）决定聘任或者解聘公司经理及其报酬事项，并根据经理的提名决定聘任或者解聘公司副经理、财务负责人及其报酬事项；（九）制定公司的基本管理制度；（十）公司章程规定或者股东会授予的其他职权。"

董事会权利中的第三、七、八、九项都是直接管理公司相关的权利，对公司的运营产生直接的影响。这也就是为什么最终掌控董事会才是实际控制公司的原因。

马云是如何以小比例的持有股份来控制整个阿里巴巴的呢？阿里董事会有5人，马云团队在融资时与投资方约定，他们享有董事会3人的推荐权。董事会是人头决，也就是一人一票，一般表决事项是过半数通过。马云团队控制了董事会的3人，半数以上，即控制了董事会，通过同股不同权的设计掌控整个阿里巴巴。

第三节　合伙企业介绍

近些年来，合伙企业常常被用于基金投资、企业控制权设计的工具、员工持股平台等。持股平台，就是公司并不实际经营业务，仅为投资方间接持有被投资主体公司股权的一个平台型公司。

合伙企业的类型有以下两种：

（1）普通合伙企业：全体合伙人均为普通合伙人。

（2）有限合伙企业：至少有一个普通合伙人、一个有限合伙人。

根据《合伙企业法》，合伙企业的投资人，即合伙人有两种身份，我们分别介绍一下。

（1）普通合伙人：就是我们常称的"GP"，是普通合伙人英文"General Partner"的缩写。

（2）有限合伙人：就是我们常称的"LP"，是有限合伙人英文"Limited Partner"的缩写。

合伙人的出资和公司的股东出资形式基本一致，区别就是有限合伙人不得以劳务出资，而普通合伙人可以劳务出资。

有限合伙人对合伙企业的债务承担有限责任，而普通合伙人对合伙企业的债务承担无限连带责任。

基于普通合伙对合伙企业的无限连带责任，下列主体不得成为合伙企业的普通合伙人：国有独资公司、国有企业、上市公司以及公益性的事业单位、社会团体。

普通合伙人可以代表合伙企业执行合伙事务，有限合伙人则不可以成为执行事务合伙人。这一点是公司利用合伙企业进行控制权设计的关键。持股平台一般只有1名普通合伙人，可以有49名有限合伙人。因为有限合伙人不能代表合伙企业对外执行合伙事务，当设计持股平台时，将这些投资人以有限合伙人的身份加入合伙企业，然后控制人自己或委派他人成为持股平台的普通合伙人，代表合伙企业行使股东权利，这样实际上就是行使了全体投资人的股东权利。我们通过图1来说明这一点。

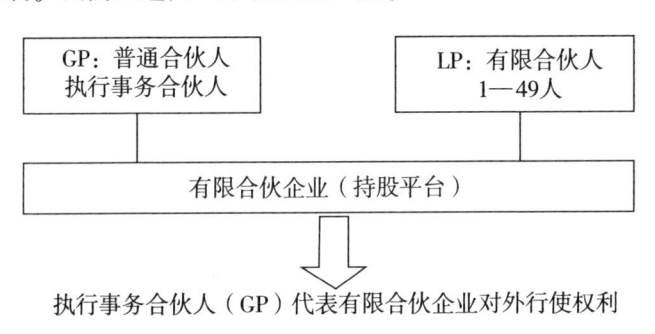

```
┌─────────────────────┐    ┌─────────────────────┐
│ GP：普通合伙人      │    │ LP：有限合伙人      │
│ 执行事务合伙人      │    │ 1—49人              │
└──────────┬──────────┘    └──────────┬──────────┘
           │                          │
           └────────────┬─────────────┘
                        │
           ┌────────────┴─────────────┐
           │ 有限合伙企业（持股平台） │
           └────────────┬─────────────┘
                        ▼
```

执行事务合伙人（GP）代表有限合伙企业对外行使权利

图1 公司实际控制人如何利用合伙企业进行控制权设计

第四节　婚姻变故对控制权的影响

自然人持有公司的股权，在离婚时如果夫妻没有事先约定，则为夫妻共同财产，一般离婚时五五分割。股权经过离婚的分割后，可能直接导致公司控制权发生变化。由于有限公司人合的特点，如果持有股权的一方能够以现金补偿另一方，法院一般不会判决分割股权，但如果不能以现金补偿，则会被判决分割股权。因此，如果自然人预感到婚姻状况可能不稳定，最好提前进行规划，以免因为离婚失去对公司的控制权。王某强的离婚案就是典型的先规划再离婚的案例，也是控制权策划方面常被引用的案例。

我们下面通过真某夫餐饮管理有限公司前董事长蔡某标的离婚案例和王某强的离婚案例来说明离婚对公司控制权的影响。

案例1：真某夫餐饮管理有限公司前董事长蔡某标离婚案

1994年，蔡某标与其前妻潘某峰的弟弟潘某海成立了168甜品店，股权为潘某海一方50%，蔡某标夫妇一方50%。

2006年9月，蔡某标与潘某峰离婚后，50%的股权全部由蔡某标持有，蔡某标承诺以现金补偿给潘某峰。

2007年，资本进入，新设真某夫餐饮管理有限公司（以下简称真某夫），此时潘某海持股41.74%、蔡某标持股41.74%、双某子公司持股10.52%、联某创投持股3%、今某资本持股3%。蔡某标任公司董事长兼法定代表人。

此时，蔡某标和潘某海合计持有83%以上的股权，完全控制真某夫。

离婚事件作为主要导火索，蔡某标与前妻潘某峰、前小舅子潘某海关系破裂，由此原本计划上市的真某夫开始展开控制权之争，成了当时轰动一时的事件。

案例2：王某强离婚案

2012年8月28日北京宝某嵘影业有限公司（以下简称宝某嵘影业公司）的股东为王某永（王某强的弟弟），持有公司5%的股权；马某（王某强的妻子），持有公司95%的股权。

2014年王某永退出公司，任某妍加入。此时马某持有公司95%的股权、任某妍持有公司5%的股权。

在这个股权结构下，如果离婚后马某的股权与王某强五五对开，则宝某嵘影业公司的股权变更为马某持有47.5%股权、王某强持有47.5%、任某妍持有5%的股权，王某强对宝某嵘影业公司没有控制权，除非任某妍所持有的5%股权完全与王某强的任何决定保持一致，但也是相对控制，没有绝对控制公司。

按时间推理，王某强应该是在2016年3月25日以前发现了其妻马某与宋某（王某强的经纪人）之间的问题，于是开始对宝某嵘影业公司的股权逐步调整。

下面是王某强对宝某嵘影业股权的调整过程：

2016年3月25日，马某退出，王某强和宋某加入。此时任某妍持有25%的股权、王某强持有62%的股权、宋某持有13%的股权。

这一步的股权调整，实际是在装糊涂，让人感觉其什么也不知道。

在这个时间节点，如果王某强提出离婚、夫妻五五分割股权，则宝某嵘影业公司股权结构变更为任某妍持有25%股权、王某强持有31%股权、马某持有31%股权、宋某持有13%股权，马某加上宋某股权为44%，王某强和任某妍合计为56%，在确保任某妍与其保持一致决定的前提下才相对控制公司，因此他不会在这个时间选择离婚。

下一步就是股权调整的关键。2016年4月8日，王某强投资占比37.5%、宋某占比31.25%、任某妍占比31.25%共同设立了共某城宝亿投资管理有限合伙企业。

紧接着2016年4月19日，任某妍、宋某退出宝某嵘影业公司，共某城宝亿投资管理有限合伙企业加入，此时王某强持有宝某嵘影业公司5%的股权，共某城宝亿投资管理有限合伙企业持有公司95%的股权。也就是将宝某嵘影业公司中除了王某强直接持有的5%股权以外，其他95%股权全部放入合伙企业当中，合伙企业的控制权掌握在王某强手中。

为防止离婚后公司控制权落入他人之手，王某强在离婚前对公司进行上述调整，调整后王某强直接持有宝某嵘影业公司5%的股权，通过合伙企业持有公司95%的股权，完全掌控公司。

无论合伙企业中投资人持股比例如何变化，其持有的宝某嵘影业公司95%的股权表决权均掌握在王某强手中，王某强直接持有的宝某嵘影业5%的

第十章 公司控制权的设计与节税安排

股权的分割对公司控制权没有任何影响了。

2016年8月14日,王某强与马某官宣离婚。王某强起诉马某离婚进入司法诉讼程序,2019年1月,二人离婚案司法程序结束,开始依照判决进行财产分割后的过户手续。

共某城宝亿投资管理有限合伙企业设立于2016年4月8日,执行事务合伙人为王某强,即王某强实际控制这个合伙企业,王某强投资占比37.5%,宋某占比31.25%,任某妍占比31.25%。2016年5月13日,宋某退出,将所持股权转让给马某。2019年2月14日二人的离婚案结束后,马某退出,将所持31.25%股权转让给王某强。2021年8月12日,该合伙企业注销,完成历史使命。

2021年5月20日,共某城宝亿投资管理有限合伙企业退出宝某嵘影业公司,王某永加入。此时公司股东为王某强、王某永,宝某嵘影业公司回到兄弟二人手中。

上面一步关键股权的调整,我们用图2来说明一下。

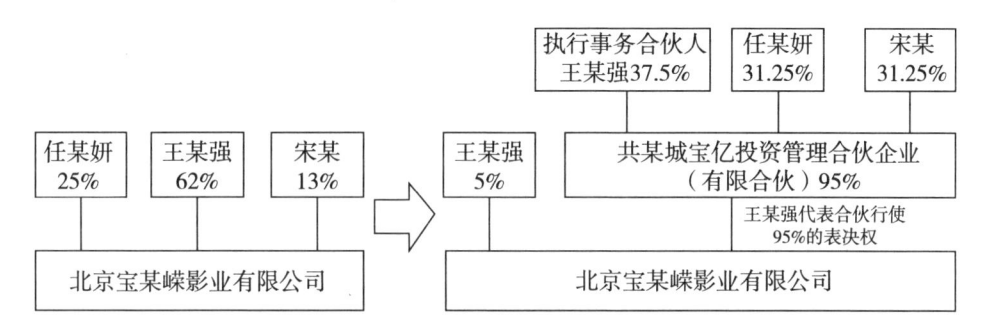

图2 北京宝某嵘影业有限公司股权调整情况

经过调整后,王某强持有北京宝某嵘影业有限公司100%的表决权。

上面两个不同的公司经过股东婚姻的变故后,呈现出完全不同的结果。谁也无法保证婚姻可以在今生一直延续下去,因此提前进行公司股权设计就很重要。美国默多克集团创始人鲁伯特·默多克事先对家族企业股权的信托安排,保证了他经过几次婚变后也不影响对家族事业的控制权。

第五节 控制权设计及节税安排

本书控制权设计章节中,我们不讨论信托计划、公司AB股设计等复杂的控制权设计工具，我们仅以有限公司、有限合伙企业在对主体公司控制设计及节税安排上的综合运用来讨论如何进行主体公司的控制权设计及节税安排。主体公司，就是我们要最终控制的公司，其他的有限公司及有限合伙企业是实现控制及节税的工具，并不是实际运营的公司。

我们在讨论控制权设计的时候，一定要同时考虑股东最终税负的问题。如果仅以控制设计为目标而忽略了股东税负，最后在股东将企业财产变现的时候发现税负过重再进行调整，而且为时已晚，后悔莫及。我们曾遇到过上市公司的实际控制人，上市后股票准备将股票变现，发现税负过高，已经是无能为力了。

在进行控制权设计讨论之前，我们先对企业及相关主体涉及的基本税负情况简单了解一下。

首先我们了解一下企业所得税。企业所得税，目前小微企业有税收优惠政策，高新技术企业也有税收优惠，一些特殊的行业也有税收优惠，我们这里不考虑上面三种税收优惠，统一用25%的正常企业所得税税率来进行举例说明，这样比较方便数字的计算。不同身份的自然人股东从未上市的公司取得的分红，所缴纳的分红税也不同。这里我们不讨论因境内境外身份差异所带来的不同，仅讨论境内一般情况下自然人股东分红应缴纳的分红税。

企业主体为自然人股东的个人所得税，其中有三个税目：(1) 利息、股息、红利所得税（以下简称分红税）；(2) 财产转让所得税；(3) 经营所得税。

利息、股息、红利所得，以每次收入额为应纳税所得额。境内自然人股东从未上市公司取得的分红，一般需要缴纳20%的分红税。

财产转让所得，以转让财产的收入额减去财产原值和合理费用后的余额，为应纳税所得额，税率为20%。自然人股东转让所持有的主体公司的股权，应当缴纳的是财产转让所得税。

经营所得税，为5级超额累进税率：5%、10%、20%、30%、35%，经营所得是扣除一定费用后计算应纳税所得额，再对应级数计算应纳税额。年收入3万元以内应纳税额为应纳税所得额的5%，年收入50万元以上则为35%。

合伙企业的投资人，普通合伙人和有限合伙人，会涉及分红税和经营所得税：合伙企业没有企业所得税，日常经营取得的收入，直接按合伙人的份额缴纳经营所得税。合伙企业因持有上市公司股票、持有有限公司的股权而取得主体公司分红收入，缴纳20%分红税。合伙企业转让所持有的上市公司股票收入、转让所持有限公司的股权收入，应当按经营所得缴纳5%—35%的经营所得税。

了解上面一些基本的税收政策后，我们来逐步讨论企业的控制权设计与节税安排。

案例1：自然人股东直接持有主体公司股权

```
┌──────────────────┐      ┌──────────────────┐
│ 自然人股东甲，70% │      │ 自然人股东乙，30% │
└──────────────────┘      └──────────────────┘
         └──────────────┬─────────────┘
              ┌──────────────────────┐
              │ 阳光与彩虹实业有限公司 │
              └──────────────────────┘
```

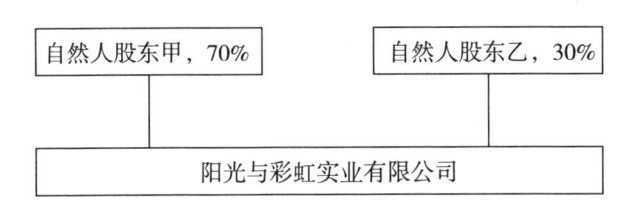

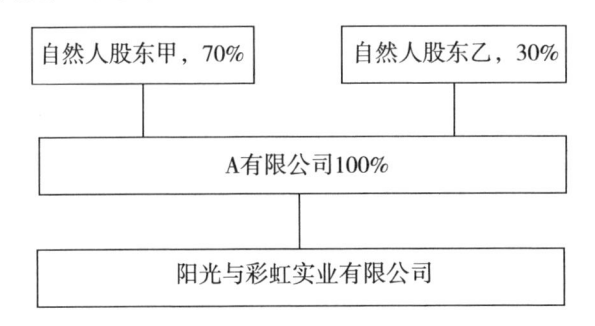

图3　阳光与彩虹实业有限公司股东持股情况

在这个案例中，股东甲、乙均为自然人，持股情况如图3所示。假设阳光与彩虹实业有限公司2023年盈利后给股东合计分红1000万元，则股东甲分得700万元，缴纳20%的分红税，税后实得560万元；股东乙分得300万元，缴纳20%的分红税，税后实得240万元。

假设甲、乙从阳光与彩虹实业有限公司取得分红后，都想再投资其他公司，则他们可以投资的最大金额合计为560万元+240万元，即800万元。比分红金额少了200万元的部分，是两个人缴纳的分红税。

案例2：自然人通过有限公司持有主体公司股权

```
┌──────────────────┐      ┌──────────────────┐
│ 自然人股东甲，70% │      │ 自然人股东乙，30% │
└──────────────────┘      └──────────────────┘
         └──────────────┬─────────────┘
              ┌──────────────────────┐
              │     A有限公司100%     │
              └──────────────────────┘
                         │
              ┌──────────────────────┐
              │ 阳光与彩虹实业有限公司 │
              └──────────────────────┘
```

图4　阳光与彩虹实业有限公司股东持股情况

在这个案例中，持有阳光与彩虹实业有限公司，即持有主体公司股权的是A有限公司（如图4所示）。同样假设2023年主体公司分红1000万元给A有限公司，因为企业间分红免税，因此1000万元分红款全额到了A有限公司。如果甲、乙希望将1000万元直接用于投资其他公司的话，二人不需要将1000万元分回自己的口袋，直接用A有限公司进行对外投资，这样他们合计投资款即为1000万元，省了200万元的分红税。

假设阳光与彩虹实业有限公司2023年股改后上市，更名为阳光与彩虹股份公司，上面这个架构设计会出现什么问题呢？对于公司创始股东而言是节税，还是会多缴税？

假设股东甲在限售期结束后希望减持价值2亿元的股票以换取现金，我们看一下在这个案例中股东甲实际得到多少。

上市的是主体公司，即阳光与彩虹股份公司，股东甲如果希望减持价值2亿元的股票，需要通过A有限公司来减持。A有限公司减持价值2亿元的股票，假设股票原值为15%，股票转让中涉及其他税费忽略不计，则A有限公司需要缴纳企业所得税为2亿元×（1-15%）×25%=4250万元，A有限公司分给股东甲时，甲还需要缴纳分红税20%，需要缴纳［2亿元×（1-15%）-4250万元］×20%=2550万元。最后股东甲实得为2亿元-4250万元-2550万元=1.32亿元。

我们看下一个案例，股东甲同样减持价值2亿元的股票，实得多少。

案例3：自然人与有限公司混持主体公司的股权

```
           ┌─────────────────────────┬──────────────────────┐
           │ 自然人股东甲，66.67%    │ 自然人股东乙，33.33% │
           └─────────────────────────┴──────────────────────┘
                            │
┌──────────────────┐        │
│ 自然人股东甲，10%│    ┌───┴──────────────┐
└──────────────────┘    │ A有限公司90%     │
           │            └──────────────────┘
           │                    │
           └────────┬───────────┘
                    │
         ┌──────────────────────┐
         │ 阳光与彩虹实业有限公司│
         └──────────────────────┘
```

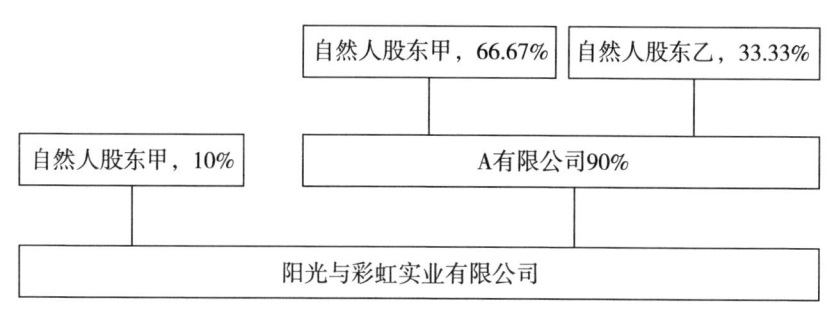

图5　阳光与彩虹实业有限公司股东持股情况

在这个案例中，假设阳光与彩虹实业有限公司股东持股情况如图5所示，经股改为阳光与彩虹股份公司后上市，股东甲需要减持价值2亿元的股票。这时股东甲如果减持通过A公司持有的股票，则和上个案例相同，得到1.32亿元。

如果股东甲减持直接持有的主体公司的股票，同样假设股票原值为15%，则股东甲转让是需要缴纳财产转让所得税，忽略小税种的税费，则甲需要缴纳的个人所得税为2亿元×（1-15）×20%=3400万元，实得为2亿元-3400万元=1.66亿元。比上一种方案多得3400万元。

到此，我想如果您的企业打算上市，作为创始股东，在设计控制权的时候，也要留一部分自然人直接持有上市主体公司的股权，以便以后减持时减少个人所得税的缴纳。现实中就有上市公司股东在设计控制权时没有考虑这方面而导致后期缴税太多。上面的自然人甲，实际代表的是主体公司创始时的几个股东，都要留部分直接持有上市主体的股份，这里为了简化，仅以甲为代表放一个股东。

案例4：通过有限公司章程规定增加持有对主体公司的表决权以控制主体公司

```
        自然人股东甲，33.33%    自然人股东乙，66.67%
                        │
   自然人股东甲，10%    A有限公司，90%
              │              │
         阳光与彩虹实业有限公司
```

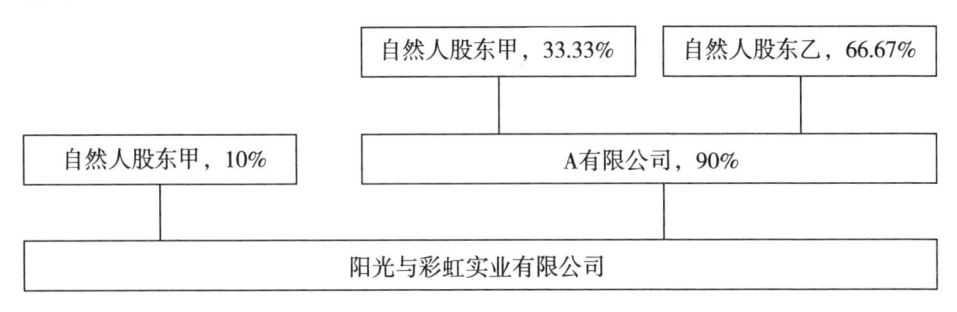

图6　阳光与彩虹实业有限公司股东持股情况

在这个案例中，阳光与彩虹实业有限公司股东持股情况如图6所示，如果没有特别约定，则乙的持股比例超过甲，乙控制主体公司。甲可以与乙在A公司的章程中规定，甲的持股比例为33.33%，分红比例为33.33%，但甲的表决权比例为80%。A有限公司不是上市主体，可以自由约定。这样A公司所持有的90%主体公司表决权实际持有者为甲，甲持有主体公司10%+90%=100%的表决权，绝对控制主体公司。

案例5：通过合伙企业作为持股平台实现对主体公司的控制

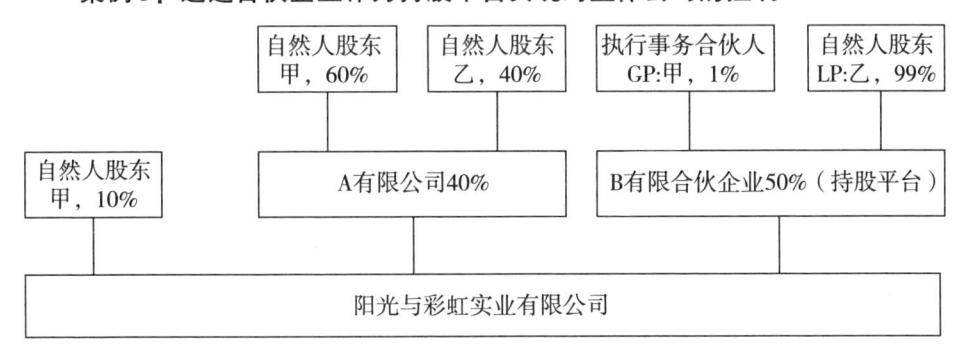

```
  自然人股东   自然人股东   执行事务合伙人   自然人股东
   甲，60%     乙，40%      GP:甲，1%      LP:乙，99%
                    │                          │
 自然人股东    A有限公司40%        B有限合伙企业50%（持股平台）
  甲，10%
              │
         阳光与彩虹实业有限公司
```

图7　阳光与彩虹实业有限公司股东持股情况

我们根据图 7 可知，股东甲持有阳光与彩虹实业有限公司的股权比例为：10%+60%×40%+1%×50%=34.5%。假设 A 有限公司没有特别约定表决权，表决权与持股比例保持一致。有限合伙企业甲作为执行事务合伙人，享有全部合伙企业拥有的主体公司的表决权，因此甲持有的表决权总数为 10%+40%+50%=100%。甲通过有限公司及有限合伙企业的设计，增加了自己的表决权，实际控制主体公司。

假设同上面几个案例，阳光与彩虹实业有限公司在 2023 年经股改上市，股改后为阳光与彩虹股份公司，同样甲希望减持其持有的合伙企业中价值 2 亿元的股票，同样假设股票原值为 15%，忽略其他税费，甲实得多少呢？甲需要通过 B 有限合伙企业进行减持，B 有限合伙企业将价值 2 亿元的股票卖掉后不需要缴纳企业所得税，直接由 B 有限合伙企业的投资人缴纳经营所得税，则甲需要缴纳的经营所得税为 2 亿元×（1-15%）×35%-6.55 万元（速算扣除数①）=5943.45 万元，甲实际得到的金额为 2 亿元-5943.45 万元=1.405655 亿元，比通过有限公司减持多了 0.075 亿元，比直接持股减持少了 0.26 亿元。这就是为什么上市公司将有限公司的持股平台变更为合伙企业的持股平台时没有缴纳个人所得税被罚款的原因。在有限公司变更为合伙企业时，有限公司要进行清算，这时候股东需要缴纳个人所得税。

上面这个案例对于主体公司的三个股东设置，目的就很明确了：直接持股是为了变现，节省个人所得税，有限公司持股是为了企业再分红用于投资时，节省 20%的股东分红税，合伙企业持股是为了实际控制人的控制权。

本节带大家讨论的是一个简单化，也是核心化的控制权及节税的设计，在实践中可以将上面的示例横向、纵向进行扩展，以满足不同的需要，这里就不再多述。

在公司控制权设计过程中，与股权架构配套的是股东间各种协议，这对于控制权设计及节税安排非常重要。如果协议约定不完善，可能导致整个控制权设计落空，因此在这个过程中有法律和财务专业人士参与是非常必要的，实际上主体公司控制权与节税安排也是由他们来设计和完成的。

---

① 速算扣除数是按全额累进税率计算的税额和按超额累进税率计算的税额相减后的一个差数。

第十一章
股权转让与公司融资

第一节　有限公司股权转让程序

本次《公司法》的修订删除了有限公司股权对外转让时公司其他股东的同意权，简化了转让程序，缩短了股权转让流程所需要的时间。有限公司股东间转让股权时，其他股东没有优先购买权；股东对外转让时，股东应当将股权转让的数量、价格、支付方式和期限等事项书面通知其他股东，其他股东在同等条件下（受让数量、价格、支付方式、期限相同）享有优先购买权。其他股东收到通知后30日内未答复的，视为放弃优先购买权。多个股东同时要求行使优先购买权时，协商确定各自的数量；协商不成的，则按转让时各自的出资比例来确定。如果是法院通过强制程序对外转让股东的股权时，应当通知公司及全体股东，则公司其他股东需要在20日内行使优先购买权；如果20日内未行使的，则视为放弃优先购买权。

公司章程可以对股东的股权转让作出特别规定，尤其是在公司初创期引进新股东时。如果新股东未来退出，则公司实际控制人可以购买其股权以维持对公司的控制权；有限公司在采取股权激励时，若员工购买公司股权后触发退出机制，员工的股权也是由实际控制人收购，未来再用于对其他员工的股权激励。新公司法实施后，公司也可以将上述股权的收回约定为由公司回购，这样可以减轻实际控制人的资金压力。

我们用两个简单的案例来具体说明有限公司股权的转让程序，以及在章程或股东间投资协议中约定股东退出时股权的受让方。建议事先在投资协议中对股东间股权转让进行特殊约定，以免频繁修改公司章程。

案例1：有限公司股东对外转让股权的程序

A有限公司（以下简称A公司）注册资本为1000万元，有甲、乙、丙、丁四位股东，四人分别持有公司30%、30%、20%、20%的股权，分别实缴了300万元、300万元、200万元、200万元的出资。

2024年9月1日，丙因出国定居，决定将自己的股权转让给好朋友张某，因为张某一直看好A公司的发展，希望入股A公司，于是丙与张某于2024年9月10日签订了股权转让协议，约定丙将所持有的A公司20%的股权作价

500万元出让给张某，张某于2024年10月30日前一次性以银行转账的方式支付丙500万元。

丙于2024年9月11日书面通知了A公司其他股东甲、乙和丁，通知明确转让其所持有的20%股权，股权价格为500万元，付款最后期限为2024年10月30日，付款方式为银行转账。

甲、乙、丁均声明行使优先购买权。2024年9月20日，甲承诺于2024年11月10日以银行转账的方式一次性支付给丙500万元以购买其股权。2024年9月30日，乙承诺于2024年10月30日前以远期企业承兑汇票的方式支付丙500万元。2024年10月20日，丁承诺以银行转账的方式于2024年10月30日一次性支付500万元给丙。三人均要求购买丙全部的股权。

请问，上述甲、乙、丁中谁行使了有效的优先购买权呢？如果均有效，三人如何分配丙转让的股权呢？

甲的承诺：

答复时间：2024年9月20日，在收到通知后的30日内；

购买数量：全部购买，与通知条件相同；

付款方式：银行转账，一次性支付，与通知条件相同；

付款时间：2024年11月10日，晚于通知中付款时间10月30日。

甲因为付款时间晚于通知的时间，因此甲变更购买条件后无优先购买权。

乙的承诺：

答复时间：2024年9月30日，在收到通知后的30日内；

购买数量：全部购买，与通知条件相同；

付款方式：远期承兑汇票，通知中为银行转账支付；

付款时间：承兑汇票的时间，通知中为2024年10月30日。

乙因为付款条件中付款方式与通知中的条件不同，导致乙也无优先购买权。

丁的承诺：

答复时间：2024年10月20日，超过收到通知后最长30日答复的要求；

购买数量：全部购买，与通知条件相同；

付款方式：银行转账一次性支付，与通知条件相同；

付款时间：2024年10月30日，与通知条件相同。

丁因为收到通知后30日内未回复而视为放弃了优先购买权，其超过30

日以后再去要求行使优先购买权时，其已经没有优先购买权了。

因此，甲、乙、丁的优先购买权的行使均无效，三人均无法取得丙的股权，最后丙的股权由张某受让。

如果上述三人的优先购买权均有效，则三人按股权转让时的出资比例取得丙的股权，即甲取得7.5%、乙取得7.5%、丁取得5%的股权。

案例2：章程或投资协议对股东间转让股权的特别约定

M有限公司（以下简称M公司）成立于2018年10月21日，公司注册资本为3000万元。公司创始股东有3人，甲为公司执行董事及法定代表人、实际控制人，实缴出资2100万元，持有M公司70%的股权；乙实缴出资600万元，持有公司20%的股权；丙实缴出资300万元，持有公司10%的股权。

公司成立时，甲、乙、丙签订章程时约定，"乙、丙于公司成立后的3年内不得将股权转让给他人，3年后转让的，由甲按转让股东所持股权比例对应M公司净资产的价格，于接到转让股东通知后6个月内收购转让方的股权；当甲不同意收购时，乙、丙方可对外转让股权"。

2024年8月10日，丙因个人原因决定退出公司。丙找到李某，李某了解M公司的情况，愿意以800万元的价格受让丙的股权。2024年7月底，M公司净资产为6000万元，丙的股权对应公司净资产为600万元。2024年8月16日，丙将退出公司的请求通知甲，甲收到通知后10日内通知丙，同意以600万元的价格收购其股权，双方签订股权转让协议后甲每月支付100万元给丙，6个月内支付完毕。

M公司还对公司的管理层进行了股权激励，制定了《股权激励方案》，甲将所持有的70%股权中的10%作为对员工的奖励，低价转让给员工，同时与员工约定，如果员工5年内没有达成公司要求的业绩目标，即无法获得年度的股权激励，则甲以出让价格收购回来。

在进行上述股权激励时，公司全体股东召开临时股东会会议，一致同意《股权激励方案》。

问题1：当丙决定退出M公司时，甲所承诺的收购条件是否符合公司法的规定？乙对于丙对外出让的股权是否有优先购买权？甲能否得到丙的股权？

甲的收购条件符合M公司章程的规定，因此也符合公司法的规定，即便收购价格明显低于李某的出价。

— 207 —

乙对于丙对外出让的股权没有优先购买权，因为公司章程已经明确规定由甲进行收购。

甲能得到丙的股权，因为他符合公司章程中规定的优先购买条件，并且已经同意以约定的价格收购。

问题2：M公司员工退出公司，将其股权转让给甲的时候，其他股东有优先购买权吗？

当M公司员工因股权激励获得的股权需要转让给甲时，其他股东没有优先购买权。这是因为《股权激励方案》已经明确规定了甲享有优先购买权，并且这一方案得到了全体股东的同意。此外，这种转让属于股东间的内部转让，通常不涉及其他股东的优先购买权。

法律依据

《中华人民共和国公司法》（2023年修订）

第八十四条　有限责任公司的股东之间可以相互转让其全部或者部分股权。

股东向股东以外的人转让股权的，应当将股权转让的数量、价格、支付方式和期限等事项书面通知其他股东，其他股东在同等条件下有优先购买权。股东自接到书面通知之日起三十日内未答复的，视为放弃优先购买权。两个以上股东行使优先购买权的，协商确定各自的购买比例；协商不成的，按照转让时各自的出资比例行使优先购买权。

公司章程对股权转让另有规定的，从其规定。

第八十五条　人民法院依照法律规定的强制执行程序转让股东的股权时，应当通知公司及全体股东，其他股东在同等条件下有优先购买权。其他股东自人民法院通知之日起满二十日不行使优先购买权的，视为放弃优先购买权。

第二节　有限公司未实缴出资的股东转让股权的风险及规避

《公司法》第八十八条第一款规定："股东转让已认缴出资但未届出资期限的股权的，由受让人承担缴纳该出资的义务；受让人未按期足额缴纳出资的，转让人对受让人未按期缴纳的出资承担补充责任。"如何理解这个法条呢？我们用三个案例来详细说明一下。

案例1：有限公司股东认缴出资未到期转让未实缴的股权；

案例2：有限公司股东认缴出资到期转让未实缴的股权（董事催缴义务）；

案例3：有限公司股东认缴出资未到期转让未实缴股权的风险规避。

案例1：有限公司股东认缴出资未到期转让未实缴的股权

H有限公司（以下简称H公司）成立于2020年10月31日，注册资本为1000万元。公司设立时有股东甲、乙二人，甲认缴700万元，实缴100万元，持有公司70%的股权；乙认缴300万元，实缴50万元，持有公司30%的股权。对于甲、乙未出资的部分，章程规定于2026年10月31日前缴足。

张某为甲、乙二人的朋友，平时素有往来，了解H公司的情况。2025年1月1日，当乙因个人家庭变故，预计没有实力缴足250万元的出资时，张某愿意接手乙的股权。于是乙与张某签订了《股权转让协议》，协议约定张某以50万元的价格受让乙持有的H公司30%的股权，乙未缴足的出资由张某负责缴足，并将附随股权的其他权利义务一并转让给张某。

H公司经营至2025年10月，公司于2024年9月借王某的1000万元到期未清偿，王某将H公司、甲、乙、张某一并起诉至法院，要求偿还其借款1000万元，股东甲、乙、张某在未出资的部分承担连带责任。

问题1：如果H公司、甲、乙均无力偿还王某的债务，张某最多应当承担多少还款义务？

问题2：如果H公司、乙、张某均无力偿还王某的债务，甲最多应当承担多少还款义务？

问题3：如果H公司、甲、张某均无力偿还王某的债务，乙最多应当承担多少还款义务？

当H公司到期未能偿还王某的债务时，公司所有股东认缴出资未到期部分在应当偿还王某借款的范围内加速到期，因此甲的600万元未出资部分、张某受让乙的股权的250万元未出资部分也加速到期。那么各股东最多承担多少的还款义务呢？

H公司、甲、乙均无力偿还王某的债务时，张某受让乙的股权，张某不是公司设立时的股东，仅对自己认缴未到期的出资部分承担责任，张某受让乙的股权已出资50万元，还有250万元未出资，因此张某最多需要承担250万元的还款义务。

H公司、乙与张某均无力偿还王某的债务时，甲为公司设立时的股东，对公司设立时的注册资本的缴足出资承担连带责任。H公司设立时的注册资本是1000万元，甲已经实缴100万元，乙实缴50万元，还有850万元未缴足，因此甲最多需要承担850万元的还款义务。

H公司、甲与张某均无力偿还王某的债务时，乙已经将自己的股权转让给张某，但张某到期未缴足出资时，乙承担补充责任。张某的出资因为H公司欠王某的借款到期未偿还而加速到期，到期后张某未能缴足出资250万元，因此乙需要承担张某未缴足的250万元的出资义务；同时乙作为H公司设立时的股东，对H公司注册资本的缴足承担连带责任，因此对于甲未缴足的600万元，乙需要承担连带责任，公司法没有规定公司设立时的股东将自己的股权转让后可免除其作为设立时的股东对公司设立时的出资连带责任，因此乙最多需要承担850万元的还款义务。

关于有限公司设立时的股东，已经将股权转让给其他方时，是否对公司设立时认缴的出资部分承担连带责任，司法意见不统一。为了避免这种连带责任，建议您和他人设立公司时，参照第一章的内容进行公司的设立。

案例2：有限公司股东认缴出资到期转让未实缴的股权（董事催缴义务）

K有限公司（以下简称K公司）设立于2024年9月1日，设立时注册资本为2400万元，公司成立后向丙增资600万元，现公司注册资本为3000万元。公司有股东甲、乙、丙三人，甲认缴出资1500万元，实缴出资500万元，持有公司50%的股权；乙认缴出资900万元，实缴出资300万元，持有公司30%的股权；丙认缴出资600万元，实缴出资200万元，持有公司20%的股权。公司章程规定所有股东未出资的部分于2024年12月31日前缴足。

K公司不设董事会，设执行董事一名，由郑某担任。郑某是甲的弟弟。

2024年12月31日股东出资到期，但公司三股东均未缴足出资。截止到2025年3月，作为公司董事的郑某，也没有向任何一个股东进行出资的催缴。

2025年5月，丙因个人原因退出公司，将其所持有的K公司20%的股权作价200万元转让给刘某，并将附随股权的权利义务一并转让。

2025年9月，K公司于2024年9月借韩某的1900万元到期未偿还，韩某将K公司、甲、乙、丙和刘某及郑某一并起诉至法院，要求K公司偿还1900万元，甲、乙、丙、刘某、郑某在未缴足出资的范围内承担连带责任。

请问法院能否支持韩某的诉讼请求？

甲、乙是K公司设立时的股东，对公司设立时的注册资本缴足承担连带责任。甲、乙未缴足的出资合计为1300万元，因此，甲、乙在未缴足的1300万元范围内承担偿还韩某借款的连带责任。

丙是K公司增资产生的股东，对公司设立时未缴足的出资不承担责任，仅对自己的出资承担责任，丙到期未出资，然后将股权转让给了刘某。公司法规定有限公司认缴出资未到期转让时，由受让股东承担缴足的责任；当受让股东到期未缴足时，转让股东承担补足责任，但本案中丙不是将认缴未到期未出资的股权转让给刘某，而是将认缴已到期未出资的股权转让给刘某；如果未到期未出资的股东需要对未来出资承担补充责任，那么已到期未出资的丙本来对出资就应当承担责任，却在未出资的情况下将股权转让给他人，更应当承担责任，因此丙应当在未出资的250万元范围内承担责任。

刘某系受让丙的股权，受让股权时出资义务也一并转让给刘某，所以刘某应当在250万元未出资的范围内承担责任。

郑某作为公司的董事，依据《公司法》第五十一条的规定，负有催缴义务，但郑某在公司各股东出资到期后未进行催缴，应当对公司的损失承担赔偿责任。现公司的债权人韩某要求郑某承担责任会得到法律支持吗？

《公司法》第五十四条规定："公司不能清偿到期债务的，公司或者已到期债权的债权人有权要求已认缴出资但未届出资期限的股东提前缴纳出资。"这是公司法明确规定的债权人的权利，也就是说，根据法律规定本案韩某有权要求未出资的股东提前履行出资义务以清偿公司债务，但《公司法》第五十一条并没有规定有责任的董事因未履行对出资期限已届满但未出资的股东进行出资催缴义务而给公司造成损失时，公司债权人因其债权无法实现而有权向该董事要求赔偿。因此，韩某要求郑某承担连带责任不能得到法院的支持。

认缴出资未到期的有限公司股东转让未实缴股权的风险如何被规避呢？

《公司法》在第八十九条规定了特定情形下有限公司的小股东有权要求公司以合理的价格收购其股权，第一百六十一条规定了股份公司小股东的异议回购权，同时第一百六十二条规定了股份公司不得收购自己的股份，特殊情况下除外。但公司法没有规定有限公司不得收购自己的股权，因此依据法不禁止即可为的原则，有限公司可以收购自己的股权。下面我们讨论有限公司的股东如何规避将认缴出资期限未届满且未出资的股权转让后，受让股东到期未缴足出资所带来的补足出资的责任。我们通过案例来说明以便大家理解。

案例3：有限公司股东认缴出资未到期转让未实缴股权的风险规避

T有限公司（以下简称T公司）成立于2024年9月1日，公司设立时的注册资本为700万元，后向乙增发300万元，现注册资本为1000万元。甲认缴出资700万元，实缴出资200万元，持有公司70%的股权；乙认缴出资300万元，实缴出资100万元，持有公司30%的股权。章程规定甲、乙认缴未出资的部分于2029年8月31日前缴足。

2025年公司向季某借款300万元，借期一年，于2025年12月31日到期，利息年化12%。

2025年6月，乙因个人原因决定退出公司。乙与甲商量后，经甲同意打算将其持有的T公司30%的股权，作价100万元转让给白某，股权剩余出资由白某完成。但考虑到如果白某在2029年8月31日到期后未缴足剩余200万元出资，乙将承担补足出资的责任。因此乙找到律师，希望律师可以为其设计一下方案，以避免未来补足出资的责任。

请问，如果您是其律师，您如何设计方案以满足乙的要求呢？

方案一是T公司将乙未出资的部分进行减资，或者将乙全部出资进行减资，将乙出资的100万元返还给乙，然后公司再向白某增资。白某通过增资入股公司，这样白某未来如果到期未缴足出资的，不存在乙承担补充出资责任的问题，因为白某的股权不是受让乙的股权，二人不是交易的相对方。但这个方案涉及公司减资，需要在股东会决议作出后10日内通知债权人，30日内进行公告。债权人有权要求公司清偿债务或提供担保。本案中T公司有债权人季某，虽然其债权还没有到期，但在T公司减资时季某有权要求T公司偿还债务或提供担保。而T公司之所以借款，是因为本身资金不足，所以不太可能清偿季某的债务。这样方案一在实施过程中就有障碍。

方案二是T公司先对乙的股权进行回购，回购后承诺等新股东购买股权后将乙出资的100万元返还给乙。T公司完成对乙的股权的回购手续后，与白某签订股权转让协议，由T公司将其持有的10%股权作价100万元转让给白某，白某在2025年8月31日前将剩余的200万元出资缴足。T公司在对乙的股权进行回购时，公司法没有要求公司收购自己的股权需要对外进行公告，因为T公司收购自己股权的目的不是减资，而是转让给其他方。T公司收购股权后再转让给白某时，T公司与白某是交易的相对方。白某的股权来源是受让T公司自己的股权，与乙没有关系。假设白某是甲的朋友，乙根本不认识甲，现在甲希望乙退出而让公司收购乙的股权，然后公司再转让给白某，这种情形在现实中是经常出现的，法律也不能让乙对自己根本不认识，也不是交易相对方的白某未缴足的出资承担责任。这样T公司通过回购乙的股权再转让给白某的方式，就规避了乙直接与白某交易所带来的补足未出资责任的风险。

我们通过案例说明了有限公司股东转让认缴出资但未到期未实缴的股权时，如何规避未来可能承担的补充责任。这个方案就是有限公司先收购拟退出股东的股权，再由公司转让给受让方。实现这个方案需要公司其他股东、至少是实际控制人的同意（因为公司回购自己的股权时需要作出股东会决议），否则方案无法实施。

法律依据

《中华人民共和国公司法》（2023年修订）

第八十八条 股东转让已认缴出资但未届出资期限的股权的，由受让人承担缴纳该出资的义务；受让人未按期足额缴纳出资的，转让人对受让人未按期缴纳的出资承担补充责任。

未按照公司章程规定的出资日期缴纳出资或者作为出资的非货币财产的实际价额显著低于所认缴的出资额的股东转让股权的，转让人与受让人在出资不足的范围内承担连带责任；受让人不知道且不应当知道存在上述情形的，由转让人承担责任。

第三节　受让瑕疵出资的有限公司股东补足出资连带责任的规避

在上一节中，我们介绍了有限公司股东转让认缴出资但未到期未实缴的股权时，如何规避未来可能承担的补足责任，主要就是通过有限公司回购转让方的股权，然后有限公司作为转让方，将回购的股权再转给受让方的方式来实现。当受让方在知情的情况下受让了存在瑕疵出资的股权时，则需对转让方因瑕疵出资导致的出资不足部分承担补足的连带责任。为规避此连带责任，公司同样可以回购转让方的股权，然后，公司再以转让方的身份，将回购的股权转让给受让方。我们用一个案例具体来说明。

案例：受让有限公司股东瑕疵出资股权的连带责任规避

A有限公司（以下简称A公司）成立于2024年9月1日，公司设立时注册资本为1000万元。公司设立时的股东为甲、乙、丙。各股东出资如下：甲认缴出资500万元，实缴现金出资200万元，以知识产权出资300万元，持有公司50%的股权；乙认缴出资300万元，实缴出资100万元，剩余出资于2029年8月31日前缴足，持有公司30%的股权；丙认缴出资200万元，实缴出资200万元，持有公司20%的股权。

甲用作出资的知识产权，是甲从社会上的中介机构花5000元购买的，并请第三方评估为300万元。这项知识产权在公司经营中从未使用过，也未带来过任何收益，实际价值为0元。

A公司经营至2026年6月，甲因个人原因，将不再参与公司经营，并决定退出公司。甲找到朋友张某，希望张某可以接手其股权，A公司乙、丙两位股东也希望张某加入公司。张某对A公司所经营的行业比较了解，也有意加入。甲同意以200万元的价格将其所持有的A公司50%的股权转让给张某。

此时A公司账面净资产为700万元，公司亏损300万元；净资产中有300万元为未使用的知识产权（无形资产），因为未使用过，公司也未进行过摊销。

第十一章　股权转让与公司融资

假设 2026 年 7 月，甲打算用以下五种方案之一将其所持有的股权转让给张某：

1. 甲直接与张某签订股权转让协议，甲所持有的 A 公司 50% 的股权作价 200 万元出让给张某，附随股权的权利义务一并转让；张某也知道甲的出资实缴现金为 200 万元，另外以知识产权作价 300 万元出资属于瑕疵出资。

2. 甲直接与张某签订股权转让协议，甲所持有的 A 公司 50% 的股权作价 200 万元出让给张某，附随股权的权利义务一并转让；张某不知道甲的知识产权出资属于瑕疵出资。

3. A 公司以 200 万元的价格回购甲的 50% 股权，回购后 A 公司以 200 万元的价格将回购后的股权转让给张某。

4. A 公司减资 500 万元，将甲的出资 200 万元及无形资产退还给甲，然后公司向张某进行增资 500 万元，增资后张某持有 A 公司 50% 的股权，认缴出资 500 万元，实缴出资 200 万元，剩余出资于 2029 年 8 月 31 日前缴足。

5. A 公司对甲持有的股权以 200 万元回购，知识产权也返还给甲，公司回购后将 50% 的股权以 500 万元价格转让给张某，张某认缴出资 500 万元，实缴出资 200 万元，剩余出资于 2029 年 8 月 31 日前缴足。

A 公司经营至 2028 年 10 月，因管理不善，公司亏损 500 万元，欠供应商 B 公司的货款 1000 万元（债务形成时间为 2028 年 5 月）到期未能偿还，为此供应商 B 将 A 公司、原股东甲、乙、丙及张某一并起诉至法院，要求支付货款，甲、乙、丙及张某在出资不足或未出资的范围内承担连带责任。

请问，在上述五种转让方案中，甲、乙、丙及张某可能承担的最大责任分别是多少？

根据《公司法》第五十四条的规定，A 公司因为到期不能清偿 B 公司的债务，股东未到期的出资加速到期。乙未出资部分为 200 万元。甲的上述 5 种转让方式后果具体如下：

在第 1 种方案中，甲将所持有的 A 公司 50% 的股权作价 200 万元直接转让给张某，甲的知识产权作价 300 万元出资属于瑕疵出资，实际价值为 0 元，因此乙、丙作为公司设立时的股东，需要对上述 500 万元的出资及补足承担连带责任；甲已经退出，退出时将瑕疵出资的股权转让给张某后需要对出资补足承担连带责任，因此甲仍需对 300 万元的瑕疵出资承担责任（债务形成

— 215 —

时间在甲退出公司之后);丙已完成出资,其承担500万元责任后有权向乙追偿200万元、向甲与张某追偿300万元;乙如果承担甲瑕疵出资部分300万元的责任,则有权向甲和张某追偿。张某作为受让股东加入A公司,对设立时的未缴足的出资不承担责任,但张某对甲的瑕疵出资是知情的,因此需要对300万元的瑕疵出资承担责任。

在第2种方案中,甲将所持有的A公司50%的股权作价200万元直接转让给张某,与第一种方式的区别为张某因为对300万元的瑕疵出资不知情而不需要对甲的瑕疵出资承担责任。乙、丙如果承担了300万元瑕疵出资责任后可以向甲追偿,但不能向张某追偿。

在第3种方案中,A公司回购甲持有的50%股权,然后再转让给张某,张某与甲已不是交易的相对方,因为公司亏损,因此,200万元的价格也是合理的价格。张某不承担任何责任。A公司设立时的股东乙尚有200万元未出资,甲的瑕疵出资依然存在,因此公司回购后转让股权并不免除股东的出资义务,甲依然需要对自己的瑕疵出资承担责任,乙、丙作为公司设立时的股东,依旧需要对甲300万元的瑕疵出资承担连带责任,因此甲需要在300万元内承担补足出资的责任,乙、丙需要在500万元的范围内承担连带责任。丙承担500万元后有权向乙追偿200万元、向甲追偿300万元;乙承担500万元后有权向甲追偿300万元。

在第4种方案中,公司减资,将甲原来出资瑕疵的部分股权全部减资,公司股东就不存在瑕疵出资;公司再向张某增资,张某按500万元认缴,实缴出资为200万元,则张某需要对自己未缴足的300万元出资承担责任。A公司减资是在2026年6月完成的,是在对B公司的债务形成之前,因此公司减资后股东免除出资义务,公司设立时的股东仅对减资后的注册资本未缴足的部分承担连带责任,因此乙、丙在200万元未出资的部分承担连带责任,丙承担200万元后有权向乙追偿。张某是公司增资的股东,乙、丙不需要对张某未缴足的部分承担责任。

在第5种方案中,公司以200万元回购甲的股权后,再将50%的股权以500万元的价格卖给张某,公司就不存在瑕疵出资。张某受让股权后实缴200万元,对未缴足的300万元承担责任。由于公司未减资,公司设立时的资本没有发生过变化,设立时的股东出资责任并没有被免除,因此乙、丙需要对

1000万元出资未缴足的部分承担连带责任,即对500万元未缴足的出资承担连带责任。丙承担后有权向乙追偿200万元、向张某追偿300万元。乙承担500万元后有权向张某追偿300万元。

上述五种方案,第1种方案是大家常用的方案,在甲将股权转让给张某后,公司原股东乙、丙的责任并没有发生变化,张某的责任其实是加重的,因为公司本就已经亏损,50%的股权价值可能已经不值500万元。在第2种方案中,张某的责任是减轻的。其他人的责任没有变化。在第3种方案中,乙、丙的责任没有变化。张某的责任是最轻的,其50%的股权以最小的代价获得。第4种方案对所有人来讲是最公平合理的,原股东不再对甲的瑕疵出资承担责任,也不需要承担新加入的股东未缴足的出资责任;新加入的股东也仅对自己未出资的部分承担责任。在第5种方案中,乙、丙的责任没有变化,张某也仅承担自己的未出资责任。

第四节 有限公司受让股权的股东何时可以行使股东权利

《公司法》第五十六条第二款规定:"记载于股东名册的股东,可以依股东名册主张行使股东权利。"第八十六条第二款规定:"股权转让的,受让人自记载于股东名册时起可以向公司主张行使股东权利。"如果公司没有股东名册呢?现实中大多数有限公司是没有股东名册的,也不向股东签发出资证明书。那股东如何行使股东权利呢?

对于这一问题,在司法实践中,已经进行工商登记的股东以某公司股东身份提起诉讼时,需要提供公司当时的内档资料,内档资料里有股东信息及章程,可以证明其股东身份。

如果是通过受让方式取得股权,则受让方在受让股权后,应通知公司变更股东名册。如果公司没有变更,也不配合受让方变更工商登记的话,则受让方应及时提起诉讼,要求公司变更工商登记并出具出资证明书。

那么,受让方起诉时需要提供哪些证据材料来证明自己的股东身份呢?

有限公司股东对外转让股权时,其他股东有优先购买权。其他股东在收到通知后30日内未行使优先购买权的，视为放弃优先购买权。所以受让有限公司的股权需要满足一定的程序。首先，出让方与受让方签订股权转让协议后，要提供出让方书面通知公司其他股东的证明，通知书中要包括股权转让的数量、价格、支付方式、支付条件等。其次，要提供其他股东收到上述通知的证明。如快递发出及签收证明。需要注意的是，需确保寄送的地址是其他股东的有效收件地址；如果是通过电子邮件通知，需确保邮件是双方约定的有效送达方式；如果是通过微信送达的，则需事先约定微信可以作为送达方式并确定微信ID号。最后，各股东在收到股权转让通知后30日内没有回复的，受让方需支付出让方股权转让款，并提供凭证来证明股权转让协议已履行完毕；或者出让方出具声明，声明其股权已归受让方所有以证明股权转让协议已履行完毕。

法律依据

《中华人民共和国公司法》（2023年修订）

第五十五条 有限责任公司成立后，应当向股东签发出资证明书，记载下列事项：

（一）公司名称；

（二）公司成立日期；

（三）公司注册资本；

（四）股东的姓名或者名称、认缴和实缴的出资额、出资方式和出资日期；

（五）出资证明书的编号和核发日期。

出资证明书由法定代表人签名，并由公司盖章。

第五十六条 有限责任公司应当置备股东名册，记载下列事项：

（一）股东的姓名或者名称及住所；

（二）股东认缴和实缴的出资额、出资方式和出资日期；

（三）出资证明书编号；

（四）取得和丧失股东资格的日期。

记载于股东名册的股东，可以依股东名册主张行使股东权利。

第八十六条 股东转让股权的，应当书面通知公司，请求变更股东名册；

需要办理变更登记的,并请求公司向公司登记机关办理变更登记。公司拒绝或者在合理期限内不予答复的,转让人、受让人可以依法向人民法院提起诉讼。

股权转让的,受让人自记载于股东名册时起可以向公司主张行使股东权利。

第八十七条 依照本法转让股权后,公司应当及时注销原股东的出资证明书,向新股东签发出资证明书,并相应修改公司章程和股东名册中有关股东及其出资额的记载。对公司章程的该项修改不需再由股东会表决。

第五节 股份公司股份转让程序

对于股份公司股份的转让,其他股东没有优先购买权。我们主要不是以公司法,而是以国内不同板块上市规则为基础来简要阐述本章节内容的。《公司法》规定,公司公开发行股份前已发行的股份,自公司股票在证券交易所上市交易之日起一年内不得转让。董事、监事、高级管理人员任职期间每年减持不得超过25%,离职后半年内不得减持。除此之外,上海证券交易所、深圳证券交易所、北京证券交易所针对不同板块上市的主体有不同的规定,这里简单介绍一下。科创板和创业板允许企业在不盈利的情况下,满足一定条件后可以上市,因此对企业盈利前的股份减持行为作出了特别规定,如科创板规定:

1. 实际控制人、控股股东

(1)所持有的公司上市前的股份,在公司上市后首36个月内,不得减持股份;如果转让双方均受同一实际控制人控制,则可以在公司上市满12个月后进行。

(2)如果公司未盈利,则在上市的首三个完整会计年度内不得减持股份,第4、5个年度内,每年减持不超过2%。

2. 董事、监事、高级管理人员

(1)在公司未盈利前,公司上市的首三个完整会计年度内不得减持股份;在这期间离职的,也需要遵守该规定。

（2）任职期间每年减持不得超过所持有的 25%。

（3）离职 6 个月内不得减持。

3. 核心技术人员

（1）自公司股票上市之日起 12 个月内和离职后 6 个月内不得转让本公司首发前股份；如果公司未盈利，则在上市之日起首三个会计年度内不得转让。

（2）自所持首发前股份限售期满之日起 4 年内，每年转让的首发前股份不得超过上市时所持公司首发前股份总数的 25%，减持比例可以累积使用。

有关上市公司的减持规定，详细规则可以参阅：《上海证券交易所股票上市规则》《上海证券交易所科创板股票上市规则》《上海证券交易所上市公司自律监管指引第 15 号——股东及董事、监事、高级管理人员减持股份》《深圳证券交易所创业板股票上市规则》《深圳证券交易所股票上市规则》《深圳证券交易所上市公司自律监管指引第 18 号——股东及董事、监事、高级管理人员减持股份》。

法律依据

《中华人民共和国公司法》（2023 年修订）

第一百五十七条　股份有限公司的股东持有的股份可以向其他股东转让，也可以向股东以外的人转让；公司章程对股份转让有限制的，其转让按照公司章程的规定进行。

第一百五十八条　股东转让其股份，应当在依法设立的证券交易场所进行或者按照国务院规定的其他方式进行。

第一百五十九条　股票的转让，由股东以背书方式或者法律、行政法规规定的其他方式进行；转让后由公司将受让人的姓名或者名称及住所记载于股东名册。

股东会会议召开前二十日内或者公司决定分配股利的基准日前五日内，不得变更股东名册。法律、行政法规或者国务院证券监督管理机构对上市公司股东名册变更另有规定的，从其规定。

第一百六十条　公司公开发行股份前已发行的股份，自公司股票在证券交易所上市交易之日起一年内不得转让。法律、行政法规或者国务院证券监督管理机构对上市公司的股东、实际控制人转让其所持有的本公司股份另有规定的，从其规定。

公司董事、监事、高级管理人员应当向公司申报所持有的本公司的股份及其变动情况，在就任时确定的任职期间每年转让的股份不得超过其所持有本公司股份总数的百分之二十五；所持本公司股份自公司股票上市交易之日起一年内不得转让。上述人员离职后半年内，不得转让其所持有的本公司股份。公司章程可以对公司董事、监事、高级管理人员转让其所持有的本公司股份作出其他限制性规定。

股份在法律、行政法规规定的限制转让期限内出质的，质权人不得在限制转让期限内行使质权。

· 第十二章 ·
收购公司和股权投资关注的重点事项

第十二章 收购公司和股权投资关注的重点事项

第一节 收购公司或股权投资前的尽职调查

本书关于收购或投资方面的内容仅用于提醒，并不是关于具体并购重组、企业上市、私募股权投资中的等法律尽职调查及财务尽职调查的全面讨论。基于本人积累的一些尽职调查经验，以及在解决投资者争议过程中对企业资料进行调取时发现的一些问题，在这里作一些简单的风险提示。在具体收购和投资的过程中，需要按照收购目的进行全面的尽职调查。

下面我们来梳理一下无论是进行收购还是投资，一般的尽职调查都包含哪些内容，这些内容发生问题时会给收购企业或投资者带来哪些风险。

一、公司历史沿革

对目标公司进行历史沿革的调查，主要是基于以下四个目的：公司注册资本是否缴足；历次股权变更有没有完成涉及个人所得税的缴纳；历次股权变更内部决议手续及其他手续是否齐全；结合财务资料，调查股东是否有抽逃注册资本的行为。

我们在这个环节的尽职调查过程中曾发现，一家公司的注册资本的50%已被抽逃，另一家公司两次股权转让涉及的个人所得税均没有完税，这家规模并不大的公司涉及近400多万元的个人所得税未缴纳。现在各地市场监督管理机构在股权转让涉及个人所得税时均需要先办理税务完税手续，凭完税手续才能办理股权的工商过户，但之前股权工商过户时并不需要查验个人的完税手续。还有一家公司的股东用知识产权出资，但所用知识产权是在公司成立之后完成的，这明显有利用公司的设备材料完成个人专利项目的嫌疑。如果投资者投资或收购了这类公司，将带来未来补税及补齐资本的风险。

二、公司的主要财产（包括不动产及知识产权）

这项主要是调查不动产是否完税并取得全部手续，知识产权的权属是否清晰，知识产权是否与企业目前的经营相关。

我们在这个环节的调查中曾发现，有的公司不动产取得后未依法报批建设项目环境影响报告书等即开始建设导致被处理；有的虽已建成并取得不动产登记证书，但后来又进行了违章建设；有的知识产权仅有使用权，且有一定期限限制，而且不能保证到期后能够续期；有的知识产权虽然是专利所有权，但已授权给几家合资企业使用，存在明显的同业竞争现象，公司上市是不可能的。

三、企业各项资质是否齐全

这项主要是调查企业的资质是否符合要求，如企业的环保资质是否符合要求，企业是否符合高新技术企业标准，企业的产品是否符合产品质量技术标准等。

我们在这个环节的调查中发现的主要问题：有的企业虽然取得环保资质，但是我们去查看其环保处理装置时发现根本没有在工作；有的虽然在工作，但是检查一下记录发现基本属于摆设。关于高新技术企业资质就更有趣了：把明明是生产技术部门的划归到研发部门，走进研发部门，发现根本没有几个人，也没有多少与研究相关的物品，显然是为了满足研发费用及人数要求做足各种文章。去查看一下研发计划及研发记录，便会发现漏洞百出。这是部分国内高新技术企业的现状，为了能够享受国家对高新技术企业15%企业所得税的优惠政策，想尽各种办法做足表面功夫，实际上根本不符合要求。有的企业虽然通过了ISO 14000环境管理体系认证、ISO 9001质量管理体系认证等，但只是形式，如果抽查相关文件，就会发现基本缺少大部分文件，然后在年审时拼命补齐各项文件材料。

四、公司是否有重大债权债务

这项主要是调查公司目前是否存在银行贷款、其他金融企业贷款、个人借款等，以及公司是否存在未决诉讼或仲裁，这些诉讼或仲裁是否有可能产生大额债务。如果是标的比较高的收购，一定要仔细调查这一点。虽然收购方与被收购方在收购协议中可以约定，收购前的标的公司债务由被收购方承担，但有时被收购方如果恶意隐瞒一些大的债务，意味着未来也没有打算承担责任，所以尽职调查非常有必要。这项调查也是很难的，需要花费一定的时间。我们曾在一起不动产收购案中发现被收购方的不动产已被抵押给他人做了担保，但委托方给我们出示的是没有担保信息的材料，网络上也没有显示抵押担保信息，我们去房地产管理机构现场调档，才发现担保的存在。虽然现在信息系统网上都公示，但不要完全相信网上的公示信息，关键信息还是要自己现场调取。

五、调查公司的财务报表项目与实际是否一致

这项的调查主要是为了确认目标公司财务的真实性。现实中各种奇怪的现象均会发生。例如，一家公司资产负债表显示有现金900多万元，然后调取银行资料后发现只有几元。一家上市公司伪造了3亿元的存款，没上市的有时也会伪造。还有一家公司账上显示尚有3000多万元的存货，我们去现场核实，结果只有不到100万元的存货，东西早就卖了，私户收款后没有入账，所以存货留在账上。其他应收款里一堆说不清楚是应收谁的款，其他应付款也是。所以收购时一定要仔细与财务报表上的资产、负债按项去调查一下。

六、企业股东及高管情况

如果是拟上市公司，这项也是要仔细调查的。调查主要包括三个方面，即是否满足资格要求、整体是否具有稳定性、是否存在同业竞争。有一次调查中发现一家公司总共9个高管，3年内离职了4个，稳定性不好，这种公司如果内部不作事先整改，很难上市。还有一家公司的股东，在其他公司有股权被冻结，经调查发现其个人有大额债务纠纷，这样他的股权未来可能被易主。还有高管自己在外面另开了一家和公司业务相关的公司，违反了高管的忠实义务。

七、调查公司的业务情况

包括公司主要客户及主要供应商：这项主要是调查公司的业务是否有依赖性，公司业务的真实性、稳定性。上市公司在上市前有时会通过隐藏的关

联客户进行虚假交易，以提升业绩。有些公司上市后，为了市值，也会这么做。所以如果投资一家拟上市公司，则应对这项进行仔细调查。

同时，也应关注业务的发展模式、产品利润及企业整体利润率等情况。

八、公司的核心竞争力

这项主要是为了调查公司是否能够长久发展。公司的核心竞争力是非常重要的，有的公司没有什么核心竞争力，仅依靠商业模式，但有的商业模式很容易被他人复制并超越，这就不是非常具有竞争力。高新技术企业的核心竞争力，不完全是靠其技术的先进性，还要看团队情况。有的高新技术企业的技术很有竞争力，但老板不会用人，导致企业发展不起来。

九、企业的研发能力

这项主要是为了调查企业的产品是否能够持续更新，长期在市场上保持优势。国内很多企业的研发投入不足，容易导致企业缺少长久的竞争力。很多企业在一代产品成功后，后续的研发投入明显不足。有时投入不足的主要原因是企业自身人员能力有限，增加研发人员成本又太高，研发成果的未知数又很大，在企业资金不是很富余的情况下，就不愿加大研发的投入。

十、企业的关联交易及同业竞争情况

对企业以往的关联交易进行调查，主要是调查企业有没有利益输送，股东及高管是否与企业有关联交易，关联交易的价格是否公允等。

十一、企业的合规性调查

主要是调查企业在税务、环保等方面有没有相关行政处罚记录。还包括行业相关的合规调查，如互联网、医药、医疗器械、护肤品、电子数据等特殊行业均有行业的特性。另外，还应调查企业成本的真实性，是否有账外收入、虚增成本。我们在以往的调查过程中发现比较多的就是，企业为了少交税而虚增成本，或者通过账外收入来逃避税收。即使目前在金税四期的监管下，企业虚增成本的现象也仍然存在。

十二、其他

如果是计划上市的企业，还涉及对其独立性、章程的制定与修改、重大资产变化与收购兼并、董监高及核心技术人员持股情况等的调查。

如果是小规模的收购，则根据目标企业的特点进行重点方面的调查即可，不用对其进行全方位的调查。

上面均是针对相关风险进行的调查，尽职调查可以帮助收购方降低相关的风险。

有时对一项投资的调查无法包括以上全部内容，如私募股权基金的投资者，这时候投资者可以委托律师对目标公司已经完成的尽职调查报告进行查阅，针对疑问专门进行了解，然后再决定是否买入高风险的股权投资。

第二节 未经调查即投资后带来巨大风险的案例

下面两个均是真实的案例，均为未经调查即投资，结果给股东带来重大损失及一系列诉讼的案例。

案例1：未经调查即进行了股权基金投资

这是一个私募股权投资基金的案例。2017年，50多位投资者通过上海某基金公司成立的JL基金，将1亿元投资给了北京某支付公司旗下全资子公司。这家公司就是股权投资的目标公司，然而三年到期后基金无法兑付。

互联网支付牌照在行业内是众所周知的稀缺资源，收购这类牌照支付上亿元也是正常的价格。于是很多人迷信拥有这个牌照的公司就实力非凡。

这个基金当年的主要投资者以退休人员居多，也有一些高净值人群。他们基于信任和对持有支付牌照的目标公司不了解，购买了这个基金的份额。当初这些投资者愿意购买JL基金的份额有两个原因：一是他们信任一直以来的业务员,业务员告诉他们这个是保本的基金;二是他们相信真的会保本,因为两家上市公司的实际控制人(同时也是当时的法定代表人)为这个基金提供了担保。然而,2020年3月基金到期时,目标公司已经开始面临众多诉讼。到了2022年,该公司更是被申请破产。

当我接手这个基金案例的时候,多年尽职调查的习惯驱使我第一时间调查了当初他们购买这个基金时目标公司及担保人的情况。下面是我简单了解的情况:目标公司原有两项支付牌照,但因违规,于2016年被中国人民银行撤销了一个牌照;公司因支付业务不合规,遭受了几起行政处罚并卷入若干诉讼案件;这个基金的两个上市公司担保人中,一个上市公司的股权已全部质押给了银行,另一个上市公司已经效益不佳。我想如果当时投资者知道这些信息的话,理智的他们可能就不会再买这个基金了。仅仅一个简单的调查就揭示了当初这个基金的成立可能是为了某些人的某些特定目的,因为该基金最终投资的目标公司实际上是其中一位担保人控制的全资子公司。

案例2:未经调查进行的公司收购

正在写这本书的时候,有一个客户来咨询。他刚刚经熟人介绍收购了国内比较有名的保险公司旗下的一家孙公司。他以为这么大的公司旗下的孙公司应当正规,不会有问题,于是签订了收购协议,支付了对价并进行了交割。接手几个月后,他发现财务报表问题很大,有很多错误。他找了几家财务公司,但无人愿意接手调整账目,无奈之下找到我。我看了一下双方的股权转让协议,发现起草协议的人没有任何财务知识。按照协议起草的内容看,没有财务知道该怎么做账。财务报表更是错得离谱。如果调整账目的话,公司会加大亏损1亿多元,税务局肯定要找上门来,所以不敢轻易调整账目。我向他了解了一下当时收购的情形。令人惊讶的是,他在连对方财务账目都没有看过的情况下就签订了股权转让协议并进行了交割。收购时也没有懂财务的律师参与,结果后续不知道该如何处理了。

在全面了解情况后,我告诉收购方:如果你们和出让方没有补充协议去确认公司的一些财务数据,没有财务公司敢给你们调账。因为他们也不知道如何去调整这种离谱的账目。双方股权转让协议约定的一些条款让调账变得难上加难。所以无论出让方是你认识的朋友或者你认为特别有实力的公司,还是你的亲戚,在收购或投资时,必要的调查是不可缺少的。

第三节　公司融资时对赌协议中的股权回购与担保

企业在发展过程中，尤其是在高新技术企业前期的研发阶段，企业还处在开拓市场阶段，由于需要不断投入资金，现有股东的出资已经无法满足企业发展的需求，为此，企业需要对外融资。在天使阶段之后的企业融资中，机构投资占据主导地位。在机构投资的投资协议中，业绩对赌和股权回购条款通常是必不可少的。

《公司法》第八十九条规定了在特定条件下，有限责任公司小股东有权要求公司回购其股权，但没有规定有限责任公司是否可以收购自己的股权。《公司法》第一百六十一条规定了股份有限公司小股东在特定情况下有权要求公司收购其所持有的股份，第一百六十二条规定了股份有限公司不得收购自己的股份，特定情形除外（包括第一百六十一条的情形），因此股份有限公司在公司法规定的情形以外是不可以收购自己公司的股份的，那么有限公司在公司法规定的情形以外是否可以收购自己的股权呢？一般情况下，法不禁止则许可。在过去的司法实践中，企业在融资时与投资机构签订的协议中有对赌条款的，如果对赌的是要求实际控制人回购股权则会得到法院的支持；如果对赌的是公司回购投资机构的股权，则有时法院会以损害公司债权人利益为由驳回其诉讼请求。

《九民纪要》对对赌协议的处理规定了统一的原则，在"关于公司纠纷案件的审理"中第（一）部分"关于'对赌协议'的效力及履行"中规定："投资方与目标公司订立的'对赌协议'在不存在法定无效事由的情况下，目标公司仅以存在股权回购或者金钱补偿约定为由，主张'对赌协议'无效的，人民法院不予支持，但投资方主张实际履行的，人民法院应当审查是否符合公司法关于'股东不得抽逃出资'及股份回购的强制性规定，判决是否支持其诉讼请求。投资方请求目标公司回购股权的，人民法院应当依据《公司法》第35条[①]关于'股东不得抽逃出资'或者第142条[②]关于股份回购的强制性

[①] 现相关规定见《中华人民共和国公司法》（2023年修正）第五十三条。
[②] 现相关规定见《中华人民共和国公司法》（2023年修正）第一百六十二条。

规定进行审查。经审查，目标公司未完成减资程序的，人民法院应当驳回其诉讼请求。投资方请求目标公司承担金钱补偿义务的，人民法院应当依据《公司法》第35条关于'股东不得抽逃出资'和第166条[①]关于利润分配的强制性规定进行审查。经审查，目标公司没有利润或者虽有利润但不足以补偿投资方的，人民法院应当驳回或者部分支持其诉讼请求。今后目标公司有利润时，投资方还可以依据该事实另行提起诉讼。"

也就是目标公司与投资方签订的对赌协议在没有法定无效事由（一般指违反法律、行政法规强制性规定或违反公序良俗）的情况下是有效的，但公司回购股权不能构成抽逃出资，公司需有利润支付回购股权时的补偿等。

新公司法实施后，这一情况是否会有所改变？实际上，情况与之前相似。那么作为投资机构如何确保自己与目标公司签订的《投资协议》中的对赌条款得到法院的支持呢？我个人认为，最佳方式是先进行股权与债权的组合投资，后期再根据情况选择债转股方式继续投资，或者以退股加偿还债务的方式退出。投资机构投资目标公司时，投资机构取得的股权不是按照注册资本的正常比例取得的，而是有溢价的。投资机构可以在《投资协议》中约定投资对应目标公司注册资本的部分为股权投资，超出部分为债权投资；投资到期后，如果公司利润符合双方的约定，则债权转为公司资本公积归目标公司所有；如果利润不符合双方的约定，则对于债权部分应归还并支付约定的利息，对于股权投资部分，公司回购减资，投资机构退出。具体举例说明一下。

为了方便说明，尽量简化本案例中的数据，在实践中一般不会出现如此简单对应的数据。假设目标公司注册资本为3000万元，净资产3000万元。目标公司向M投资机构增发1000万元，增资后，投资机构持有目标公司25%的股权，其他股东持有75%的股权。投资机构是以5倍溢价进入目标公司的，因此投资机构总的投资款是5000万元，其中1000万元为注册资本，4000万元为借款。假设投资机构希望在目标公司业绩不达标时以年化7%的收益退出，则收益为5000万元×7%＝350万元每年。如果未来目标公司未分配利润不足以支付投资机构收益时，会导致法院不支持投资机构要求公司回购并支付收益的请求，因此投资机构将所有收益均计算在4000万元借款部分，即借

[①] 现相关规定见《中华人民共和国公司法》（2023年修正）第二百一十条。

给目标公司的款项需要支付年化 350 万元/4000 万元 = 8.75% 的利息。假设双方约定在投资机构进入公司后 3 年内，目标公司未达到年平均净利润 1000 万元时，投资机构有权要求目标公司回购股权、返还借款并支付年化 8.75% 的利息；如果目标公司在投资机构进入后 3 年内达到年平均 1000 万元的净利润，则投资机构需要将借款 4000 万元无偿让与目标公司并免除借款的利息。

在这个案例当中，投资机构支付目标公司的股权部分没有收益约定，仅为回购约定，因此不存在"目标公司未分配利润不足以支付收益"的情形；股权投资部分在回购时目标公司减资后注销原增发给其的股权，不存在抽逃注册资本的情形；投资机构借款的部分，无论目标公司未分配利润是否足以支付本金及收益，均不影响借款本金及利息的返还，这样就避开了投资补偿的概念。

·第十三章·
公司利润分配与亏损弥补

第一节 公司利润分配

无论是有限公司还是股份公司,其利润分配基本由股东会会议决定,并由董事会执行。但公司法对利润分配有一些比较特别的要求,股东需要额外关注,以免违反公司法规定进行利润分配。

公司在分配利润之前,首先需要提取法定公积金(法定盈余公积金),法定公积金的提取比例为公司净利润的10%,提取法定公积金后的余额可用来进行股东的利润分配,公司持有本公司的股份不得进行利润分配。

原公司法没有规定在股东会决议利润分配后,公司应在多长时间内进行利润分配。这次公司法的修改,明确了董事会需要在股东会决议作出后6个月内完成分配。如果董事会没有在上述期限内作出利润分配,股东有权依据股东会决议向公司提起诉讼。

首先我们讨论一下有限公司在提取法定公积后的利润分配。对于有限公司的股东利润分配,如果公司章程没有规定,则按股东实缴出资的比例进行分配;公司章程也可以规定不按实缴出资的比例分配。

关于有限公司的利润分配,我们举例说明。

案例1:M有限公司有股东甲、乙、丙三人,公司章程规定:公司注册资本为1000万元。甲认缴出资600万元,实缴出资200万元,持有公司20%的表决权,享有公司净利润30%的分红权;乙认缴出资200万元,实缴出资100万元,负责公司运营,是公司的执行董事及法定代表人,持有公司60%的表决权,享有公司50%的分红权;丙认缴出资200万元,实缴出资200万元,持有公司20%的表决权,享有公司20%的分红权。

在上面这个案例中,有限公司的表决权和分红权与出资比例没有关系,这个法律上是完全允许的。如果公司要上市,那么这种方式就会出现障碍,需要通过股权架构的方式来实现上面的目的。

有限公司的利润分配,还有一个特殊要求,那就是依据《公司法》第二百二十五条第三款的规定,如果公司曾减少注册资本来弥补亏损,则在公司法定公积金和任意公积金达到公司注册资本50%前不得进行利润分配。如果有限公司遇到这种情况该如何处理呢？

我们接下来通过案例 3 来说明解决方案。

法定公积金，也就是我们常说的法定盈余公积金，可以用来进行利润分配吗？任意公积金可以用来利润分配吗？

我们先看一家上市公司的披露信息，《哈尔滨九洲集团股份有限公司财务管理制度》：

33.4 盈余公积金的管理

（一）盈余公积金包括法定盈余公积金、任意盈余公积金两部分。

1. 根据《公司法》和《公司章程》规定，按公司净利润 10% 提取法定盈余公积金，盈余公积金累积达注册资本的 50% 时可不再提取。

2. 任意盈余公积金，按《公司章程》规定或经公司股东大会决议自行决定提取。

（二）盈余公积金的用途

1. 弥补亏损。用盈余公积金弥补亏损，应当由公司董事会提议，经股东大会批准。

2. 转增股本。用盈余公积金转增股本，转增时必须经股东大会决议批准并办妥相应的增资手续，按股东原有持股比例予以转增。用盈余公积金转增股本后，留存的盈余公积金不得少于转增前注册资本的 25%。

3. 分派现金股利。用盈余公积金分配股利，必须经股东大会特别决议。按现有规定，用盈余公积金分派股利必须符合以下条件：

（1）若企业有未弥补亏损，用盈余公积金弥补亏损后仍有结余的，方可分配股利；

（2）用盈余公积金分配股利的股利率不得超过股票面值的 6%；

（3）分配股利后盈余公积金不得低于注册资本的 25%；

（4）企业可供分配的利润不足以按不超过股票面值的 6% 分配股利，可以用盈余公积金补到 6%，但分配股利后的盈余公积金不得低于注册资本的 25%。

《公司法》第二百一十条第四款明确规定，公司在提取法定公积金和任意公积金后的所余税后利润，可以用来分配。然而，若公司使用法定盈余公积金和任意公积金进行分配，而非仅使用提取后的所余税后利润，则可能违反公司法的规定。值得注意的是上面案例制度中的一个细节，即"分配股利后的盈余公积金不得低于注册资本的25%"，这个比例非常熟悉，它同样是公司利用法定盈余公积金转增注册资本的要求。在司法实践中，法院通常不认为公司使用法定盈余公积金进行利润分配是违反公司法的行为，我赞同这一观点。赞同的理由我们来举例说明一下。

案例2：公司使用超出法定留存比例的公积金进行股东的利润分配

H有限公司（以下简称H公司）设立于2016年，注册资本为4000万元，公司有境内自然人股东甲、乙、丙三人，分别持有公司60%、30%、10%的股权，公司章程规定依股权比例进行利润分配。

H公司经营至2020年，累计法定公积金为3000万元，未分配利润0元。公司自成立第二年起每年均有盈利，公司历年提取法定公积金后的剩余税后利润全部分配给股东。

2021年，公司所处行业开始下滑。2021年年底，公司业绩刚好维持保本，未亏损也未盈利。考虑到以往股东年年分红，于是2022年公司股东会决定，保留法定公积金占注册资本的25%，即1000万元，其余部分共计2000万元全部分配给股东。在缴纳20%的分红税后，剩余部分全部支付给了股东，甲分得[2000万元×（1-20%）×60%]=960万元，乙分得[2000万元×（1-20%）×30%]=480万元，丙分得[2000万元×（1-20%）×10%]=160万元。

案例3：公司未用法定公积金进行分红，但股东用其他方式取回同等金额

我们继续上面的案例。H公司决定分红时，考虑到直接用法定公积金分红可能违反公司法的规定，而H公司既想让股东取回资金，又不违反公司法规定，于是在咨询了专家后采用了下面的方法：2022年年初，H公司股东作出股东会决议，在确保法定公积金至少占注册资本25%的前提下，公司决定将其中的2000万元转增为注册资本。由于法定公积金转增注册资本时股东需要缴纳20%的分红税，因此股东在缴纳税款后，实际有1600万元转增为公司的注册资本，公司注册资本增加到5600万元。随后，H公司各股东又作出股东会决议，同意按1600万元的注册资本比例，各股东收回相应比例的投资，即公司进行减资1600万元。于是公司通知了债权人并进行了减资公告。公告期满后，各股东按比例收回投资，其中甲取得960万元（1600×60%），乙取得480万元（1600×30%），丙取得160万元（1600×10%）。

大家可以发现，案例 3 完全符合公司法的要求，得到了与案例 2 完全一样的结果。当然前提是公司没有金额大的债权人，不需要在减资时偿还债务。因此，在公司盈利且有支付能力的情况下，用案例 2 的方式，即将公司法定公积金直接进行股东利润分配应该是被允许的。从司法实践和上市公司的公示材料可以看出，这样做也是被承认合法的。

回到前文，有限公司因减少注册资本，导致公司的法定公积金和任意公积金未达到公司注册资本 50% 前不得进行利润分配，处理方式同案例 3。有限公司在减资后若有税后利润，就可全额提取法定公积金及任意公积金（也可以只提取法定公积金）。在法定公积金和任意公积金达到注册资本 50% 后，剩余的税后利润就可以用来分配给股东了。如果股东想多分利润，那就可以将法定公积金和任意公积金转增为注册资本，其中法定公积金在留存注册资本的 25% 后，剩余的法定公积金和任意公积金则需在缴纳分红税后转增为注册资本，然后公司再进行减资，股东通过收回投资的方式变相地进行利润分配，这样就规避了公司因减少注册资本弥补亏损带来的股东利润分配的限制。

法律依据

《中华人民共和国公司法》（2023 年修订）

第二百一十条 公司分配当年税后利润时，应当提取利润的百分之十列入公司法定公积金。公司法定公积金累计额为公司注册资本的百分之五十以上的，可以不再提取。

公司的法定公积金不足以弥补以前年度亏损的，在依照前款规定提取法定公积金之前，应当先用当年利润弥补亏损。

公司从税后利润中提取法定公积金后，经股东会决议，还可以从税后利润中提取任意公积金。

公司弥补亏损和提取公积金后所余税后利润，有限责任公司按照股东实缴的出资比例分配利润，全体股东约定不按照出资比例分配利润的除外；股份有限公司按照股东所持有的股份比例分配利润，公司章程另有规定的除外。

公司持有的本公司股份不得分配利润。

第二百一十一条 公司违反本法规定向股东分配利润的，股东应当将违反规定分配的利润退还公司；给公司造成损失的，股东及负有责任的董事、监事、高级管理人员应当承担赔偿责任。

第二百一十二条 股东会作出分配利润的决议的,董事会应当在股东会决议作出之日起六个月内进行分配。

第二百二十五条 公司依照本法第二百一十四条第二款的规定弥补亏损后,仍有亏损的,可以减少注册资本弥补亏损。减少注册资本弥补亏损的,公司不得向股东分配,也不得免除股东缴纳出资或者股款的义务。

依照前款规定减少注册资本的,不适用前条第二款的规定,但应当自股东会作出减少注册资本决议之日起三十日内在报纸上或者国家企业信用信息公示系统公告。

公司依照前两款的规定减少注册资本后,在法定公积金和任意公积金累计额达到公司注册资本百分之五十前,不得分配利润。

第二节 公司亏损弥补及转增注册资本

很多公司的负责人以及我们在法院诉讼中遇到的审理公司争议的法官,对公司的资本概念并不了解。这里,我们先用几个简单的案例来向非财务人员解释一下公司的四个资本概念:注册资本、法定公积金、任意公积金、资本公积。

案例1:有限公司

M有限公司(以下简称H公司)是一家于2021年12月1日设立的企业,其注册资本为800万元。设立时,有两位股东甲和乙,其中甲出资480万元,持有公司60%的股权;乙出资320万元,持有公司40%的股权。到了2022年5月,M公司决定向丙增资,丙出资600万元,将获得公司20%的股权。

经过增资后,我们可以计算出M公司新的注册资本。由于增资后丙将持有20%的股权,那么原有股东的持股比例将降至80%。根据这个比例,我们可以得出增资后的注册资本为800万元/80%=1000万元。丙出资的600万元中,只有200万元计入了注册资本,剩余的400万元则计入了公司的资本公积。

接下来,M公司在2022年实现了税后盈利1000万元,提取10%的法定公积金，没有提取任意公积金。因此，到了2022年年底，公司的注册资本为1000万元，法定公积金为100万元，任意公积金为0元，资本公积为400万元。

通过这个简单的案例，我们可以清楚地看到有限公司的注册资本是股东约定的出资金额，并不包括股东溢价出资部分。股东溢价出资计入公司的资本公积。而法定公积金和任意公积金则是公司盈利后从税后利润中提取的，其中法定公积金是法律规定必须提取的（为税后利润的10%），而任意公积金则是企业自愿提取的（也可以不提取）。

案例2：股份公司

上市公司在首发上市前，一般前身是有限公司，和案例1是一样的情况。当有限公司股改为股份公司时，股本总额不能超过有限公司的净资产。股改后再进行公开发行股份，即上市。我们通过一个简单的案例来说明一下。

N有限公司设立于2012年，注册资本为500万元。在公司运营过程中进行过几轮融资，公司注册资本增至5000万元，资本公积也达到1亿元。同时，经过10年的利润积累，2023年公司净资产为6亿元，决定股改后上市。

公司股改时经股东会决议，决定每股1元，共6亿股，股改后公司股本为6亿元，即注册资本为6亿元。

公司首发3亿股，每股16元。首发后，公司股本增加为6亿元+3亿元=9亿元，即公司的注册资本为9亿元。溢价部分，即每股超出1元部分的15元，计入公司的资本公积，即3亿股×15元=45亿元资本公积。

通过上面的两个简单案例，我想您对公司的注册资本和资本公积有了基本了解。原公司法和新公司法均允许公司用减少注册资本的方式进行亏损弥补。原公司法不允许用资本公积进行亏损弥补，而新公司法则允许。资本公积和注册资本都是股东的出资，因此新公司法的规定更为合理。

当公司亏损时，首先用法定公积金进行弥补。如果法定公积金不足以弥补亏损，再用任意公积金进行弥补。二者用尽仍不够弥补亏损时，可以使用资本公积弥补。

公司的法定公积金、任意公积金、资本公积均可以转增注册资本，但三者的转增要求是不同的。任意公积金可以全额转增注册资本，转增的金额为缴纳股东分红税后的余额。法定公积金转增注册资本时，须保证转增后剩余的法定公积金不得少于转增前公司注册资本的 25%。资本公积转增注册资本时，有限公司的股东是否需要缴纳分红税，取决于转增后股东是否有所得部分，对于溢价出资的股东，即使资本公积转增注册资本后其股权持股比例对应的注册资本，也可能低于其原始的出资（实务中这个问题相对比较复杂）；而股份公司的资本公积转增股本，股东不需要缴纳个人所得税。

法律依据

《中华人民共和国公司法》（2023 年修订）

第二百一十三条　公司以超过股票票面金额的发行价格发行股份所得的溢价款、发行无面额股所得股款未计入注册资本的金额以及国务院财政部门规定列入资本公积金的其他项目，应当列为公司资本公积金。

第二百一十四条　公司的公积金用于弥补公司的亏损、扩大公司生产经营或者转为增加公司注册资本。

公积金弥补公司亏损，应当先使用任意公积金和法定公积金；仍不能弥补的，可以按照规定使用资本公积金。

法定公积金转为增加注册资本时，所留存的该项公积金不得少于转增前公司注册资本的百分之二十五。

· 第十四章 ·
公司合并与分立

第十四章 公司合并与分立

第一节 公司合并

随着行业间企业竞争越来越激烈，为了增强自己的实力，企业会对行业内一些表现较好的企业进行收购。企业收购涉及的事情会相对较多。

一、异议股东的回购

企业合并时，无论是有限公司还是股份公司，股东会对合并作出决议后，持异议的股东，均有权要求公司对其所持有的股权或股份以合理的价格进行收购。如果是公司合并其持有 90% 股权的子公司，该子公司不需要进行股东会表决。其他股东在接到通知后有权要求公司以合理的价格收购其股权或股份。合理的价格通常根据以下方式确定：对于有限公司，一般是出让股东所持股权对应净资产的份额；如果公司近期进行过融资且发展良好，则按最近一期股权融资时的每股股权的价格计算；或者双方通过谈判达成一致的价格。对于股份公司，如果是公开发行股份的，则参考公开市场的价格；如果是非公开发行股份的，则参照有限公司的原则确定价格。有权要求公司收购自己股权的异议股东包括合并方和被合并方的异议股东。

二、债权人要求清偿债务或提供担保的权利

公司合并时，合并方与被合并方应当自作出合并决议之日起 10 日内通知债权人，并在 30 日内进行公示。债权人在接到通知之日起 30 日内、未接到通知的自公告之日起 45 日内，有权要求公司清偿债务或提供担保。这是因为公司合并可能会影响债权人的利益，因此法律赋予债权人这样的权利以保障其合法权益。同时，异议股东也有权要求公司收购其股权，这是为了保护他们的投资权益不受合并影响。我们通过以下简单案例来和大家说明其中的原因。

案例：合并方盈利、被合并方亏损

A 有限公司（以下简称 A 公司）设立于 2012 年，注册资本 1000 万元。甲实缴出资 800 万元，持有 A 公司 80% 的股权；乙实缴出资 200 万元，持有 A 公司 20% 的股权。A 公司经过几年的运营不断扩大规模，至 2020 年公司净资产已达 5000 万元，并拥有一栋价值 3000 万元的厂房。因公司经营需要流动资金而对外借款 3000 万元，债权人为刘某。

B 有限公司（以下简称 B 公司）设立于 2018 年，注册资本 1000 万元。丙实缴 600 万元，持有 B 公司 60% 的股权；丁实缴 400 万元，持有 B 公司 40% 的股权。B 公司运营至 2020 年因连年亏损累积未分配利润为 -4000 万元，净资产为 -3000 万元，并对外借款 5000 万元，债权人为张某。

为了开拓市场，A 公司决定并购上游企业 B 公司，因为 A 公司看好 B 公司拥有的一项技术及其技术团队。在 A 公司进行股东会决议时，乙持有反对意见，而 B 公司的股东则一致同意被 A 公司收购。

A 公司与 B 公司合并后对债权人及股东有什么影响呢？合并后的新公司 C 注册资本为 2000 万元，净资产为 2000 万元。

首先我们分析对股东的影响：假设因 B 公司亏损，其股东同意合并后持 C 公司 20% 的股权，则合并后 C 公司的持股情况大致为：甲持有 64% 的股权、乙持有 16% 的股权、丙持有 12% 的股权、丁持有 8% 的股权。合并后各股东原来股权对应的净资产也发生变化。对甲和乙来说他们在 C 公司股权比例对应的注册资本增加（因合并后公司注册资金增加），但股权比例对应的净资产下降（因为 B 公司亏损导致合并后 C 公司净资产少于 A 公司的净资产）；而对丙和丁来说虽然他们在 B 公司时的股权对应的注册资本下降（合并后二人持股比例减少），但股权比例对应的净资产增加（因为原 B 公司亏损导致净资产为负数）。收购行为主要由甲决定，乙虽然反对但不能阻止收购进程。因此，法律上赋予因合并导致其股权价值减少的乙作为异议小股东要求 A 公司收购其股权的权利。对 B 公司原来的股东来说，被收购是有利的，因此他们同意被收购；即使作为 B 公司小股东的丁不同意，由于 B 公司亏损严重，且没有能力收购其股权，法律赋予的异议收购权在这种情况下对丁来说也没有实际意义，丁不太可能行使这项权利。

我们再看一下合并对债权人的影响：对 A 公司的债权人刘某来说，原本

A 公司有净资产 5000 万元，且盈利状况良好，因此其 3000 万元的借款风险相对较低；但合并后 C 公司的净资产减少到 2000 万元，这增加了刘某借款无法收回的风险。因此，法律赋予刘某在公司合并时要求立即清偿债务或提供担保的权利。对 B 公司的债权人张某来说，由于 B 公司一直亏损，其 5000 万元借款原本就面临无法收回的风险；合并后 C 公司净资产增加降低了张某借款的风险。因此，即使法律赋予张某要求立即清偿债务或提供担保的权利，在这种情况下张某也不会行使这项权利。由于 A 公司没有足够的现金立即偿还刘某的借款，因此将厂房抵押给刘某作为其借款的担保；而 B 公司则无力清偿张某的债务也无法提供担保。虽然合并后 C 公司的净资产减少且债务增加，但刘某的债权因为有厂房抵押担保而得到了一定的保障。

法律依据

《中华人民共和国公司法》（2023 年修订）

第二百一十八条　公司合并可以采取吸收合并或者新设合并。

一个公司吸收其他公司为吸收合并，被吸收的公司解散。两个以上公司合并设立一个新的公司为新设合并，合并各方解散。

第二百一十九条　公司与其持股百分之九十以上的公司合并，被合并的公司不需经股东会决议，但应当通知其他股东，其他股东有权请求公司按照合理的价格收购其股权或者股份。

公司合并支付的价款不超过本公司净资产百分之十的，可以不经股东会决议；但是，公司章程另有规定的除外。

公司依照前两款规定合并不经股东会决议的，应当经董事会决议。

第二百二十条　公司合并，应当由合并各方签订合并协议，并编制资产负债表及财产清单。公司应当自作出合并决议之日起十日内通知债权人，并于三十日内在报纸上或者国家企业信用信息公示系统公告。债权人自接到通知之日起三十日内，未接到通知的自公告之日起四十五日内，可以要求公司清偿债务或者提供相应的担保。

第二百二十一条　公司合并时，合并各方的债权、债务，应当由合并后存续的公司或者新设的公司承继。

第二节 公司分立

公司分立的程序：

首先公司作出分立的方案，确定分立后各方的主要资产，编制财产清单，确定各主体的主营业务、人员分配、债务承担、收益分配，并编制资产负债表、利润表和现金流量表。准备好分立方案后，提交股东会进行表决，由股东会作出决议，同意公司进行分立。

决议作出之日起10日内通知债权人，于30日内进行公示，并同时办理新设公司的工商注册登记。后面涉及一些税务的手续，在此不再详述。

公司分立时，债权人没有权利要求公司清偿债务或提供担保，分立后的公司对债权人的债务承担连带责任。如果分立时与债权人达成书面清偿协议，则按照书面协议进行债务清偿。

为什么公司合并时债权人有权要求公司清偿债务，但公司分立时，债权人没有权利要求公司清偿债务呢？因为分立后的公司对债权人的债务承担连带责任，而分立后各公司的资产合起来就是公司原来的资产，并没有任何减损，不会损害债权人的利益，因此债权人没有权利要求公司在分立时清偿债务或提供担保。

既然公司分立时总资产没有减少，那为什么公司分立时，持异议的小股东有权要求公司收购其股权呢？

我们通过案例来说明一下。

案例：公司分立时小股东的异议收购权

M有限公司（以下简称M公司）于2015年设立，注册资本为2000万元，公司有股东甲、乙、丙、丁四人。甲实缴700万元，持有公司35%的股权；乙实缴700万元，持有公司35%的股权；丙实缴300万元，持有公司15%的股权；丁实缴300万元，持有公司15%的股权。

M公司主营业务主要为两部分：一部分是高档酒店装修设计，另一部分是高档别墅装修设计。两部分业务分别由甲、乙负责，二人是多年的朋友。

经过几年后，乙负责的高档别墅装修业务一直很好，而甲负责的高档酒店装修业务发展一般，且占用了公司很多人力和物力，二人开始产生矛盾。

2020年年底，M公司资产达4000万元，净资产的增加主要是别墅业务带来的贡献，酒店装修业务贡献非常少，仅占不到20%。

最后二人决定分别独立运营，决定将M公司分立成M公司和N公司。甲继续负责M公司的运营，丙留在M公司；丁和乙的关系一直不错，所以乙与丁共同运营N公司。分立具体安排如下：

M公司注册资本1000万元，净资产2000万元。甲持股70%，丙持股30%。M公司主要业务为酒店装修设计。N公司注册资本1000万元，净资产2000万元。乙持股70%，丁持股30%。N公司主要业务为别墅装修设计。

M公司召开了股东会决议，对公司分立事项进行表决。股东会决议表决结果是甲、乙、丁均同意，丙持反对意见。丙知道甲负责运营的M公司酒店装修业务发展一般，以后可能会逐渐亏损；而乙负责的别墅装修业务一直盈利，所以丙不同意和甲一起运营M公司，于是对M公司的分立投反对票。

在这个案例中，M公司分立成M公司和N公司后，公司合计资产没有减少，但对丙来说，原来的别墅装修是公司盈利的主要业务，现在分出去后，其股权价值可能会逐渐降低，未来甚至可能将目前赚到的利润全部亏损掉。因此，继续合作下去其利益可能严重受损，所以丙持反对意见。这也是公司法赋予公司在分立时，持异议小股东有权要求公司收购其股权的重要原因之一。

法律依据

《中华人民共和国公司法》（2023年修订）

第二百二十二条 公司分立，其财产作相应的分割。

公司分立，应当编制资产负债表及财产清单。公司应当自作出分立决议之日起十日内通知债权人，并于三十日内在报纸上或者国家企业信用信息公示系统公告。

第二百二十三条 公司分立前的债务由分立后的公司承担连带责任。但是，公司在分立前与债权人就债务清偿达成的书面协议另有约定的除外。

第三节　公司合并与分立时税务的特殊处理

公司合并与分立，在某些特殊情况下是为了税务筹划而进行的，我们通过具体案例来说明。

案例：公司通过分立来出售不动产的税务筹划

K有限公司（以下简称K公司）设立于2005年，股东有甲、乙、丙三人。其中，股东甲持有70%的股权，乙持有25%，丙持有5%。公司于2008年拍得一块土地的使用权，建设厂房。厂房建成后用于服装加工生产。

2020年，由于出口生意下滑，K公司的服装生产规模缩小到原来的三分之一，空出的厂房则对外出租。

2021年，K公司决定将出租部分的厂房对外出售，并找到了意向的购买方，价格在8000万元左右。然而，由于公司的厂房建造时间较早，取得的土地使用权价格也相对优惠，如果直接出售厂房将导致土地增值税过高。经过核算，土地增值税预计在1500万元左右。

经专业人员筹划后，K公司决定分立出T公司。T公司的主要资产为原来出租部分的厂房，其主要业务为厂房租赁，相关人员也一并划转至T公司。K公司与T公司的股东仍为甲、乙、丙，持股比例保持不变。

分立完成后，甲、乙、丙将T公司的100%股权转让给购买方。由于股权转让不涉及土地增值税，因此K公司成功节省了1500万元的税款。

值得注意的是，公司分立节税的过程远比上述描述复杂得多，需要专业的团队提供专业的服务，否则风险是很高的。

有关公司分立涉及的税收优惠政策可以查询以下文件：

（1）《国家税务总局关于发布〈企业重组业务企业所得税管理办法〉的公告》（2010年第4号，部分条款已废止）；

（2）《国家税务总局关于纳税人资产重组有关增值税问题的公告》（2023年第13号）；

（3）《国家税务总局关于纳税人资产重组有关增值税问题的公告》（2013年第66号）；

（4）《国家税务总局关于纳税人资产重组增值税留抵税额处理有关问题的公告》（2012年第55号）。

第十五章
公司首次公开发行股票的财务条件

第十五章　公司首次公开发行股票的财务条件

2024年4月4日，国务院发布了《关于加强监管防范风险推动资本市场高质量发展的若干意见》（国发〔2024〕10号），俗称"国九条"。"国九条"发布后，上海证券交易所、深圳证券交易所相继修改了公司上市的财务指标，分别提高了相应的标准，导致一批已申报的企业纷纷撤回IPO申请，本章节摘录了各个板块2024年4月30日股票发行的基本财务条件，以供各位参考。实际发行条件要综合考虑各个方面，具体综合条件可以登录各个交易所的网站查询。企业的上市需要券商、会计师事务所、律师事务所的全面服务。因本次公司法的修改涉及股份发行的内容，部分企业家也关心自己的企业到底适合在哪个板块上市，因此摘录部分财务指标给大家作为初步的了解。有的板块对企业从事的行业也有要求，因此，具体请咨询自己企业的法律顾问团队。

第一节　上海证券交易所

一、主板的股份公开发行[①]

1. 境内发行人申请首次公开发行股票并在本所上市，应当符合下列条件：
（1）符合《证券法》、中国证监会规定的发行条件；
（2）发行后的股本总额不低于5000万元；
（3）公开发行的股份达到公司股份总数的25%以上；公司股本总额超过4亿元的，公开发行股份的比例为10%以上；
（4）市值及财务指标符合本规则规定的标准；
（5）本所要求的其他条件。
本所可以根据市场情况，经中国证监会批准，对上市条件和具体标准进行调整。
2. 境内发行人申请在本所上市，市值及财务指标应当至少符合下列标准中的一项：

[①] 参见《上海证券交易所股票上市规则（2024年4月修订）》。

（1）最近 3 年净利润均为正，且最近 3 年净利润累计不低于 2 亿元，最近一年净利润不低于 1 亿元，最近 3 年经营活动产生的现金流量净额累计不低于 2 亿元或营业收入累计不低于 15 亿元；

（2）预计市值不低于 50 亿元，且最近一年净利润为正，最近一年营业收入不低于 6 亿元，最近 3 年经营活动产生的现金流量净额累计不低于 2.5 亿元；

（3）预计市值不低于 100 亿元，且最近一年净利润为正，最近一年营业收入不低于 10 亿元。

3. 符合《国务院办公厅转发证监会关于开展创新企业境内发行股票或存托凭证试点若干意见的通知》（国办发〔2018〕21号）等相关规定的红筹企业，可以申请发行股票或者存托凭证并在本所上市。

红筹企业申请首次公开发行股票或者存托凭证并在本所上市，应当符合下列条件：

（1）符合《证券法》、中国证监会规定的发行条件；

（2）发行股票的，发行后的股份总数不低于 5000 万股；发行存托凭证的，发行后的存托凭证总份数不低于 5000 万份；

（3）发行股票的，公开发行（含已公开发行）的股份达到公司股份总数的 25%以上；公司股份总数超过 4 亿股的，公开发行（含已公开发行）股份的比例为 10%以上。发行存托凭证的，公开发行（含已公开发行）的存托凭证对应基础股份达到公司股份总数的 25%以上；发行后的存托凭证总份数超过 4 亿份的，公开发行（含已公开发行）的存托凭证对应基础股份的比例为 10%以上；

（4）市值及财务指标符合本规则规定的标准；

（5）本所要求的其他条件。

本所可以根据市场情况，经中国证监会批准，对上市条件和具体标准进行调整。

4. 已在境外上市的红筹企业，申请发行股票或者存托凭证并在本所上市的，应当至少符合下列标准中的一项：

（1）市值不低于 2000 亿元；

（2）市值 200 亿元以上，且拥有自主研发、国际领先技术，科技创新能力较强，在同行业竞争中处于相对优势地位。

5. 未在境外上市的红筹企业，申请发行股票或者存托凭证并在本所上市的，应当至少符合下列标准中的一项：

（1）预计市值不低于 200 亿元，且最近一年营业收入不低于 30 亿元；

（2）营业收入快速增长，拥有自主研发、国际领先技术，在同行业竞争中处于相对优势地位，且预计市值不低于 100 亿元；

（3）营业收入快速增长，拥有自主研发、国际领先技术，在同行业竞争中处于相对优势地位，且预计市值不低于 50 亿元，最近一年营业收入不低于 5 亿元。

前款规定的营业收入快速增长，应当符合下列标准之一：

（1）最近一年营业收入不低于 5 亿元的，最近 3 年营业收入复合增长率 10% 以上；

（2）最近一年营业收入低于 5 亿元的，最近 3 年营业收入复合增长率 20% 以上；

（3）受行业周期性波动等因素影响，行业整体处于下行周期的，发行人最近 3 年营业收入复合增长率高于同行业可比公司同期平均增长水平。

处于研发阶段的红筹企业和对国家创新驱动发展战略有重要意义的红筹企业，不适用"营业收入快速增长"的上述要求。

6. 发行人具有表决权差异安排的，市值及财务指标应当至少符合下列标准中的一项：

（1）预计市值不低于 200 亿元，且最近一年净利润为正；

（2）预计市值不低于 100 亿元，且最近一年净利润为正，最近一年营业收入不低于 10 亿元。

二、科创板的股份公开发行[①]

1. 发行人申请在本所科创板上市，应当符合下列条件：
（1）符合中国证监会规定的发行条件。
（2）发行后股本总额不低于人民币 3000 万元。
（3）公开发行的股份达到公司股份总数的 25% 以上；公司股本总额超过

[①] 参见《上海证券交易所科创板股票上市规则（2024 年 4 月修订）》。

人民币4亿元的，公开发行股份的比例为10%以上。

（4）市值及财务指标符合本规则规定的标准。

（5）本所规定的其他上市条件。

红筹企业发行股票的，前述第二项调整为发行后的股份总数不低于3000万股，前述第三项调整为公开发行的股份达到公司股份总数的25%以上；公司股份总数超过4亿股的，公开发行股份的比例为10%以上。红筹企业发行存托凭证的，前述第二项调整为发行后的存托凭证总份数不低于3000万份，前述第三项调整为公开发行的存托凭证对应基础股份达到公司股份总数的25%以上；发行后的存托凭证总份数超过4亿份的，公开发行的存托凭证对应基础股份达到公司股份总数的10%以上。

本所可以根据市场情况，经中国证监会批准，对上市条件和具体标准进行调整。

2. 发行人申请在本所科创板上市，市值及财务指标应当至少符合下列标准中的一项：

（1）预计市值不低于人民币10亿元，最近两年净利润均为正且累计净利润不低于人民币5000万元，或者预计市值不低于人民币10亿元，最近一年净利润为正且营业收入不低于人民币1亿元；

（2）预计市值不低于人民币15亿元，最近一年营业收入不低于人民币2亿元，且最近三年累计研发投入占最近三年累计营业收入的比例不低于15%；

（3）预计市值不低于人民币20亿元，最近一年营业收入不低于人民币3亿元，且最近三年经营活动产生的现金流量净额累计不低于人民币1亿元；

（4）预计市值不低于人民币30亿元，且最近一年营业收入不低于人民币3亿元；

（5）预计市值不低于人民币40亿元，主要业务或产品需经国家有关部门批准，市场空间大，目前已取得阶段性成果。医药行业企业需至少有一项核心产品获准开展二期临床试验，其他符合科创板定位的企业需具备明显的技术优势并满足相应条件。

同时，2024年4月30日，上海证券交易所修改了《上海证券交易所科创板企业发行上市申报及推荐暂行规定》，提高了最近三年研发投入金额、产业化发明专利数、营业收入复合增长率等，具体如下：

第六条 支持和鼓励科创板定位规定的相关行业领域中，同时符合下列4项指标的企业申报科创板发行上市：

（一）最近三年研发投入占营业收入比例5%以上，或者最近三年研发投入金额累计在8000万元以上；

（二）研发人员占当年员工总数的比例不低于10%；

（三）应用于公司主营业务并能够产业化的发明专利7项以上；

（四）最近三年营业收入复合增长率达到25%，或者最近一年营业收入金额达到3亿元。

三、根据"国九条"的要求，更新了公开发行股票的负面清单，重点即公司申报IPO前清仓式分红的情形

上海证券交易所于2024年4月30日修订了《上海证券交易所发行上市审核规则适用指引第1号——申请文件受理》，其中对清仓式分红的标准进行了明确，并加入负面清单，具体如下：

第五条 保荐人应当对照下列负面清单，重点核查以下事项，审慎发表核查意见，并提交专项核查报告：

（一）发行人及其实际控制人、董事、监事、高级管理人员是否存在《首次公开发行股票并上市辅导监管规定》关于口碑声誉的重大负面情形。

（二）发行人最近三年是否存在累计分红金额占同期净利润比例超过80%的情形；是否存在累计分红金额占同期净利润比例超过50%且累计分红金额超过3亿元，同时募集资金用于补充流动资金和偿还银行贷款占募集资金总额的比例超过20%的情形。

（三）可能引起重大负面舆情的其他事项。

深圳证券交易所也同一时间修订了相关内容，将清仓式分红列入负面清单，两家证券交易所引用的标准一致。

第二节 深圳证券交易所

一、中小板的股份公开发行[①]

1. 境内企业申请首次公开发行股票并在本所上市，应当符合下列条件：
（1）符合《证券法》、中国证监会规定的发行条件。
（2）发行后股本总额不低于5000万元。
（3）公开发行的股份达到公司股份总数的25%以上；公司股本总额超过4亿元的，公开发行股份的比例为10%以上。
（4）市值及财务指标符合本规则规定的标准。
（5）本所要求的其他条件。
本所可以根据市场情况，经中国证监会批准，对上市条件和具体标准进行调整。

2. 境内企业申请在本所上市，市值及财务指标应当至少符合下列标准中的一项：
（1）最近三年净利润均为正，且最近三年净利润累计不低于2亿元，最近一年净利润不低于1亿元，最近三年经营活动产生的现金流量净额累计不低于2亿元或者营业收入累计不低于15亿元；
（2）预计市值不低于50亿元，且最近一年净利润为正，最近一年营业收入不低于6亿元，最近三年经营活动产生的现金流量净额累计不低于2.5亿元；
（3）预计市值不低于100亿元，且最近一年净利润为正，最近一年营业收入不低于10亿元。

[①] 参见《深圳证券交易所股票上市规则（2024年修订）》。

二、创业板的股份公开发行[①]

1. 发行人申请在本所创业板上市，应当符合下列条件：

（1）符合中国证券监督管理委员会（以下简称中国证监会）规定的创业板发行条件；

（2）发行后股本总额不低于3000万元；

（3）公开发行的股份达到公司股份总数的25%以上；公司股本总额超过4亿元的，公开发行股份的比例为10%以上；

（4）市值及财务指标符合本规则规定的标准；

（5）本所要求的其他上市条件。

红筹企业发行股票的，前述第二项调整为发行后的股份总数不低于3000万股，前述第三项调整为公开发行的股份达到公司股份总数的25%以上；公司股份总数超过4亿股的，公开发行股份的比例为10%以上。

2. 发行人为境内企业且不存在表决权差异安排的，市值及财务指标应当至少符合下列标准中的一项：

（1）最近两年净利润均为正，累计净利润不低于1亿元，且最近一年净利润不低于6000万元；

（2）预计市值不低于15亿元，最近一年净利润为正且营业收入不低于4亿元；

（3）预计市值不低于50亿元，且最近一年营业收入不低于3亿元。

3. 符合《国务院办公厅转发证监会关于开展创新企业境内发行股票或存托凭证试点若干意见的通知》（国办发〔2018〕21号）等相关规定的红筹企业，可以申请其股票或存托凭证在创业板上市。

营业收入快速增长，拥有自主研发、国际领先技术，同行业竞争中处于相对优势地位的尚未在境外上市的红筹企业，申请在创业板上市的，市值及财务指标应当至少符合下列标准中的一项：

（1）预计市值不低于100亿元；

[①] 参见《深圳证券交易所创业板股票上市规则（2024年修订）》。

（2）预计市值不低于50亿元，且最近一年营业收入不低于5亿元。

前款所称营业收入快速增长，指符合下列标准之一：

（1）最近一年营业收入不低于5亿元的，最近三年营业收入复合增长率10%以上；

（2）最近一年营业收入低于5亿元的，最近三年营业收入复合增长率20%以上；

（3）受行业周期性波动等因素的影响，行业整体处于下行周期的，发行人最近三年营业收入复合增长率高于同行业可比公司同期平均增长水平。

处于研发阶段的红筹企业和对国家创新驱动发展战略有重要意义的红筹企业，不适用"营业收入快速增长"的规定。

4. 发行人具有表决权差异安排的，市值及财务指标应当至少符合下列标准中的一项：

（1）预计市值不低于100亿元；

（2）预计市值不低于50亿元，且最近一年营业收入不低于5亿元。

发行人特别表决权股份的持有人资格、公司章程关于表决权差异安排的具体要求，应当符合本规则第四章第四节的规定。

同时，2024年4月30日，深圳证券交易所修改了《深圳证券交易所创业板企业发行上市申报及推荐暂行规定》，提高了最近三年营业收入复合增长率，具体如下：

第四条 本所支持和鼓励符合下列标准之一的成长型创新创业企业申报在创业板发行上市：

（一）最近三年研发投入复合增长率不低于15%，最近一年投入金额不低于1000万元，且最近三年营业收入复合增长率不低于25%；

（二）最近三年累计研发投入金额不低于5000万元，且最近三年营业收入复合增长率不低于25%；

（三）属于制造业优化升级、现代服务业或者数字经济等现代产业体系领域，且最近三年营业收入复合增长率不低于30%。

最近一年营业收入金额达到3亿元的企业，或者按照《关于开展创新企业境内发行股票或存托凭证试点的若干意见》等相关规则申报创业板的已境外上市红筹企业，不适用前款规定的营业收入复合增长率要求。

第三节 北京证券交易所

北京证券交易所服务的主要是新三板创新层企业。

根据《北京证券交易所股票上市规则（试行）(2024 年修订)》的规定，发行人申请公开发行并上市，应当符合下列条件：

(1) 发行人为在全国股转系统连续挂牌满 12 个月的创新层挂牌公司；

(2) 符合中国证券监督管理委员会（以下简称中国证监会）规定的发行条件；

(3) 最近一年期末净资产不低于 5000 万元；

(4) 向不特定合格投资者公开发行（以下简称公开发行）的股份不少于 100 万股，发行对象不少于 100 人；

(5) 公开发行后，公司股本总额不少于 3000 万元；

(6) 公开发行后，公司股东人数不少于 200 人，公众股东持股比例不低于公司股本总额的 25%；公司股本总额超过 4 亿元的，公众股东持股比例不低于公司股本总额的 10%；

(7) 市值及财务指标符合本规则规定的标准；

(8) 本所规定的其他上市条件。

本所可以根据市场情况，经中国证监会批准，对上市条件和具体标准进行调整。

发行人申请公开发行并上市，市值及财务指标应当至少符合下列标准中的一项：

(1) 预计市值不低于 2 亿元，最近两年净利润均不低于 1500 万元且加权平均净资产收益率平均不低于 8%，或者最近一年净利润不低于 2500 万元且加权平均净资产收益率不低于 8%；

(2) 预计市值不低于 4 亿元，最近两年营业收入平均不低于 1 亿元，且最近一年营业收入增长率不低于 30%，最近一年经营活动产生的现金流量净额为正；

(3) 预计市值不低于 8 亿元，最近一年营业收入不低于 2 亿元，最近两

年研发投入合计占最近两年营业收入合计比例不低于8%;

（4）预计市值不低于15亿元，最近两年研发投入合计不低于5000万元。

上文所称预计市值是指以发行人公开发行价格计算的股票市值。

第十六章
公司破产程序

第一节　企业具备破产原因及条件

近几年来，随着通过法院进入破产程序的企业增多，越来越多的企业家及律师开始关注企业通过法院的破产程序，这里简单介绍一下企业破产中一些大家比较关注的问题，以便大家可以初步了解法院的破产程序。

一、企业具备破产原因的条件

1. 资产不足以清偿全部债务。
2. 明显缺乏清偿能力。

二、企业不能清偿到期债务的认定

1. 债权债务关系依法成立。
2. 债务履行期限已经届满。
3. 债务人未完全清偿债务。

三、企业明显缺乏清偿能力的认定

1. 因资金严重不足或者财产不能变现等原因，无法清偿债务。
2. 法定代表人下落不明且无其他人员负责管理财产，无法清偿债务。
3. 经人民法院强制执行，无法清偿债务。
4. 长期亏损且经营扭亏困难，无法清偿债务。
5. 导致债务人丧失清偿能力的其他情形。

当企业满足以上条件时，企业或债权人均可以向法院申请企业破产。

第二节　企业破产申请与受理

当企业出现破产原因后，企业自己或债权人均有权向法院申请破产。企业破产案件由企业所在地法院管辖，但需要注意的是，随着近几年破产案件的增多，再加上破产案件的专业性比较强，有些城市将破产案件划归专门的法院管辖。

法院裁定受理企业破产申请后，所有该企业相关的民事案件，均由受理破产的法院管辖。

企业债权人向法院申请破产的，需要列明申请人（债权人）与被申请人（企业）的基本情况，申请目的（破产清算），事实与理由（企业不能偿还到期债务，经法院强制执行仍未得到清偿）。如果是企业自己向法院申请破产，除了列明上述事项外，同时需要向法院提交财务状况说明、债务清册、债权清册、有关财务会计报告、职工安置预案以及职工工资的支付和社会保险费用的缴纳情况等资料。

债权人申请企业破产的，法院收到申请后 5 日内通知企业，企业接到通知后 7 日内提出是否有异议。异议期满后 10 日内，法院将裁定是否受理破产申请。企业自己申请的，法院自收到申请后 15 日内裁定是否受理。在特殊情况下，经批准可延长 15 日。

债权人申请企业破产被法院受理的，法院自裁定作出之日起 5 日内送达债务人（企业）。债务人应当自裁定送达之日起 15 日内，向法院提交财产状况说明、债务清册、债权清册、有关财务会计报告以及职工工资的支付和社会保险费用的缴纳情况等资料。

法院在受理企业破产案件时，同时指定其破产管理人。

第三节　债权申报及诉讼案件处理

法院自裁定受理破产申请之日起 25 日内通知债权人，并公告。

法院受理的破产企业（债务人）的财产保全解除、执行案件中止。

尚未了结的诉讼或仲裁案件先中止，管理人接管破产企业后，代表破产企业继续上述案件，并代表该企业参与其他民事案件。

法院受理破产申请后，确定债权人的申报期限，最短不得少于30日，最长不得超过3个月，自法院发布受理破产申请公告之日起算，债权人应当在法院确定的时间内向管理人申报债权。

未到期的债权，法院受理时视为到期。

附利息的债权，自法院受理之日起停止计息。

涉及未决诉讼或仲裁的债权，同样可以申报。

所欠职工的工资和医疗、伤残补助、抚恤费用，所欠的应当划入职工个人账户的基本养老保险、基本医疗保险费用，未支付给职工的补偿金，都不必申报，由管理人调查后列出清单并予以公示。

保证人为破产企业的，如果主债务未到期，保证债权视为到期，可以申报。同时，保证人承担保证责任后可以向债务人追偿。

保证人和债务人都进入破产程序的，则债权人可以分别申报债权；保证人承担保证责任后，不再享有追偿权，因为债务人也是破产企业。

第四节　破产企业（债务人）的财产

一、非破产企业（债务人）的财产

1. 债务人基于仓储、保管、承揽、代销、借用、寄存、租赁等合同或者其他法律关系占有、使用的他人财产。
2. 债务人在所有权保留买卖中尚未取得所有权的财产。
3. 所有权专属于国家且不得转让的财产。
4. 其他依照法律、行政法规不属于债务人的财产。

二、破产企业的财产

1. 破产企业的货币、实物。

2. 可以用货币估价并可以依法转让的债权、股权、知识产权、用益物权。

3. 股东未缴纳的出资加速到期，股东补足的出资。

4. 破产受理前 1 年内，管理人有权依法取回如下财产：

（1）破产企业无偿转让的财产；

（2）以明显不合理的价格进行交易的财产；

（3）对未到期的债务提前清偿的；

（注：如果未到期的债务在法院受理破产申请前已到期，且到期日时破产企业无破产原因且到期日不在破产受理前 6 个月内的，管理人无权取回。）

（4）放弃债权的。

5. 法院受理破产申请前 6 个月内，管理人有权依法取回下列财产：

破产企业已具备破产原因时，仍对个别债权人进行清偿（个别清偿使债务人财产受益的除外）的财产。

（注：①债权人通过法院得到的个别清偿，管理人无权取回。②为维系基本生产需要而支付的水费、电费等，支付的劳动报酬、人身损害赔偿金等，管理人无权取回。）

6. 管理人依法取回的破产企业隐匿、转移的财产。

7. 破产企业虚构债务或者承认不真实的债务而清偿的财产被取回的。

8. 管理人依法取回的破产企业董事、监事和高级管理人员利用职权从企业获取的非正常收入和侵占的企业财产。

9. 破产企业设定担保的财产：

（1）破产企业在法院受理破产前一年内对没有财产担保的债务提供财产担保的，管理人可以依法取消担保；

（2）法院受理破产前一年以上设定担保的财产，实现担保物权后剩余部分可用于清偿破产费用、共益债务及其他债权。

10. 破产企业享有共有财产的份额，依法分割后所得的财产。

11. 破产企业的债务人或财产持有人向管理人交付的财产（如果向破产企业清偿或交付而造成损失的，不免除债务人或财产持有人对破产企业清偿债务或交付财产的责任）。

12. 法院受理破产申请时，出卖人已向破产企业发运的货物，破产企业未付清全部价款的，管理人支付全部价款后取得的财产。

（注：管理人未支付全部价款时，出卖人有权取回在途货物。）

第五节　破产前债务清偿等规定

一、破产企业（债务人）的义务及对有关人员的约束

1. 企业的法定代表人不得离开住所地。
2. 法院也可以决定财务人员或其他管理人员不得离开住所地。
3. 破产企业不得新任董事、监事、高级管理人员。
4. 上述人员有义务妥善保管公司财务、资料，并如实回答法院、管理人及债权人的询问。

二、破产企业的个别清偿行为

1. 在法院裁定受理企业破产之日起前6个月内，如果破产企业已有破产原因，则对个别债权人的清偿无效，但以下情形除外：

（1）为了维系基本生产需要而支付水费、电费等，支付劳动报酬、人身损害赔偿金等；

（2）对设有财产担保的债权在担保物价值范围内的清偿行为；

（3）通过法院清偿的债务；

（4）个别清偿使破产企业受益的。

2. 在法院裁定受理企业破产之日起前1年内，对未到期债务进行清偿，如果债务在法院裁定受理企业破产之日仍未到期，或企业破产受理之日起前6个月内到期且企业已有破产原因的，则清偿行为无效。

三、破产企业自法院受理破产之日起前 1 年内，使破产企业利益受损的下列行为无效

1. 放弃债权。
2. 为无抵押的债权提供担保。
3. 无偿转让财产。
4. 以明显不合理的价格进行交易的。

四、破产企业债权人，同时对破产企业负有债务的，则可以申请抵销债权债务，但下列情形不可以抵销

1. 破产企业的债务人在法院受理破产申请后，为自己受益而主动取得他人对破产企业的债权的。
2. 破产企业的债权人，明知破产企业不能清偿到期债务或者破产申请的事实，主动对破产企业负担债务的，但取得行为发生在破产申请受理 1 年前的除外。
3. 破产企业的债务人，明知破产企业不能清偿到期债务或者破产申请的事实，主动取得破产企业债权的，但取得行为发生在破产申请受理 1 年前的除外。

五、诉讼时效

1. 破产企业对外享有的诉讼时效，自破产申请受理之日中断。
2. 破产企业对外享有的债权，在破产受理前 1 年内超过诉讼时效的，自破产申请受理之日起重新计算诉讼时效。这一条其实就是因为破产企业在破产受理前一年内主动放弃债权，所以重新起算诉讼时效。

六、管理人员非正常收入返还给破产企业

1. 当破产企业具备破产原因时，管理人取得的奖金。

2. 普遍拖欠员工工资时取得的工资。

3. 其他非正常收入，如各类补贴等。

管理人员将上述资金返还给破产企业后，其中相当于企业员工平均工资的部分作为工资享受优先清偿，其他部分的收入作为普通债权清偿。

七、利息与滞纳金

破产申请受理后，破产企业对外欠债产生的滞纳金、迟延支付的利息，不再需要支付，即不能作为债权的一部分进行申报。

八、债权人的知情权

单个债权人有权查阅债务人财产状况报告、债权人会议决议、债权人委员会决议、管理人监督报告等参与破产程序所必需的债务人财务和经营信息资料。

破产费用和共益债务、债权人会议内容不再详述，具体见附本章后面的相关法律规定。

第六节　财产处分、变价与分配

一、重大财产处分及变价方案

管理人处分破产企业重大财产及变价时，需要提请债权人会议通过；债权人会议未通过的，管理人不得处分或变价。

债权人会议通过管理人处分或变价方案后，管理人处分前，应当提前10日书面报告债权人委员会或法院。

债权人委员会或人民法院认为管理人处分或变价方案与债权人会议通过的方案不相符时，有权要求管理人纠正。管理人应当纠正或提交债权人会议重新表决。

二、变价方案及财产变价

破产管理人应当及时拟订破产财产变价方案,并提交债权人会议讨论。债权人会议未通过的,则由法院裁定。债权人对裁定不服的,可以自裁定宣布之日或收到通知之日起 15 日内向法院提起复议,复议期间不停止变价方案的执行。

三、财产变价

破产企业的财产应当通过拍卖进行变价,但债权人会议也可以决议通过其他方式变价。

四、变价后财产分配

优先受偿:变价后的财产,优先清偿破产费用和共益债务,财产足以清偿所有破产费用和共益债务的,优先清偿破产费用;财产不足以清偿所有破产费用或共益债务的,则按比例清偿。财产不足以清偿破产费用或共益债务的,管理人应当向法院提请终结破产程序。

破产财产清偿破产费用和共益债务后尚有剩余的,则按下列顺序进行分配:

(1)所欠职工的工资和医疗、伤残补助、抚恤费用,所欠的应当划入职工个人账户的基本养老保险、基本医疗保险费用,以及法律、行政法规规定的应当支付给职工的补偿金;

(2)欠缴的除前项规定以外的社会保险费用和破产人所欠税款;

(3)普通破产债权。

破产财产不足以清偿同一顺序的清偿要求的,按照比例分配。

破产企业的董事、监事和高级管理人员的工资按照该企业职工的平均工资计算。

五、破产财产提存

债权人未受领的财产，管理人应当提存；自最后分配公告之日起 2 个月内未领取的，视为放弃受领，管理人将提存的部分分配给其他债权人。

对于未决诉讼或仲裁的债权人的份额，管理人应当提存，自破产终结之日起 2 年内仍不能满足受领条件的，则法院将提存的份额分配给其他债权人。

第七节 破产程序的终结

破产程序中最后的部分：

一、破产管理人提请法院终结破产程序

破产管理人在破产人无财产可分配，或财产分配完毕后，向法院请求裁定终结破产程序。法院在收到请求后 15 日内裁定是否终结破产程序。

二、公司注销

破产管理人收到法院出具的破产程序终结的裁定后，自终结之日起 10 日内，向破产人的原登记机关办理公司的注销登记。

三、企业破产注销后发现财产的处理

企业在法院裁定终结之日起 2 年内，发现有其他财产的，则进行追加分配。但财产不足以支付分配费用的，不再分配，财产上交国库。如果有债权人在破产清算程序中未申报，则该债权人在公司新发现的财产中，可以按原财产分配方案中债权清算比例优先获得清偿。

四、企业破产未清偿的债务

企业破产后,企业对未清偿的债务不再清偿。为企业债务提供担保或债务的连带保证人,不免除债务的清偿责任,就破产企业未清偿的债务部分,继续承担清偿责任。

案例:破产企业的债务担保人的债务清偿责任

A公司于2016年1月1日向B公司借款2000万元,借款协议约定A公司应当于2018年12月31日还款。A公司向B公司借款时,C公司为A公司的借款提供担保。A公司于2019年因被债权人起诉至法院而进入破产程序,2020年10月19日被法院裁定终结破产程序。B公司通过A公司破产清算程序追回了200万元,但还有1800万元没有追回。

A公司经破产程序后,于2020年10月26日注销。A公司注销后,C公司为A公司提供担保的责任并不因此被免除,B公司有权要求C公司承担担保责任,偿还B公司剩余的1800万元本金及相应利息。

本书的重点内容为新公司法,为此本节内容涉及的关于《破产法》及其司法解释的详细条款不再附后。企业破产业务是比较特殊的一类业务,有兴趣的朋友可以查询以下文件获取相关内容:

(1)《企业破产法》;

(2)《最高人民法院关于〈中华人民共和国企业破产法〉若干问题的规定(一)》;

(3)《最高人民法院关于〈中华人民共和国企业破产法〉若干问题的规定(二)》(2020年修正);

(4)《最高人民法院关于〈中华人民共和国企业破产法〉若干问题的规定(三)》(2020年修正)。

第十七章
公司解散与清算

第一节 公司解散条件

本书对公司的解散和清算仅作简要介绍。这部分内容更多会出现在法院受理的公司破产案件当中，届时将由法院指定的破产管理人进行清算。而对于普通公司的解散，通常在股东之间没有矛盾的情况下，会正常进行清算。当股东之间出现矛盾时，清算组清算的结果需要报请股东会确认；如果股东会无法达成一致，公司就难以完成清算和注销。此外，新公司法赋予工商登记部门在特定条件下向法院申请对公司进行清算的权利，这一做法仍有待实践检验。

公司在下列情形发生时则解散：

一、公司一般解散事由

1. 公司章程规定的营业期限届满，股东未通过股东会决议使公司存续的。
2. 公司章程中股东约定的解散事由出现，股东未通过股东会决议使公司存续的。
3. 股东会决议解散，在公司分配财产前，股东会未再次通过股东会决议使公司存续的。

上述情形发生时，股东会可以通过决议使公司继续存续。

二、公司其他解散事由

1. 公司合并，合并后不再需要存续的公司则解散。
如 A 公司与 B 公司合并为 A 公司，则 B 公司解散。
2. 公司分立时，如果原公司不再需要存续，则原公司解散。
如 H 公司分立成 M 公司和 N 公司，则 H 公司解散。这种情形不太常见，一般是 H 公司分立成 H 公司和 K 公司，则 H 公司不需要解散。
3. 公司经营管理发生严重困难，股东向法院请求解散后被法院判决解散。

《公司法》第二百三十一条规定，当公司经营严重困难，继续存续会使股东利益受到重大损失，通过其他途径不能解决的，持股10%以上表决权的股东，可以请求人民法院解散公司。如果法院最后判决公司解散，则公司进入解散程序。

在实务中，股东通过向法院起诉要求解散公司的诉讼，很难得到法院的支持。

4. 公司自己申请或因被债权人起诉破产，被法院裁定进入破产程序后，经破产清算而解散。

根据破产法的规定，公司不能清偿到期债务，并且资产不足以清偿全部债务或者明显缺乏清偿能力时，公司或者债权人均可以向法院申请公司破产。

近几年来，公司通过法院进入破产程序的越来越多，大多是因为公司到期未清偿债务，经法院强制执行后仍不能清偿的，被债权人向法院起诉公司破产以实现部分债权。

公司一旦进入破产清算，公司清偿债务的比例就会非常低，所以在破产程序当中，如果能和解的，基本进入和解程序而使公司免于因破产清算而解散。

法律依据

《中华人民共和国公司法》（2023年修订）

第二百二十九条 公司因下列原因解散：

（一）公司章程规定的营业期限届满或者公司章程规定的其他解散事由出现；

（二）股东会决议解散；

（三）因公司合并或者分立需要解散；

（四）依法被吊销营业执照、责令关闭或者被撤销；

（五）人民法院依照本法第二百三十一条的规定予以解散。

公司出现前款规定的解散事由，应当在十日内将解散事由通过国家企业信用信息公示系统予以公示。

第二百三十条 公司有前条第一款第一项、第二项情形，且尚未向股东分配财产的，可以通过修改公司章程或者经股东会决议而存续。

依照前款规定修改公司章程或者经股东会决议，有限责任公司须经持有三分之二以上表决权的股东通过，股份有限公司须经出席股东会会议的股东所持表决权的三分之二以上通过。

第二百三十一条 公司经营管理发生严重困难，继续存续会使股东利益受到重大损失，通过其他途径不能解决的，持有公司百分之十以上表决权的股东，可以请求人民法院解散公司。

《中华人民共和国企业破产法》

第二条第一款 企业法人不能清偿到期债务，并且资产不足以清偿全部债务或者明显缺乏清偿能力的，依照本法规定清理债务。

第七条 债务人有本法第二条规定的情形，可以向人民法院提出重整、和解或者破产清算申请。

债务人不能清偿到期债务，债权人可以向人民法院提出对债务人进行重整或者破产清算的申请。

企业法人已解散但未清算或者未清算完毕，资产不足以清偿债务的，依法负有清算责任的人应当向人民法院申请破产清算。

第二节　公司解散时的清算义务人

本次公司法修订，明确规定当公司进入解散程序时，董事为清算义务人。董事应当在公司解散事由出现之日起15日内组成清算组进行清算。

董事是公司的清算义务人，但清算组不一定由董事组成。如果公司章程规定全体股东组成清算组，则清算组就是全体股东。如果公司出现解散事由，股东会经过决议，决定公司聘请外部机构成立清算组，则外部机构人员构成清算组。

当公司章程没有规定清算组的组成，股东也没有通过股东会决议另行组成清算组时，则清算组由公司董事组成。

有限公司只有一名董事的，则清算组需要另外增加2人。一般清算组成员是3人，法律没有规定最低几人，但只有一人，则不符合清算组的概念。工商注销时也要求清算组成员签字，不能是一个人的签字。

如果清算义务人没有在公司解散事由出现之日起15天内组成清算组，或清算组组成后不履行清算义务，给公司或债权人造成损失的，清算义务人或清算组应当承担赔偿损失的责任。

在原公司法中，有限公司股东为清算组成员，股份公司董事或股东大会确定清算组成员，实质即股东为清算义务人。本次公司法修改为董事为清算义务人。但清算组的成员并不是由董事确定的，要么是章程规定，要么是股东会决议指定，那么清算义务人到底承担什么义务呢？如果公司有董事会，是全体董事均有义务还是某个董事有义务？

公司法规定"董事为清算义务人"，没有表述为"具有责任的董事为清算义务人"，因此，应当是全体董事均为清算义务人。清算义务人的义务是在解散事由出现之日起十五日内组成清算组；如果董事是清算组的成员，那就负有清算的义务；如果董事不是清算组的成员，那就负有跟进清算程序的义务，确保清算顺利进行。

现实中的问题就出来了。如果董事是实际控制人，那清算应该没有什么障碍；如果董事是挂名董事，或者是完全听从控股股东指挥的董事，控股股东是影子董事，而控股股东未履行清算义务的，则二人须承担连带责任。

公司清算组组成以后，即代表公司处理各项事务，但不得开展与清算无关的事务。主要职责为：清理公司财产，分别编制资产负债表和财产清单；通知、公告债权人；处理与清算有关的公司未了结的业务；清缴所欠税款以及清算过程中产生的税款；清理债权、债务；分配公司清偿债务后的剩余财产；代表公司参与民事诉讼活动等。

法律依据

《中华人民共和国公司法》（2023年修订）

第二百三十二条 公司因本法第二百二十九条第一款第一项、第二项、第四项、第五项规定而解散的，应当清算。董事为公司清算义务人，应当在解散事由出现之日起十五日内组成清算组进行清算。

清算组由董事组成，但是公司章程另有规定或者股东会决议另选他人的除外。

清算义务人未及时履行清算义务，给公司或者债权人造成损失的，应当承担赔偿责任。

第二百三十三条 公司依照前条第一款的规定应当清算,逾期不成立清算组进行清算或者成立清算组后不清算的,利害关系人可以申请人民法院指定有关人员组成清算组进行清算。人民法院应当受理该申请,并及时组织清算组进行清算。

公司因本法第二百二十九条第一款第四项的规定而解散的,作出吊销营业执照、责令关闭或者撤销决定的部门或者公司登记机关,可以申请人民法院指定有关人员组成清算组进行清算。

第二百三十四条 清算组在清算期间行使下列职权:

(一) 清理公司财产,分别编制资产负债表和财产清单;

(二) 通知、公告债权人;

(三) 处理与清算有关的公司未了结的业务;

(四) 清缴所欠税款以及清算过程中产生的税款;

(五) 清理债权、债务;

(六) 分配公司清偿债务后的剩余财产;

(七) 代表公司参与民事诉讼活动。

第三节 公司解散时的债权申报及债务清偿

一、债权申报

清算组成立之日起 10 日内通知债权人,60 日内进行公示。债权人接到通知后 30 日内申报债权,未接到通知的,自公告之日起 45 日内申报。

在申报期间,清算组不得对债权人进行清偿。

二、清算方案确认

清算组清理财产后,制订清算方案,报股东会确认。如果是经法院破产程序进入清算程序的，则报人民法院确认。

三、清偿顺序

公司破产时债务清偿顺序如下：

（1）破产费用和共益债务（经法院进入破产程序时），或清算费用或共益债务（自行清算时）；

（2）职工工资、社会保险费用及法定补偿金等；

（3）税款；

（4）普通债权。

共益债务，就是债务的清偿会增加破产企业的财产，对全体债权人有利的债务清偿。如公司有一份未履行完的合同，如果履行支付尾款30万元后可获得200万元相关财产的所有权，如果不履行则会产生100万元的违约金，这时支付30万元就是对公司有利的，30万元即为共益债务。

公司清算时，如果某债权人的债权是有公司财产做抵押担保的，则在公司清算过程中，该抵押担保的财产变现后，优先偿还该债权人。该债权属于优先债权，不是普通债权。抵押担保的财产变现后未能全部清偿抵押权人的债务时，则剩余部分的债权为普通债权。

例如，A公司进入清算程序，A公司欠张三3000万元，公司用仅有的一项不动产抵押给张三担保。A公司清算时，该不动产变现2000万元，则2000万元优先偿还张三。张三债权未得到清偿的1000万元，就转为普通债权，等最后和其他普通债权人按比例分配。

如果公司清算时，财产不足以清偿债务的，法律规定应当向人民法院申请破产清算。但在实务中，如果公司和债权人达不成和解的，那么公司或者债权人均可以向法院申请破产清算；如果可以和债权人达成和解，公司则不用向法院申请破产，直接清算后将其注销。

四、剩余财产分配

清算组清偿所有债务后的剩余财产，方可向股东进行分配。如果未清偿债务即向股东分配，公司登记机关责令改正，并有权罚款。但在实务中，一般债权人不会想到找公司登记机关解决问题，会直接向股东提起诉讼解决。

五、清算组的忠实义务和勤勉义务

清算组对公司的赔偿责任：清算组怠于履行清算职责，给公司造成损失的，应当承担赔偿责任；

清算组对债权人的赔偿责任：因故意或者重大过失给债权人造成损失的，应当承担赔偿责任。

六、公司注销后债权人才知道公司已清算完成的

如果公司在清算后没有剩余财产可分配，且股东已全部出资完成，则未及时申报债权的债权人的债务无法得到清偿，已清偿的不会重新分配。

七、公司注销后发现还有财产的

公司注销后发现仍有财产，但如果债权人在清算时未申请债权的，则用新发现的财产按清算时其他债权人的清偿比例分配给后申报债权的债权人；如果还有剩余的，继续在全体债权人之间按比例分配。

法律依据

《中华人民共和国公司法》（2023年修订）

第二百三十五条 清算组应当自成立之日起十日内通知债权人，并于六十日内在报纸上或者国家企业信用信息公示系统公告。债权人应当自接到通知之日起三十日内，未接到通知的自公告之日起四十五日内，向清算组申报其债权。

债权人申报债权，应当说明债权的有关事项，并提供证明材料。清算组应当对债权进行登记。

在申报债权期间，清算组不得对债权人进行清偿。

第二百三十六条 清算组在清理公司财产、编制资产负债表和财产清单后,应当制订清算方案,并报股东会或者人民法院确认。

公司财产在分别支付清算费用、职工的工资、社会保险费用和法定补偿金,缴纳所欠税款,清偿公司债务后的剩余财产,有限责任公司按照股东的出资比例分配,股份有限公司按照股东持有的股份比例分配。

清算期间,公司存续,但不得开展与清算无关的经营活动。公司财产在未依照前款规定清偿前,不得分配给股东。

第二百三十七条 清算组在清理公司财产、编制资产负债表和财产清单后,发现公司财产不足清偿债务的,应当依法向人民法院申请破产清算。

人民法院受理破产申请后,清算组应当将清算事务移交给人民法院指定的破产管理人。

第二百三十八条 清算组成员履行清算职责,负有忠实义务和勤勉义务。

清算组成员怠于履行清算职责,给公司造成损失的,应当承担赔偿责任;因故意或者重大过失给债权人造成损失的,应当承担赔偿责任。

第四节 公司清算后注销

一、一般注销程序

清算组在清算完成,并清偿债务、分配剩余财产后,报送公司登记机关,申请注销公司登记。

二、简易注销程序

公司在存续期间未发生债务,或已清偿全部债务的,经全体股东承诺,可以通过简易程序注销。

简易注销程序:先到税务机关进行税务清算,取得税务清算证明。之后全体股东承诺公司未发生债务或已清偿全部债务,并在国家企业信用信息公示系统予以公告。公告 20 日期满后,向公司登记机关申请注销。

三、公司登记机关强制注销

公司被吊销营业执照、责令关闭或者被撤销,满 3 年未向公司登记机关申请注销公司登记的,公司登记机关公告 60 日。公告期满没有提出异议的,公司登记机关可以注销公司登记。

公司登记机关对公司的注销权,是本次公司法修改后增加的内容。公司登记机关的注销权可以有效清理大量企业早已不经营且已被吊销营业执照的问题,解决因股东矛盾或股东放任不管而一直无法注销公司的问题。公司登记机关可以通过上述程序将这类企业注销。

法律依据

《中华人民共和国公司法》(2023 年修订)

第二百三十九条　公司清算结束后,清算组应当制作清算报告,报股东会或者人民法院确认,并报送公司登记机关,申请注销公司登记。

第二百四十条　公司在存续期间未产生债务,或者已清偿全部债务的,经全体股东承诺,可以按照规定通过简易程序注销公司登记。

通过简易程序注销公司登记,应当通过国家企业信用信息公示系统予以公告,公告期限不少于二十日。公告期限届满后,未有异议的,公司可以在二十日内向公司登记机关申请注销公司登记。

公司通过简易程序注销公司登记,股东对本条第一款规定的内容承诺不实的,应当对注销登记前的债务承担连带责任。

第二百四十一条　公司被吊销营业执照、责令关闭或者被撤销,满三年未向公司登记机关申请注销公司登记的,公司登记机关可以通过国家企业信用信息公示系统予以公告,公告期限不少于六十日。公告期限届满后,未有异议的,公司登记机关可以注销公司登记。

依照前款规定注销公司登记的,原公司股东、清算义务人的责任不受影响。

第二百四十二条　公司被依法宣告破产的,依照有关企业破产的法律实施破产清算。

后　记

随着本书的最后一页落下，我们即将告别这一趟关于新公司法的探索之旅。在撰写这本书的过程中，倾尽了我多年的经验与心血，希望能为读者呈现出一部既有深度又具实用价值的公司法指南。

本书旨在帮助企业家和律师们更好地理解新公司法的各项规定，掌握其精髓，进而在实务中灵活应用。新公司法的出台，对于我国企业的规范运营和法治化建设具有重要意义。它为企业提供了更加明确、更加完善的法律保障，同时也对企业的经营管理和法律风险防控提出了更高的要求。因此，本书力求通过深入浅出的解读和案例分析，帮助读者把握新公司法的核心要义，提升实务操作能力。

我深知，法律是一门博大精深的学科，尤其是在公司法这个领域，更是充满了复杂的法律关系和实务问题。因此，在撰写本书的过程中，我尽管竭尽全力，但仍难免有所疏漏和谬误。对此，我深感遗憾，并衷心希望读者能够谅解。同时，我也非常欢迎读者对本书提出宝贵的意见和建议。您的批评和指正，将是我不断进步和完善的动力。我相信，在大家的共同努力下，我们一定能够不断完善和丰富公司法领域的理论和实践，为企业的发展和法治社会的进步贡献更多的力量。

此外，我还要感谢所有在本书撰写过程中给予我支持和帮助的人。感谢我的家人，他们一直是我最坚实的后盾，是他们的理解和支持，让我能够专注于写作，不断追求卓越。

在未来的日子里，我将继续关注公司法的最新动态和实践案例，不断学习和研究，努力提升自己的专业素养和实践能力。同时，我也希望能够与广大读者保持紧密的联系和交流，共同探讨和解决公司法领域的实际问题。

最后，我想说的是，法律不是一成不变的，它随着社会的发展和时代的变迁而不断演进。因此，对于企业家和律师们来说，掌握新公司法及实务应

后　记

用只是起点，而非终点。在未来的工作中，我们需要不断地学习新知识、掌握新技能、适应新变化，这样才能在激烈的市场竞争中立于不败之地。

愿本书能够成为您在新公司法领域的良师益友，为您的事业发展助一臂之力。也愿我们在法治的道路上携手前行，共同书写更加辉煌的未来。

再次感谢您的阅读与支持，愿我们在公司法领域的探索之旅永不停歇！

图书在版编目（CIP）数据

企业家与公司法：新公司法对企业家的影响与实务应用 / 秦绪荣著. -- 北京：中国法制出版社，2024. 7. -- ISBN 978-7-5216-4570-5

Ⅰ. D922.291.914

中国国家版本馆 CIP 数据核字第 20249Y3B38 号

策划编辑：赵　宏
责任编辑：王　悦（wangyuefzs@163.com）　　　　　　　　　　封面设计：李　宁

企业家与公司法：新公司法对企业家的影响与实务应用

QIYEJIA YU GONGSIFA：XIN GONGSIFA DUI QIYEJIA DE YINGXIANG YU SHIWU YINGYONG

著者/秦绪荣
经销/新华书店
印刷/三河市紫恒印装有限公司

开本/710 毫米×1000 毫米　16 开　　　　　　　　印张/ 18.75　字数/ 201 千
版次/2024 年 7 月第 1 版　　　　　　　　　　　　2024 年 7 月第 1 次印刷

中国法制出版社出版

书号 ISBN 978-7-5216-4570-5　　　　　　　　　　　　　　　　定价：69.00 元

北京市西城区西便门西里甲 16 号西便门办公区
邮政编码：100053　　　　　　　　　　　　　　　　传真：010-63141600
网址：http：//www.zgfzs.com　　　　　　　　　　编辑部电话：010-63141831
市场营销部电话：010-63141612　　　　　　　　　　印务部电话：010-63141606

（如有印装质量问题，请与本社印务部联系。）